RECHERCHES

sur

L'ART DE PARVENIR

IMPRIMERIE GÉNÉRALE DE CH. LAHURE
Rue de Fleurus, 9, à Paris

RECHERCHES
SUR
L'ART DE PARVENIR

PAR

UN CONTEMPORAIN

PARIS

AMYOT, ÉDITEUR, 8, RUE DE LA PAIX

—

1868

Tous droits réservés

PRÉFACE.

A MESSIEURS DE L'ACADÉMIE.

L'idée de ce livre serait à elle seule une histoire. On ne la fera pas. Tout lecteur dont l'épiderme ne sera pas trop épaisse pourra comprendre ce que vaut la conception, et combien il est extraordinaire qu'elle ait échappé, depuis six mille ans, à tous gens de lettres moralistes et poëtes satyriques. De nos jours surtout où l'on se dispute des titres nus comme des propriétés imprescriptibles, une pareille étiquette était sans prix. M. *** aurait demandé deux cent mille francs de dommages-intérêts si l'on avait pris celle-là dans son magasin.

A un point de vue plus sérieux le dix-neuvième siècle ne pouvait se passer sans qu'un pareille livre fût fait. La tentative en sera donc appréciée.

Grâce aux efforts de l'auteur, rien n'empêchera désormais les gouvernements d'établir une chaire de savoir-faire à côté des chaires de théologie et d'économie politique. Le besoin s'en faisait sentir depuis longtemps. On recommande l'idée ; elle est pratique, elle est démocratique.

On pourrait d'ailleurs donner à cet enseignement un vernis scientifique : on appellerait cela un cours de biologie, de sociologie, de positivisme social, de science sociale. Que diable veulent donc dire tous ces messieurs avec ces mots-là, s'ils n'ont pas en vue, au bout du compte, l'idée qui se déduit ici naturellement et en bon français, du moins l'auteur le suppose ? Pourquoi, comme l'on dit, tant tourner au tour du pot ? Messieurs de l'Académie, de grâce, on vous en conjure, ajoutez-donc à la section des sciences morales la science du savoir-faire. Pourquoi nous tenir indéfiniment cette branche-là sous le boisseau ?

N'avez-vous pas vu que la Bruyère, Vau-

venargues, Retz, la Rochefoucauld ont tâtonné
là autour sans trouver la porte? N'avez-vous
pas lu ce que Diderot a dit : « Que les maximes
de ces grands écrivains sont comme des recueils
d'expérience qui attendent un grand principe
qui les lie? »

Et que diable voulez-vous que soit ce grand
principe, sinon ce qui est au frontispice de ces
pages que l'auteur vous dédie avec une respec-
tueuse politesse?

Nota. Vu l'état de ladr.... *d'atonie mentale* dans lequel se
trouve aujourd'hui la majorité des lecteurs français par suite de
l'amélioration matérielle et morale de toutes les classes de la société, l'introduction qui va suivre pourra paraître *sérieuse*. Ceux
qui ne seraient pas capables de lire attentivement ces quelques
pages avant de goûter des charmes moins sévères sont invités à
fermer le livre, on ne s'inquiétera pas de leurs suffrages.

INTRODUCTION.

THÉORIE POLITIQUE ET SOCIALE DU LIVRE.

Quand on regarde au fond du cœur humain, on n'y trouve guère que des instincts contraires à l'égalité ; et ces instincts sont les plus violents de tous puisqu'ils s'appellent l'orgueil, l'envie, l'égoïsme, l'intolérance, la passion de jouir et de dominer. Comment donc les hommes tiennent-ils tant à l'égalité? La réponse ne sera pas sans intérêt. C'est simplement parce qu'ils voient dans l'égalité le premier titre de leurs prétentions, et le moyen direct de s'élever au-dessus des autres. Qu'on retourne bien cette proposition, on la trouvera juste : et si elle froisse un peu certaines candeurs, elle jette un jour très-vif sur la politique et sur la vie sociale.

Elle fait voir que les révolutions, avant d'être des développements de principes, sont des explosions de besoins, de passions, d'intérêts et d'ambitions, ce qui n'empêche pas le moins du monde les révolutions d'être légitimes, au moins quand elles sont accomplies; car pour les révolutions futures autant vaut n'en pas parler.

Cet aperçu permet de donner de la société une définition qui résume en partie la pensée de ce livre :

La société est un état de guerre réglé par les lois.

L'ordre extérieur n'est qu'apparent. En réalité c'est la guerre qui s'agite dans le fond de la vie sociale et une guerre dont les mobiles ne diffèrent en rien de ceux qui mettent les nations les armes à la main; chacun arrive dans la vie au nom de ses intérêts et de ses passions, au nom de sa nature qui constitue son droit individuel. La loi dans ce qu'elle établit ou dans ce qu'elle défend ne fait que déterminer les conditions du combat et les armes dont il est permis de se servir. C'est tout un monde de combinaisons d'intrigues et d'artifices, tout un art de procéder, d'attaquer et de se défendre, toute une stratégie sociale dont la connaissance approfondie est l'instrument universel. La lutte a lieu d'homme à homme, de classe à classe, et le pouvoir, les places, le crédit, la fortune, la célébrité apparaissent comme les points culminants autour desquels s'agite incessamment l'éternelle mêlée des ambitions.

Sans doute ce spectacle est de tous les temps, mais les sociétés modernes montrent la lutte dans des conditions jusqu'alors inconnues. Aucune distinction de classe ne retient plus les activités dans leur sphère, la masse sociale tout entière est appelée dans l'arène, la carrière est ouverte à toutes les initiatives individuelles et rien ne peut borner l'avenir de l'homme le plus obscur s'il a le génie de son ambition.

Comment dans de pareilles conditions l'équilibre peut-il se maintenir? Comment de cette compétition ardente ne passe-t-on pas incessamment de la guerre civile à la guerre sociale; comment entre les individus ainsi accumulés, pressés par les besoins, les désirs et la haine, tout ne se termine-t-il pas, à un moment donné, par une immense jacquerie?

Qui peut faire supporter aux masses le joug du travail et de l'indigence? Sont-ce les croyances religieuses? Est-ce l'empire de la philosophie? Est ce l'amour du prince ou celui du pays? On ne répond pas à ces questions-là. Est-ce le frein des lois? Mais quand il n'y a plus d'un côté que ceux qui sont intéressés à les défendre et de l'autre ceux qui sont intéressés à les renverser, leur impuissance est bientôt démontrée. Qu'est-ce que le petit nombre d'hommes que la société satisfait auprès des milliers de déshérités? Un seul de leur tressaillement, s'il se communiquait à tous couvrirait en un moment toute la terre de ruines; et cependant rien ne s'agite ou tout rentre bientôt dans l'ordre quand il vient à être troublé.

Il y a là un secret de l'organisme social que l'on ne révèle pas d'ordinaire.

Ce qu'il faut constater d'abord c'est que l'égalité ne donne rien ou presque rien de ce qu'elle promet. Quand on a proclamé l'égalité de droits, on reste en présence de l'inégalité de forces. Les distinctions de la naissance sont supprimées, mais celles qui tiennent à la supériorité des facultés naturelles subsistent et elles suffisent pour reconstituer des priviléges, pour élever entre les hommes des barrières à peu près aussi insurmontables que celles qui séparaient autrefois les différentes classes de la société. Chacun ne prend que la place qu'il peut prendre. Les uns s'élèvent par leur énergie et par leurs talents jusque dans les régions supérieures, tandis que les autres ne peuvent conquérir que des positions inter médiaires ou sont reportés violemment jusqu'aux derniers rangs de la société où il faut, bon gré mal gré, qu'ils se tiennent.

Si cela est vrai, qu'en conclure? c'est qu'il y a au fond de l'âme humaine des instincts impérieux, en vertu desquels les hommes se subissent et se subordonnent. Les individus, comme les divers groupes dont la société se compose, sont attirés ou retenus dans des sphères distinctes par des forces d'attraction et de gravitation dont le principe même est en eux et à l'empire duquel ils ne peuvent pas se soustraire. Au fond, tous les rapports entre les hommes se règlent sur les aptitudes réciproques à exercer la domination et à la subir; ils se subordonnent d'eux-mêmes et nécessairement les uns aux autres, suivant le degré de force morale qui est en eux et qui leur assigne, quoi qu'ils fassent, une place déterminée dans l'ordre social.

Il y a là une sorte de fatalisme qui consiste dans la répartition fortuite des intelligences et des forces morales comme des autres avantages sociaux. Le pouvoir, la fortune, les places, la célébrité sont autant de monopoles naturels, qui ne peuvent appartenir qu'à un certain nombre de privilégiés. La vie peut être envisagée comme une loterie dans laquelle il n'y a qu'un certain nombre de numéros gagnants. Ceux qui gagnent évincent les autres.

On comprend alors ce qu'il y a d'impitoyable et de fatal dans le choc des volontés humaines livrées à leurs propres entraînements et contenues seulement par le frein des lois. C'est, en un sens, un retour à la violence et à la liberté de la nature. Cette mêlée d'hommes ressemble à ces foules accumulées dans des places publiques trop étroites pour les contenir. Ceux qui n'ont pas les flancs assez forts pour soutenir la presse ou dont la tête ne s'élève pas assez au-dessus de la multitude pour pouvoir respirer sont étouffés. Dans le jeu des forces sociales tout ce qui est faible est inévitablement écrasé. C'est la loi du combat, c'est le *fatum* des temps modernes. Foulé aux pieds de ses concurrents, l'homme qui tombe n'est plus rien; c'est un cadavre qui doit disparaître du champ de bataille. Le bruit de la foule étouffe ses gémissements, et, dans la mêlée, on n'entend qu'un cri :

Réussir ! parvenir !

TRANSITION.

Réussir ! parvenir ! ces mots ne résument-ils pas toute une civilisation, et le dernier mot de la philosophie sociale contemporaine n'est-il pas de rechercher comment on parvient? Si l'on espère apprendre quelque chose ici, on fera bien de méditer les réflexions suivantes :

I. Quand on sait la vie ce serait une sottise que de l'apprendre aux autres.

II. Ceux qui ont le mieux observé les choses de la vie sont généralement ceux qui réussissent le moins.

III. L'initiation à tous les secrets de la vie sociale n'apprendrait pas à s'en servir.

LIVRE PREMIER.

CHAPITRE I.

DU HASARD ET DU BIEN JOUER.

La vie est une partie extrêmement difficile à jouer et mêlée de beaucoup de hasard.

Ce point de vue est l'idée favorite de ce livre, elle en domine tous les développements. Jouer avec talent, suivant les règles, et sans faire de faux coups, voilà l'art de la vie ; mais si la science du jeu est une, les parties sont très-variées ; prenons les plus grandes et les plus belles :

Il y a le jeu de la politique, celui de l'amour, celui de la fortune, celui de la célébrité.

Chacun de ces jeux est plus ou moins difficile, et demande des talents d'un ordre particulier. En savoir jouer un, c'est beaucoup, les savoir jouer tous, c'est l'unité de la science, c'est la science suprême.

Si donc on s'avisait de chercher ici un conseil, l'auteur commencerait par demander : Quel jeu voulez-vous jouer?

Le hasard tient une si grande place dans la vie qu'à le prendre d'un certain côté il n'y a que du hasard. Vous êtes beau, bien fait, vous portez un nom distingué, vous serez riche, c'est ce qu'on appelle naître avec des atouts dans son jeu; et l'on en peut dire autant de l'éducation, des manières, des aptitudes et des talents naturels, car c'est encore le hasard qui les donne. Réussir ou échouer sont choses à peu près fatales, car on réussit :

1° Parce qu'on a en soi les qualités qui agissent sur la société et sur les hommes.

2° Parce qu'on est servi par les circonstances, et l'on échoue par les causes contraires. Les circonstances, ce sont tous les événements, heureux ou malheureux, toutes les occasions de succès qui se présentent dans la vie indépendamment de la volonté.

D'après ce qui précède on peut envisager le hasard du même point de vue que le spiritualisme catholique envisage la grâce sanctifiante : Un chrétien quels que soient ses mérites ne peut, dit-on, faire son salut sans le secours de la grâce; ainsi l'ambitieux ne saurait faire son chemin sans le secours du hasard. Les chances heureuses toutefois sont moins inégalement réparties qu'on ne le suppose en général. L'aptitude à en profiter est ce qui distingue les individus, et c'est par là qu'on rentre dans *le bien jouer.* Il y a des hommes qui par une ineptie organique tourneront toujours le dos à la fortune.

La diversité des chances est infinie. Les uns viennent tôt, les autres tard ; tantôt elles opèrent lentement et successivement, tantôt elles agissent soudainement et directement sur la destinée. Il n'est peut-être pas d'exemple plus curieux de la pure influence du hasard que le fait historique suivant que nous avons noté comme un des types du genre :

Il y avait sous la Régence un certain Chavigny, intrigant obscur, qui avait fait des efforts inutiles pour se faufiler à la cour. N'ayant pu obtenir aucune faveur, de guerre las, il quitta la place et partit pour la Hollande, où l'appelaient des affaires de famille. En arrivant à la Haye il tomba malade et fut forcé de s'arrêter dans une auberge. Ceux qui ont voyagé dans ces pays savent qu'on y est servi par des chambrières qui ne sont pas autrement cruelles. Chavigny, soigné avec le plus grand dévouement par la fille de l'auberge, où le hasard avait voulu qu'il s'arrêtât, une fois guéri, s'avisa d'être... reconnaissant.... On voit si l'aventure est vulgaire ; mais comment de là parvint-il à la fortune ? Le voici : Un jour qu'il était avec la demoiselle dans une chambre de l'auberge il entendit la maîtresse de la maison qui se dirigeait vers cette chambre en appelant sa servante. Celle-ci n'eut que le temps d'en sortir et de fermer la porte de la chambre, qui était précisément celle que sa maîtresse lui ordonna de préparer pour deux ministres étrangers qui venaient d'arriver et voulaient déjeuner en particulier. Impossible de faire sortir Chavigny. Elle imagina de le cacher dans une armoire et l'y enferma.

Il était temps; à peine avait-elle tiré la clef que les deux voyageurs entrèrent. Se croyant seuls, ils s'entretinrent sans défiance d'une intrigue politique qui était le but de leur réunion : l'affaire n'était pas mince, il s'agissait d'un complot dont l'objet n'était rien moins que d'enlever la régence au duc d'Orléans. L'un des deux voyageurs était cet aventurier soudoyé par le cardinal Alberoni, pour enlever le Régent au bois de Boulogne et qui, n'ayant pu réussir dans son projet, s'était réfugié à la Haye où il tramait un nouveau complot. En se séparant, les deux voyageurs se donnèrent, à jour fixe un autre rendez-vous au même endroit.

Chavigny sentit tout le parti qu'il pouvait tirer d'une pareille découverte. Il lui fut facile d'obtenir de la servante qu'elle le cacherait dans la même chambre le jour indiqué. Le rendez-vous eut lieu; la conférence fut encore plus explicite.

Maître de leur secret, Chavigny écrivit au Régent qu'il avait à lui faire une révélation de la plus haute importance et, de retour à Paris, parvint à obtenir une audience du duc d'Orléans.

Chavigny n'eut garde de faire connaître les circonstances qui l'avaient si bien servi; il attribua ses révélations à des relations plus élevées. Le prince le traita de visionnaire et lui ordonna de sortir de sa présence. Chavigny, sans se déconcerter, soutint ce qu'il avait avancé, et proposa au Régent de le faire mettre à la Bastille, si ce qu'il lui avait dit n'arrivait pas. Le prince y consentit, les choses se passèrent comme Chavigny l'avait annoncé, et de ce jour sa fortune fut faite.

DÉVELOPPEMENT DE LA MÊME IDÉE.

Que l'on mette à l'essai une définition du hasard, on ne trouvera rien de mieux que ceci : ce sont les actions des hommes par rapport aux autres hommes.

Mais voici une autre source du hasard à laquelle on ne réfléchit pas. Qui peut se charger de dire à quoi il songera dans cinq minutes? Ainsi le hasard est jusque dans la pensée qui engendre l'action; il est jusque dans les variations du tempérament qui réagit sur la pensée, qui réagit sur l'action, sans parler des causes extérieures purement physiques, dont l'intervention n'est jamais prévue.

Quand on est embarqué dans une mauvaise affaire, il y a une espèce de calcul qu'on peut essayer à l'occasion, c'est de chercher à déterminer les différentes issues par où la complication peut aboutir; il arrivera couramment qu'elle ne se dénouera par aucun des moyens qu'on avait prévus; et quant aux incidents inattendus qui traversent ordinairement les entreprises, il n'est pas même possible de juger s'ils sont heureux ou malheureux.

C'est dans la vie politique que ces merveilleuses nuances sont sensibles, car la politique c'est *jouer aux hommes et aux événements*. On peut voir dans les Mémoires contemporains que Napoléon, un de ceux à qui la vie humaine a caché le moins de secrets se moquait, en son particulier, de ceux qui lui prêtaient des combinaisons à longue portée; il avoue littéralement qu'il vivait au jour la journée sur les événements. En fait de hasard, on ne trouverait peut-être pas dans une autre vie que la sienne une page plus frappante que celle qui va suivre.

Le 23 août 1798, Bonaparte quittait l'Égypte et s'embarquait à l'insu de son armée pour retourner en France, laissant à l'adresse de Kléber un pli cacheté, qui le nommait à sa place général en chef de l'armée d'Égypte.

La traversée entreprise par Bonaparte présentait des périls immenses. Il fallait avoir des vents favorables, échapper aux escadres anglaises, et enfin arriver en France avant les dépêches menaçantes que Kléber ne manquerait pas d'envoyer au Directoire dès que la situation lui serait connue.

La traversée devait se faire par la côte d'Afrique, en longeant les rives de la Méditerranée, et les difficultés de l'exécution étaient telles qu'en cas de poursuite, les deux frégates qui portaient la fortune de Napoléon devaient être échouées sur les sables, afin qu'à toute extrémité l'équipage eût la ressource de gagner, par terre, le port le plus voisin de la côte.

Les débuts ne sont pas heureux ; pendant vingt et un jours les vents contraires repoussent les navires dans les eaux de l'Égypte ou de la Syrie. On parle de retourner au port; mais bientôt le vent change et en quelques heures on double Carthage, puis la Sardaigne.

Rien n'est fait encore; à peine la Sardaigne dépassée, le vent change de nouveau; on est forcé de relâcher à Ajaccio.

Le lendemain on veut remettre à la voile, impossible de sortir du golfe; il faut rentrer dans le port, et sept jours se passent, pendant lesquels le danger va croissant.

Si les Anglais qui croisent dans ces parages apprennent le séjour forcé de Bonaparte en Corse, adieu le grand Empereur de France ! Les Anglais ne savent rien encore; les dés ont bien tourné. Aucune voile n'est signalée à l'horizon; on se met en mer pour Toulon, après avoir acheté une chaloupe, pourvue de douze rameurs vigoureux qui, en cas de détresse, essayeront de sauver le général et quelques hommes de son escorte. Cependant jusqu'au lendemain matin la navigation est heureuse, les navires touchent au port.

Mais, au coucher du soleil voici tout à coup qu'une escadre anglaise de quatorze voiles est signalée. Les Anglais, favorisés par la disposition de la lumière, reconnaissent très-distinctement les frégates. Les signaux de la flotte ennemie apparaissent. Les dés ont-ils tourné? Non. Il se trouve, ô fortune ! que les frégates sont de construction vénitienne; et les Anglais les prennent pour un convoi d'approvisionnement, se rendant de Toulon à Gênes.

Mais la situation demeure tout aussi critique. La flotte anglaise, il est vrai, grâce à la nuit tombante n'a pas reconnu les passagers; mais le lendemain le jour se lèvera, les Anglais reconnaîtront leur erreur et le désastre est certain. Gantheaume avait perdu la tête; il proposait de retourner en Corse. Bonaparte s'y refusa, on fit force voiles vers le nord-ouest; et pendant la nuit on se prépara à tout événement. Déjà les rôles étaient distribués, les dispositions étaient prises. Bonaparte, décidé à se jeter dans la chaloupe de sauvetage, avait désigné les personnes destinées à partager son sort, qui ne pouvait être douteux, si l'on était encore en vue de l'escadre. Il s'agissait d'être capturé ou coulé à fond; mais les dés jetés en l'air retombent toujours sur les mêmes faces. Les premiers rayons du jour éclairèrent la flotte anglaise qui, au lieu de poursuivre les frégates s'éloignaient vers le nord-est !...

Et ce n'est pas tout encore, si en arrivant à Fréjus l'équipage est obligé de faire quarantaine; les dépêches de Kléber devançant l'arrivée de Bonaparte peuvent renverser sa fortune, et le héros d'Arcole décrété d'accusation pour avoir quitté son armée sans les ordres du Directoire, peut finir comme Custine; mais l'enthousiasme des populations prévenues de l'arrivée de Bonaparte, entraîne les passagers vers la terre…. Les destins s'accompliront!

Toute la théorie du hasard est dans cette traversée, on peut l'y étudier, comme le praticien étudie les phénomènes de la vie sur la nature morte.

Mais le hasard est-il réellement une force désordonnée en dehors de toute règle? il ne faut pas se l'imaginer.

Qui n'a été frappé de l'inébranlable confiance avec laquelle le joueur persévère dans la recherche des combinaisons qui doivent le faire gagner. Que cherche-t-il? la loi du hasard, et les joueurs les plus maltraités sont ceux qui croient le plus fermement que par des observations bien faites et exactement suivies, la chance peut être dominée; et ils ne se trompent pas le moins du monde. Leur perte ne tient qu'à la fausseté de leurs calculs ou à l'entraînement de leurs passions.

Le hasard est un phénomène que l'on envisage ici sous le même rapport. C'est un élément composé de deux courants contraires, les bonnes et les mauvaises chances dont le flux et le reflux, les oscillations ou les écarts ne paraissent irréguliers que quand on les observe dans un espace restreint ou sur une échelle de temps limitée. On apprend, par exemple, à connaître la direction des courants heureux ou malheureux, et voici entre autres choses ce que l'on observe.

Les événements de la vie paraissent dominés par ce que nous appellerons volontiers une loi d'enchaînement, une loi de succession, de telle sorte que les accidents heureux ou malheureux, semblent tous découler d'un premier succès ou d'une première faute. Un événement favorable ou contraire contient en lui une certaine série de déductions fatales ou propices qui doivent toutes s'épuiser dans un temps donné. De même encore une affaire qui a bien tourné, par une connexité mystérieuse, en amène d'autres également heureuses. C'est ce que l'on appelle communément une *veine* par une assimilation très-frappante avec ces filons précieux que rencontrent les ouvriers mineurs dans leurs patientes explorations.

Grâce à ce qui précède nous avons maintenant une excellente définition du succès. Réussir c'est être dans le courant des chances heureuses; ne pas réussir c'est avoir perdu le sens de leur direction.

Comprend-on maintenant ce que c'est que la superstition chez les amants, chez les joueurs, chez les hommes politiques surtout? ce n'est pas autre chose qu'un calcul ou une intuition de la chance. Quand Polycrate jetait son anneau à la mer, il sentait que sa série était épuisée. Quand César se jetait dans une barque de pêcheurs en disant au milieu de la tempête, au pilote épouvanté : « Rassure-toi, tu portes

César et sa fortune. C'est comme s'il lui avait dit : Ne crains rien, tu portes une chance qui est dans la loi de son développement. Et le pilote sans analyser comprit parfaitement ainsi.

L'habileté supérieure en politique consiste à faire le hasard et à ne pas le subir. Dans les affaires, il y a aussi des gens qui font le hasard, on les appelait autrefois des fripons.

DU BUT ET DES MOYENS.

On a compris que ce que nous avons appelé le *bien jouer* dans le chapitre précédent n'est que l'art de conduire ses desseins et de gouverner dans les différentes circonstances de la vie; le champ qui s'ouvre est immense, mais le sujet en lui-même peut se réduire à des termes généraux d'une extrême simplicité : *le but, les moyens.*

Ceci présente pour les esprits les moins pénétrants des idées fort claires, et si beaucoup de savants écrivains voulaient s'exprimer avec cette netteté ils auraient bientôt fait le tour de leur connaissance. Le but, c'est naturellement tout ce que l'on peut humainement désirer ou ambitionner; ce sont les forces dont on dispose pour s'égaler à ses ambitions et à ses désirs; ce sont toutes les facultés et tous les talents, toutes les manières, toutes les formes extérieures, toutes les combinaisons d'esprit à l'aide desquelles on agit sur la société et sur les hommes.

Comme le secret de parvenir n'est que l'art de faire servir les hommes au succès de ses desseins, il faut voir d'abord comment les hommes entrent dans les éléments généraux du calcul ; ce sera l'objet des chapitres qui vont suivre.

CHAPITRE II.

DE LA CONNAISSANCE DES HOMMES ET DES CARACTÈRES.

L'art de parvenir envisage la connaissance des hommes comme le premier élément de ses calculs. On ne peut arriver que par les hommes et en s'en servant, d'où la nécessité de les connaître. Cette formule est sèche, elle n'est que le corollaire d'une pensée bien connue d'un célèbre penseur contemporain qui mettait la philosophie en action : *Les hommes sont des moyens.*

On fait profession ici de ne pas aimer les gros mots; aussi l'auteur s'est-il demandé plusieurs fois si c'est à bon droit que l'on fait tant de phrases sur le cœur humain et la connaissance des hommes; les dames auteurs ont bien gâté ces matières. Si connaître les hommes, c'est comme il y a apparence en avoir la plus mauvaise opinion et les croire capables de tout, qui donc ne les connaît pas ? Il n'y a, réflexion faite, rien de sérieux dans cette impression. On en va juger.

La connaissance des hommes suppose :

La nature approfondie d'une certaine somme de sentiments innés que l'on peut considérer comme faisant partout le fond de l'humanité.

La connaissance des principales idées, opinions ou préjugés qui ont cours.

Enfin la connaissance d'un certain nombre de types généraux qui constituent le commun des hommes ; et quand on est là, que sait-on ? Le bagage n'est pas gênant, on ne sait rien.

DES SENTIMENTS INNÉS.

Les sentiments innés sont des dispositions morales répandues dans la masse des hommes comme la chaleur et la lumière sont répandues dans les corps. Ils caractérisent l'esprit humain partout, sous toutes les latitudes, en Asie comme en Europe, chez les Kanacs des îles du Pacifique comme chez les Français, à Noukahivá comme à Paris.

Ainsi qui n'a remarqué par exemple que les infortunes des grands et des princes sont à peu près tout ce qui intéresse réellement dans l'histoire, et que leur chute, leur exil, la perte de leurs dignités qui leur laissent encore tant de jouissances et tant de biens excitent une plus vive sympathie que les plus horribles malheurs du commun des hommes.

Si l'on veut traduire ce sentiment, on trouvera qu'il signifie admiration, passion, enthousiasme pour les gens constitués en dignité, pour les puissants, pour les riches; mépris, indifférence, éloignement, aversion pour les gens sans pouvoir, sans crédit et sans argent. Voilà un sentiment général et profond de la nature humaine sur lequel on peut faire des études variées.

Dans les États monarchiques, le mépris s'étale ouvertement. Dans les pays démocratiques, ou soi-disant tels, on cache soigneusement son dédain des pauvres pour les empêcher de faire des révolutions ou pour recueillir le profit de celles qu'ils ont faites ou qu'ils feront.

L'analyse des sentiments généraux et de leur influence est une des branches de la politique, non pas de celle qui s'étudie dans les livres, mais de la politique occulte, de la politique qui rapporte.

On ne doit pas s'attendre à trouver ici tout le développement des idées qui sont en germe dans ce chapitre; la sonde sera seulement jetée çà et là au gré des courants.

La peur en masse est encore un de ces sentiments profonds dont la marque est bien distincte. Les hommes, ceux-là même qui n'ont pas peur individuellement, ont peur en masse; c'est le caractère original de ce sentiment; et cette peur, c'est là son beau côté, elle convertit les hommes, elle leur donne la foi, cette grâce intérieure d'une si grande efficacité. Il est vrai que la peur est un mystère aussi. Nous en avons un curieux exemple pendant la Révolution française. Certes, personne ne croira que la France ait voulu le régime de la Terreur ? Ne le voulait-elle pas? rien n'était plus simple. Après les massacres de septembre, elle n'avait qu'à voter pour des hommes modérés, car quelle puissance humaine pourrait commander au libre arbitre individuel? En 1793 toutes les élections sont révolutionnaires; le pays envoie à la Convention les hommes les plus exaltés dont les sept douzièmes votent la mort de Louis XVI. Que l'on tire la conséquence.

Dans les premiers jours de la Restauration, autre étrangeté; la majorité du pays est très-évidemment voltairienne : on ne voit à la Chambre des députés que des gens d'église. Le pays aime la liberté, on a la chambre introuvable. A chaque fois le vote n'est qu'un acte de soumission envers le pouvoir triomphant. O publicistes ! dites-nous donc dès lors ce que c'est que l'opinion: Peur, tu convertis, tu fais croire aux institutions et aux hommes ! Évidemment la naïveté des gens de bien est excessive.

L'envie et la défiance sont encor des sentiments sur lesquels on peut faire de précieuses observations. Ces passions sont précisément le contraire de l'admiration et de l'enthousiasme. Elles existent au même degré, avec la même force ; c'est le chapitre des contradictions morales, contradictions qui éclatent dans le fond de l'âme humaine, et rendent sa physionomie aussi insaisissable que le mouvement de la mer. Ces mêmes masses qui admirent le pouvoir, qui supposent si facilement dans les ministres, dans les hommes d'État, le génie, la grandeur, le désintéressement, ces masses croient ceux qui les gouvernent capables de tout. Elles supposent à l'action du pouvoir des mobiles monstrueux, des infamies qui ne sont pas même vraisemblables. Et c'est ainsi que se propagent des bruits inconcevables, des anecdotes sans nom, des calomnies qui s'attachent aux réputations, les dégradent pour longtemps, quelquefois pour toujours.

L'envie! et si vous voulez tout dire, dites *l'Envie française*, il n'y a rien au delà ; car l'envie en France explique ce qu'il y a de plus fort, les Révolutions. On se range sous un drapeau et on le quitte par envie. On ne hait pas sérieusement ses adversaires politiques, mais les gens du même parti se haïssent cordialement, on peut le croire ; *ils s'envient*.

Le mérite personnel est ce qu'il y a de plus envié et par suite de plus odieux. On envie la pauvreté, on envie le malheur dès qu'il s'y joint la moindre dignité, la moindre grandeur, et ici on a la clef d'une contradiction apparente. Un écart de conduite, une faute ont par exemple déconsidéré le caractère d'un homme politique. À entendre les clameurs et les persiflages qui s'élèvent autour de lui, on le croirait isolé, c'est une erreur. Il l'est beaucoup moins que ne le serait un homme intègre qu'une noble infortune aurait frappé. C'est tout simple. L'envie est complétement désintéressée, elle trouve même son compte avec le premier; il aura pour partisans tous ceux qui à sa place auraient failli comme lui, tandis que le caractère de l'autre en éloignant les envieux ne lui assure pas même le concours du petit nombre de ceux qui l'auraient imité.

La vanité est le sentiment qu'il faut combiner avec l'envie pour bien juger de l'ensemble. Dans les livres, dans les journaux, dans le monde on déplore le génie méconnu, les nobles ambitions trompées, les belles âmes incomprises; c'est tout simple, on songe à soi, et, dans ces divers rôles, l'on n'a en vue que sa personne; à la première occasion, on fermera sa porte au mérite, ou on lui barrera le chemin.

Un homme politique de quelque notoriété vient-il à mourir : pleurs et discours sur sa tombe, manifestations de sympathie, érection de statue, souscriptions pour la veuve et les orphelins; excellents moyens de se produire et de rappeler son nom au public.

Le gouvernement est attaqué dans les journaux, de fougueux orateurs font des philippiques dans les chambres; retournez les gens vous ne leur trouverez point de haine. Ils n'aspirent qu'à signaler leurs coups, ils ne se disputent que la gloire de frapper.

L'ennemi n'est pas celui que l'on attaque, mais celui qui attaque le mieux.

DES OPINIONS ET DES IDÉES GÉNÉRALES.

Il y a des phrases d'un bel effet contre les préjugés, mais il faudrait d'abord démontrer que l'ordre social peut être basé sur autre chose. Ensuite il y a une question embarrassante : ceux qui crient contre les préjugés consentiraient-ils à ce qu'ils fussent tous détruits? On peut leur démontrer qu'ils en vivent.

Il y a sur la politique, sur la religion, sur la morale, sur les gouvernants, des manières de voir courantes, traditionnelles, une menue monnaie de jugements, de théories, de critiques qui forment comme un second élément de notions générales sur la nature humaine. Pour éviter des longueurs on peut procéder par voie de nomenclature.

On croit que le mérite est le plus sûr moyen de faire son chemin.

On croit qu'il faut de la capacité pour arriver aux emplois.

On s'imagine que l'opinion publique gouverne le monde.

On croit que la politique consiste dans la science des affaires.

On croit que les hommes publics croient ce qu'ils

disent à la tribune ou ce qu'ils mettent dans leurs livres.

On croit au progrès indéfini de l'humanité.

Le peuple croit que quand il fait une révolution il en profitera.

On croit que pour établir un gouvernement il suffit de faire une constitution.

On croit que le monde est conduit par des idées.

On croit que les peuples se corrigent.

On croit qu'il y a des théories philosophiques ou sociales nouvelles.

On croit qu'il viendra un temps où les nations ne se feront plus la guerre.

On croit qu'on ne peut pas être un ignorant et un sot quand on fait un livre.

On croit que ceux qui demandent des réformes les désirent.

On croit que ceux qui soutiennent aujourd'hui un gouvernement parce qu'il est fort ne seront pas les premiers à le jeter à bas s'il s'avise de chanceler.

Eh bien que l'on soit de bon compte, parmi ceux qui s'attaquent aux préjugés, en est-il beaucoup qui ne voudraient pas de ceux-ci? Que l'on se demande ce que deviendrait l'ordre social si ces vulgarités-là n'étaient pas en circulation.

L'ingénuité des sociétés à travers leur corruption est une bien belle matière à gouvernement. On a beau voir dans les livres que les plus grands événements tiennent à de petites causes, que la politique n'est qu'un jeu de passions et d'intérêts privés, par un bonheur providentiel pour les hommes d'État, les premiers ministres, les princes et les hommes de génie qui, grâce à Dieu, ne manquent guère, le gros du public n'en veut rien croire. Les révolutions sont pour lui des explosions de principes. Il répète doctement qu'on n'arrête pas les révolutions; par Dieu cela dépend de la main, braves gens! Il veut qu'il y ait une idée nationale, internationale, philosophique ou humanitaire dans toute guerre qui peut engager la vie d'une génération. Le sang féconde, pense-t-on. Certainement si on sème du chanvre ou de la betterave dans le champ où s'est livrée la bataille.

CHAPITRE III.

TYPES GÉNÉRAUX.

La matière expérimentale de la connaissance des hommes présente de si vastes développements qu'à ne l'envisager que sous des rapports très-limités on est encore dans l'infini; l'auteur est obligé de continuer l'emploi de la méthode aristotélique et cartésienne dont il a fait usage jusqu'ici. Division, classification, catégorie, on ne sait pas assez ce que coûte l'ordre dans les œuvres qui se piquent d'être sérieuses en voulant éviter l'ennui. Telles sont les difficultés d'exécution de cet ouvrage que l'harmonie pourra bien être en défaut.

DE LA FORCE MORALE.

La base du caractère humain est la force morale. Le degré de la volonté ou de l'énergie met entre les hommes la même distance que celle de la force physique entre les animaux. Sous ce rapport un homme peut être à un autre homme ce qu'un rat ou une belette est à un lion. Cette vérité est inébranlable ; elle est d'ailleurs assez sinistre, c'est pour cela qu'on ne la crie pas par-dessus les toits. Et maintenant bouleversez une société de fond en comble, nivelez tout ce qui a été construit à sa surface, faites-y passer la charrue et semez du sel, décrétez la loi agraire et l'égalité absolue, ramenez l'homme à l'état de larve, la société à l'état de peuplade primitive. Si ce niveau égalitaire était possible une minute, la minute d'après la force morale inégalement répartie entre les hommes, aurait refait de pied en cap la hiérarchie politique et les catégories sociales.

On peut décomposer tous les actes de la vie humaine, on y trouvera le même jeu de la force morale. Dans toutes les circonstances critiques, à la guerre, dans une assemblée, l'énergie de quelques hommes entraîne le reste. Dans le mouvement régulier de la vie, toujours l'action persévérante de la volonté triomphé. De deux hommes qui vivent ensemble, celui qui a le plus de caractère mène l'autre. De dix hommes réunis, le mieux trempé mène les autres.

Il n'y a pas plus moyen de se révolter contre cette loi-là que contre les lois de la pesanteur, l'attraction et la gravitation des corps. Au fond les rapports entre les hommes se règlent donc sur les aptitudes respectives à exercer la domination ou à la subir. On comprend alors aisément pourquoi il y a des hommes en bas, d'autres en haut; pourquoi il y a des gouvernements, des princes et des aristocraties. Les forces primitives originaires qui ont constitué un état de choses déterminé à un moment donné, tendent à se perpétuer dans des institutions, à s'organiser en classes, en castes, en priviléges et souveraineté, en paralysant ou en désarmant les forces contraires qui pourraient les détruire. La force morale organise la force sociale à son profit et la fait servir à ses ambitions.

Ce n'est pas qu'il n'y ait quelque chose de profondément irritant dans le joug de la puissance publique fondée sur la faiblesse des autres hommes. La force divisée dans les masses s'unit sous l'empire d'une haine commune, on fait alors des révolutions; mais qui les fait? Encore la force morale départie à quelques hommes résolus. On ne sort pas de ce cercle.

Enfin dans le dernier état de choses on arrive à l'égalité de droit; toute puissance publique héréditaire a disparu, tout privilége est détruit. La vie sociale n'est plus qu'un immense concours ouvert à toutes les ambitions. Eh bien, ce concours ressemble assez à un gymnase auquel on aurait convié boiteux, manchots, paralytiques et goutteux, à disputer le prix de la course à tous les concurrents valides à les dépasser de vitesse, à grimper aux mâts, à s'élancer sur les trapèzes pour gagner le prix qui dépend de l'agilité des bras et des jambes.

Très-évidemment l'obstacle n'est que déplacé; au lieu d'être au dehors il est au dedans. La puissance individuelle rendue à la liberté de son essor fait son office d'exclusion comme tout autre mécanisme social en excluant les quatre-vingt-dix-neuf centièmes des concurrents qui se sentent tous l'appétit nécessaire pour prendre part aux fêtes de la vie.

On reste en présence de la force. De laquelle? De la force morale; mais en un sens cette force morale ressemble fort par ses effets à la force materielle? mais oui.

SUITE DE LA MÊME IDÉE.

La force morale est donc le premier élément dont il faut apprécier l'étendue chez les hommes. C'est la nuance essentielle qui les distingue. La force morale est une faculté mère parce qu'elle est habituellement accompagnée d'un certain nombre de facultés du premier ordre qui donnent prise sur le milieu ambiant, telles que le sang-froid, la dissimulation, le jugement, la prudence.

Certains hommes ont les passions si débiles, le vouloir si incertain, le mouvement si irrégulier, qu'on peut les assimiler à des choses. On en voit chez qui les passions sont violentes, mais la décision flottante parce que le jugement est nul; d'autres enfin qui sont parfaitement réglés dans leurs mouvements et dans leurs habitudes parce que la sphère de leurs idées n'est pas plus étendue que la cage d'un écureuil.

Ces deux dernières classes d'hommes forment l'immense majorité, le bétail à gouvernement, la chair à canon, la matière imposable, exploitable, corvéable, la force publique, l'opinion publique, etc.

DU CARACTÈRE.

On avertit qu'il ne s'agit point ici du plus ou moins de vigueur de l'âme ou de l'esprit, mais de cet ensemble de qualités et de défauts, de vices et de vertus, qui constitue chaque homme en particulier et le distingue essentiellement des autres. Ce sera encore, si l'on veut, le trait dominant qui se dégage de sa nature morale. De même qu'il y a des hommes sans volonté, il en est dont le caractère est indéterminé : c'est le genre neutre, genre varié dans son genre, car l'inépuisable variété de la nature ne s'arrête en rien.

Ce n'est pas un mince avantage que de naître avec un caractère à soi, car tous les hommes dont le naturel est en relief agissent avec plus ou moins de puissance sur les neutres ou demi-neutres; et voici une observation qui est à retenir au point de vue de l'éducation dont il n'est pas parlé dans ce livre parce que ce sujet rentre plus particulièrement dans le domaine de la littérature ennuyeuse. Voici l'observation :

S'il est presque toujours utile dans le monde de dissimuler sa pensée, il faut montrer son caractère. L'immense habitude que les hommes ont les uns des autres fait que tout homme nouveau avec qui ils se trouvent en contact est immédiatement l'objet de leur analyse. Il faut qu'ils le classent dans une des espèces qu'ils connaissent, ou que, s'il a une effigie nouvelle pour eux, ils puissent clairement la distinguer; autrement ils s'éloignent, se refroidissent ou se défient. Or, tous les hommes qui ont le caractère frappé au coin de la force ou de l'originalité ne peuvent pas le montrer. La vraie nature *rentre* chez ceux dont l'âme a manqué de culture; ils ne paraissent pas extérieurement ce qu'ils sont en réalité. Leur démon familier ne sort pas. Les formes qui sont le moyen de se mettre en dehors font défaut.

L'immense avantage de l'éducation c'est qu'elle retient le type originel en l'épurant et donne à un caractère vivement doué des moyens de manifestation.

DES PRINCIPES.

Il est également à propos d'avertir que par *principes* on n'entend nullement ici les idées de droit et de devoir qui entrent communément dans les notions de la morale. Ces notions ne tiennent pas assez de place dans la pratique de la vie pour qu'on en tienne compte dans un ouvrage qui reflète avec crudité quoique non sans grâce, du moins on l'espère, la société contemporaine.

Nous entendons par principes, la chaîne des idées bonnes ou mauvaises de chaque homme en particulier sur l'ensemble des choses de la vie sociale. Il est suffisamment démontré que ce ne sont pas les idées justes qui ont le plus d'empire sur les hommes, mais seulement leur caractère apparent ou réel de nouveauté, leurs formes plus ou moins passionnées et leurs liaisons brillantes.

Sans un très-grand fond d'idées générales on n'a pas de niveau intellectuel et il ne faut pas prétendre à la moindre prépondérance, influence ou force directrice. Il sera d'ailleurs indiqué en son lieu que l'on peut être pourvu de beaucoup d'idées générales et n'en être pas moins d'une suffisante nullité.

Dans le nombre assez restreint de ceux qui ont parcouru un cercle d'idées un peu étendu, qui sont en état de toucher supportablement à une question d'art ou de politique, la plupart se sont attachés à leurs opinions par un pur effet du hasard. On paraît ignorer dans le monde ce caractère presque toujours fortuit des manières de voir et notamment des opinions politiques. Un souvenir de collége, une impression de famille, une lecture d'enfance ou d'adolescent; l'influence d'une maîtresse, le ressentiment d'une injure, voilà ce qui décide communément des opinions politiques de la plupart des hommes qui croient renfermer une idée personnelle dans leur tête. Aussi n'y a-t-il pas la moindre importance à ajouter à la plupart des opinions qui s'affirment par la parole ou par la plume. Ce sont, presque toujours, de mauvaises copies d'une édition originale dont le sens est effacé; et puis encore celui qui parle ne traduit pas même sa pensée. Derrière le fonctionnaire il y a un traitement, derrière le journaliste un financier, derrière le publiciste un secrétaire, derrière le pamphlétaire la faim.

DES ROLES ET EMPLOIS.

On sait qu'il y a au théâtre un certain nombre de personnages de tradition ou de convention qui forment ce que l'on appelle des *rôles* ou *emplois*. Ces figures n'ont rien de fortuit; elles ne sont que la reproduction d'un certain nombre de caractères dont le type est le plus abondamment fourni par la société. Dans quelque milieu que ce soit, on peut se faire fort de retrouver le parasite, le fourbe, le poltron, le délateur, etc.; le reste formera si l'on veut le chœur antique.

Il y a une quantité indéfinie de gens qui sont nés pour être espions, entremetteurs, traîtres et fripons. Ce sont des rôles et emplois. On sait que ces emplois vulgaires atteignent une certaine hauteur, une certaine dignité à mesure que l'on s'élève dans les sphères de la vie sociale, en politique, dans les affaires, pendant le cours des révolutions, on n'a qu'à ouvrir l'histoire.

DE QUELQUES CLASSIFICATIONS.

Les espèces d'hommes sont innombrables dans leur genre comme les variétés d'animaux. Une classe d'hommes étant donnée, il y a comme dans le règne animal des familles. L'étude des caractères humains ne pourrait-elle pas se faire d'après la méthode de l'histoire naturelle?

On proposera ici quelques classifications, de celles seulement qui peuvent rentrer dans les lignes générales du sujet. Il y aurait lieu, par exemple, de diviser la généralité des caractères en trois grandes catégories : — *Les caractères simples;* — *Les caractères composés;* — *Les caractères à contraste.*

Dans les caractères simples les qualités ou les défauts sont homogènes. En bien ou en mal les tons sont unis, il n'y a qu'une dominante. L'homme sera, par exemple, ou avare ou jaloux, ou vaniteux ou crédule. Ses facultés et ses habitudes se résumeront dans un de ces traits saillants. Il aura, à peu de chose près, une qualité ou un défaut essentiel qui sera toute sa personnalité.

Le caractère composé est l'alliage de plusieurs vices, qualités, passions ou défauts dont la complication constitue des natures morales très-difficiles à définir ou à expliquer.

Le caractère à contraste n'est qu'une variété du caractère composé. En réunissant les extrêmes, il échappe encore plus complétement à l'analyse. Ainsi il n'est pas rare de voir des hommes avares et prodigues, orgueilleux et bas, souples et hautains, audacieux et timides, francs et dissimulés, courageux et poltrons. Quel est le sceau de leur personnalité, la loi générale de leur être?

Il y a les originaux.

Les gens à manie, si merveilleusement peints par la Bruyère.

Il y a des hommes qui ont une âme, d'autres dont on peut dire qu'ils n'en ont pas.

Il y a les esprits faux, les esprits étroits, les esprits justes.

Les gens artificieux et ceux qui ne le sont pas.

Les gens qui sont positivement bons, ceux qui sont positivement méchants, ceux qui ne sont ni bons ni méchants; ceux dont le fond vaut mieux que l'écorce, ceux dont l'écorce vaut mieux que le fond.

Les caractères concentrés, les caractères ouverts.

Les hommes qui n'ont que des qualités morales, ceux qui n'ont que des talents.

Les hommes à sang chaud, les hommes à sang

froid; ceux dont l'ardeur vient de l'imagination, ceux chez qui elle vient du tempérament.

Les gens actifs et les gens indolents. Ceux qui sont actifs sans adresse, adroits sans activité. Les esprits sans suite, ceux qui sont persévérants, les irrésolus, etc., etc.

OBSERVATIONS SUR CE QUI PRÉCÈDE.

Il ne faut que sept couleurs pour obtenir la variété infinie des couleurs; il ne faut que sept notes pour créer le monde des harmonies; il ne faut que dix chiffres pour produire des quantités infinies : on peut juger par là de la variété des caractères, puisque chez l'homme, chaque passion, chaque qualité ou chaque défaut susceptible du plus ou du moins à l'infini se combine avec mille autres facultés susceptibles du plus ou du moins dans la proportion de l'infini.

Cette observation enlève tout intérêt et tout fondement à l'essai d'une classification quelconque.

Dans un homme il n'y a pas un caractère, il y en dix. Une classification ne refléterait qu'une de ses surfaces; quelques remarques intéressantes peuvent seulement être faites.

La manière d'entendre la probité crée chez les hommes les particularités morales les plus étonnantes. Ainsi il y a des gens qui vendraient leur pays, commettraient toutes les vilenies, toutes les bassesses possibles vis-à-vis du pouvoir, et qui cependant ne détourneraient pas un écu d'un caisse publique.

Il y en a d'autres qui feront de la concussion sans aucun scrupule, mais qui regarderaient comme déshonorant d'abuser de la confiance d'un ami. D'autres qui, malhonnêtes en affaires, montreraient de la probité dans la vie publique.

Il y a des gens qui voleraient pour payer leurs créanciers ou pour faire honneur à leurs engagements.

La valeur intellectuelle des hommes présente d'autres contrastes non moins extraordinaires. On voit des hommes dont l'esprit paraît très-ouvert sur certains rayons d'idées, ils deviennent sourds, muets, aveugles dès qu'il s'agit d'autre chose. On voit des publicistes qui conseillent, critiquent les gouvernements avec plus ou moins d'autorité, qui seraient incapables d'ouvrir la bouche dans un conseil ; on voit des orateurs qui développent admirablement les questions, donnent des avis pleins de sagesse, et qui agiraient avec la dernière ineptie si on leur confiait le moindre pouvoir. On voit des hommes à talents spéciaux, d'une incapacité inouïe pour tout ce qui ne rentre pas dans leur spécialité. Enfin, il se rencontre des gens obtus en apparence qui ne pourraient ni par la parole, ni par la plume, développer leurs idées et qui feraient merveille dans la sphère de l'action.

Les opinions théoriques que l'on se forme en fait

de politique, de religion, de morale, sont autant de branches d'aliénation mentale pour une quantité d'individus qui ont là-dessus des idées qui tiennent réellement de la folie. Un homme qui a de l'unité dans le caractère et dans les idées, c'est comme un cheval sans tare ou une femme sans défaut, on ne le trouve pas.

Dernière observation : les caractères changent, non pas seulement parce que les idées se modifient avec l'âge, que les défauts, les ridicules et les vices s'accusent davantage, mais ils changent suivant la position qu'on occupe ; ils se transforment du tout au tout pendant les révolutions. Quand il souffle un courant de bassesse, tout le monde devient vil ; quand il souffle un courant de peur, tout le monde devient poltron ; quand il souffle un courant de vengeance, tout le monde devient cruel. La plupart des révolutions que nous avons vues, nous ont présenté ce tableau.

EN QUOI CONSISTE AU JUSTE LA CONNAISSANCE DES HOMMES.

La connaissance des hommes ne consiste pas le moins du monde dans les notions générales que l'on vient de parcourir, ces notions fussent-elles très-approfondies. En quoi donc consiste-t-elle ? Elle consiste à pénétrer tous les hommes individuellement à travers leurs actions et leur langage, à affirmer ce qu'ils sont, à deviner, à prévoir ce qu'ils feront dans telle ou telle circonstance donnée. On peut dès lors se figurer la difficulté d'une telle analyse et la pénétration qu'elle suppose; c'est une aptitude qui tient du prodige; car savoir ce que les hommes sont capables de faire dans telle ou telle circonstance donnée, c'est certainement en savoir sur leur compte plus qu'ils n'en savent eux-mêmes.

On ne peut pas les juger sur ce qu'ils paraissent, puisqu'ils ne paraissent pas ce qu'ils sont. On ne peut pas les juger sur ce qu'ils disent, puisqu'ils ne disent pas ce qu'ils pensent; et quand même ils seraient sincères, on ne pourrait croire à leurs protestations, puisque eux-mêmes ils ne se connaissent pas assez pour répondre de leurs actions.

L'épreuve seule dégage la valeur réelle des caractères. Un homme sera-t-il bon, sera-t-il mauvais, sera-t-il courageux, sera-t-il lâche à tel moment de la vie où l'on peut donner sa mesure? on peut être trompé à cet égard par les résultats les plus inattendus.

Beaucoup de personnes peuvent se rappeler encore aujourd'hui les circonstances du procès de Lavalette, traduit sous la Restauration devant la cour d'assises de la Seine, comme complice des événements du 20 mars. Il se produisit dans cette affaire un incident que l'on peut retenir comme de la morale en action. Pendant les Cent jours le comte de Lavalette avait accepté la direction générale des postes après s'être rallié à la cause royale. Renvoyé devant la Cour d'assises son sort ne pouvait être douteux. Quand on lui communiqua la liste du jury, il n'y trouva qu'un nom qui lui fût connu; c'était celui d'un M. Héron de Villefosse, qu'il avait connu maître des requêtes au Conseil d'État, lorsqu'il y siégeait lui-même comme conseiller, et avec qui il avait été lié. L'avocat du roi récuserait-il cet ancien fonctionnaire? Lavalette le craignait, et sa joie fut grande quand il le vit maintenu. En revanche, il ne put réprimer un vif mouvement de déplaisir, lorsque, après avoir épuisé son droit de récusation, il entendit sortir de l'urne le nom de M. Jurien, ancien émigré, alors conseiller d'État et directeur au ministère de la marine, qu'il regardait comme son ennemi personnel. M. de Villefosse fut désigné comme président du jury, circonstance dans laquelle Lavalette vit un espoir de salut. Quand après la clôture des débats, Lavalette rentra dans la salle pour entendre le verdict du jury, il ne vit que des figures impassibles; un seul tenait son mouchoir sur les yeux et cachait ses larmes. C'était M. Jurien, son ennemi, qui pleurait sur son sort après avoir tout fait pour le défendre, tandis que M. Héron de Villefosse, son ancien ami, avait plaidé de toutes ses forces pour obtenir sa condamnation.

Jugez donc les hommes!

CHAPITRE IV.

DES QUALITÉS ET DES TALENTS.

Le point de vue du monde est le succès. Or ce point de vue change, du tout au tout, les opinions communément reçues quand il s'agit d'apprécier les qualités et les talents. Ainsi, l'on peut tenir a peu près pour certains ces deux points-ci, à savoir :

1° Que le médiocre est ce qu'il y a de plus avantageux dans les facultés de l'esprit.

2° Que beaucoup de qualités sont des défauts, que beaucoup de défauts ou de vices sont des qualités.

Si, par une faveur d'en haut, vous aviez le pouvoir de choisir entre toutes les qualités et tous les talents, il est à présumer que, séduit par les apparences, vous opteriez pour quelqu'une de ces facultés brillantes auxquelles le monde paraît attacher un certain prix.

Ce serait cependant un très-mauvais calcul; car il est avéré que les petites qualités sont infiniment plus utiles que les grandes et que les grands talents sont loin de valoir les petits. Échangez donc beaucoup de savoir contre un peu d'habileté, beaucoup d'esprit contre un peu de sens commun, beaucoup de profondeur contre un peu de surface, quelques avantages extérieurs contre n'importe quoi. Avec quoi attire-t-on la foule sinon par de petits moyens et des artifices grossiers? Que faut-il pour s'enrichir? un peu d'ordre; pour être protégé? un peu de souplesse; pour avoir des amis? un peu de gaieté; pour agréer aux femmes? un certain genre; pas plus.

Le charlatanisme est la moitié du savoir faire.

DES ESPRITS BORNÉS ET DE CE QU'ON APPELLE LES SOTS.

Règle générale, ce qui manque à l'esprit ou à l'imagination, profite au caractère et à l'entente de la vie pratique. Ce n'est donc pas seulement une condition de bonheur que d'avoir l'esprit borné, c'est une condition de succès; les gens qui ont peu d'idées sont moins sujets à l'erreur, et suivent de plus près ce qu'ils font.

Il est très-porté, surtout en France, de parler avec dédain de ce qu'on appelle *les sots!* C'est une locution tout à fait insupportable; les sots sont des gens qui réussissent, qui parviennent, qui s'enrichissent, qui sont bien appointés, bien établis, des gens en place, des gens titrés, nouvellement décorés, des députés, des gens de lettres en renom, des académiciens, des journalistes. Peut-on jamais être un sot quand on fait si bien ses affaires? Évidemment non.

DE LA MÉDIOCRITÉ EN GÉNÉRAL.

Une femme au-dessus du commun, dont la destinée fut tragique[1], résumait ainsi les impressions que lui avait fait éprouver la vue des hommes de son temps :

« La chose qui m'a le plus surpris depuis que l'élévation de mon mari m'a donné le moyen de connaître beaucoup de personnes, et particulièrement celles employées dans les grandes affaires, c'est l'universelle médiocrité, elle passe tout ce que l'imagination peut se représenter, et cela dans tous les degrés, depuis le commis jusqu'au ministre, au général et à l'ambassadeur; jamais, sans cette expérience, je n'aurais cru mon espèce si pauvre. »

Si le jugement est vrai pour les hommes d'une époque qui passe pour avoir été féconde en *organisations*, on laisse à juger ce qu'il en peut être dans les temps qui ont suivi.

On est porté à croire que les grandes positions tiennent à de grands talents, comme on rapporte les

1. Mme Roland.

événements à de grandes causes. Un peuple qui n'aurait pas cette illusion serait ingouvernable, c'est donc là un de ces préjugés heureux qui servent de fondement aux sociétés; mais il est tout simplement impossible et contre nature que le mérite personnel joue un rôle même secondaire dans les conflits de l'ambition; ceux qui se l'imaginent envisagent la vie comme un concours dans lequel il y a des prix à distribuer. Mais qui ne voit que c'est la loi des sympathies et nullement celle des capacités qui fait que les hommes se prêtent ou se refusent leur appui.

Vous êtes un penseur, un philosophe profond, il y a en vous l'étoffe d'un homme d'État; vous avez l'âme d'un héros, en quoi cela peut-il importer aux gens? Pas une de ces facultés ne vous donnera un point de rattache avec eux. Il n'y a que la menue monnaie des qualités qui soit d'un commerce courant et d'une valeur appréciable.

Les hommes qui ont besoin des autres n'ont qu'un moyen de les faire servir à leur intérêt, c'est de leur plaire. Cela suffit pour expliquer sous toutes les latitudes et dans tous les temps le succès de la médiocrité.

DES DÉFAUTS QUI SONT DES QUALITÉS ET RÉCIPROQUEMENT.

Il y a naturellement un écart considérable entre les principes de la morale et les conclusions de la vie pratique. Ici tout change, les poids, les mesures et les balances. Les vices du cœur doivent être portés sans hésiter à l'actif d'un intrigant. Ainsi l'égoïsme, l'insensibilité, l'indifférence, sur les principes une certaine noirceur de caractère, on verra tout ce que cela donne d'empire sur les hommes.

L'art de parvenir ne peut pas tenir compte au même degré des qualités morales. Que ferait un homme chaste avec une coquette, un homme loyal dans une intrigue, un homme véridique parmi des courtisans?

Il y a des défauts qui font merveille. Si par exemple vous êtes impertinent, on vous subira; orgueilleux, on vous estimera; méchant, on vous craindra; irascible, on vous cédera; artificieux, on vous aidera; menteur, on vous croira.

CHAPITRE V.

DES MANIÈRES.

On pourrait dire à la rigueur que l'art social tout entier rentre dans les manières, puisque cet art consiste essentiellement dans la façon dont se font les choses. C'est toujours à une question de forme que l'on aboutit. Toutefois on ne comprend ici sous ce titre que ce qui s'y rattache naturellement.

Avoir des manières, c'est suivant l'opinion générale n'être pas *du commun;* c'est appartenir à une certaine classe de personnes qui constituent une sorte d'aristocratie idéale.

Cette façon de voir les choses est piquante, notamment en France, où l'on ne jure que par l'égalité; mais si les instincts aristocratiques étaient bannis de la terre, c'est dans ce pays qu'on les retrouverait; c'est la terre classique des démarcations sociales. Le premier soin d'un Français qui passe de la condition la plus chétive à une autre qui l'est un peu moins est de se nuancer, d'essayer une supériorité de ton et d'allure qui fasse illusion sur son origine. La contrefaçon se reconnaît, mais on fait toujours bien de se décrotter.

Ce qui explique très-naturellement l'ascendant des manières, c'est qu'elles annoncent l'une de ces choses : la fortune, la naissance ou la valeur personnelle.

Elles impliquent la connaissance des rapports sociaux, des usages, et jusqu'à un certain point, des caractères. C'est cet ensemble de choses infinies qui permettent à quelqu'un de prendre le ton, l'air, les façons qui conviennent à son caractère, à son rang, à la circonstance, à l'homme à qui il parle.

Ce sont des signes extérieurs auxquels les gens du monde se reconnaissent. Elles attirent immédiatement la considération tandis que sans elles on est traité sans conséquence. Elles permettent de se mouvoir librement dans toutes les conditions; elles donnent, ou perfectionnent un agent moral singulièrement efficace. — La familiarité.

DE LA MISE EN SCÈNE.

On peut comprendre sous ce titre tout ce qui dépend du jeu de la personne physique, gestes, mouvements de la physionomie, inflexions de voix. C'est l'art même du comédien. Tout cela entre dans les combinaisons de l'art social à ce point qu'il est impossible de ne pas toucher au moins incidemment à un tel sujet.

Cet art scénique, complément du grand art, sert le plus généralement soit à déguiser ses impressions soit à traduire des impressions que l'on n'éprouve pas. Il joue un rôle considérable, notamment dans la politique et dans la diplomatie, sans parler de ses applications intimes dans les jeux de la vie galante.

Un diplomate qui a laissé une renommée surfaite sous quelques rapports, M. de Talleyrand, était passé maître dans ce que l'on peut appeler la pantomime diplomatique. Sans rappeler le mot ingénieux qui peint si fidèlement l'empire qu'il avait sur les muscles de son visage, on peut dire que cette rare impassibilité jointe à une entente merveilleuse des jeux de la physionomie fut la moitié de son génie. C'est avec cela qu'au congrès de Vienne, il tint son monde en échec.

Dans un des traités qui devaient être soumis à la

ratification de la France et dont les clauses se discutaient sur le tapis vert, le mot d'*alliés* était répété plusieurs fois et avait été mis là intentionnellement par les puissances belligérantes qui avaient conclu contre la France l'alliance de Chaumont. C'était une manière de constater que l'on traitait avec des vaincus. M. de Talleyrand écouta cette lecture avec le plus grand phlegme jusqu'à ce qu'on fût arrivé au mot d'*alliés*. Là, il interrompit du geste, fit une pause et dit :

« Je ne connais pas d'alliés, car les alliés supposent la guerre, et la guerre a fini au 31 mai 1814. »

Puis il écouta le reste de la pièce avec l'attitude d'un homme qui ne comprenait pas et qui certainement ne pouvait pas être accusé de manquer d'intelligence. Il déconcerta les assistants par des airs de surprise, par des questions renouvelées coup sur coup, au point de jeter la réunion dans une confusion indicible.

C'était de la haute mise en scène.

DU LANGAGE, DE LA CONVERSATION ET DE L'ESPRIT.

Toutes ces choses, de même que celles qui précèdent, rentrent par un certain côté dans le chapitre des manières. Avoir des manières et en même temps de l'esprit ou de la conversation, c'est avoir un esprit plus fin, une conversation plus délicate et un langage d'un meilleur aloi.

Il ne s'agit maintenant que d'indiquer les points de contact avec la théorie générale.

Il y a dans le maniement des hommes, des intrigues et des affaires, une sorte de langage diplomatique sans lequel personne ne peut prétendre à se faire écouter. Ce sont des réticences, des détours, des mouvements de surprise, de hardiesse, des affectations de froideur, et par-dessus tout cela, un usage habile de l'ironie, celui de tous les détours de langage dont l'effet est le plus actif.

Quant à la conversation, elle est à l'art de la vie comme un de ces accessoires sans lesquels les machines les mieux montées ne marcheraient pas. Quiconque n'a pas à sa disposition un réservoir de paroles inépuisable sera fort embarrassé pour arriver à quoi que ce soit. Suivant le gros vulgarisme : Il faut *peloter en attendant partie*. La conversation, et une conversation qui ne tarit jamais, est le seul moyen de se tenir en représentation dans la société. Car quand on n'a plus rien à dire il faut s'en aller.

L'esprit des gens qui ont des manières ne ressemble pas à celui des autres. Elles donnent à l'esprit cet air de cour et de galanterie devenu si rare aujourd'hui. Le trait suivant de M. de Talleyrand fait comprendre ce que c'est que l'esprit des gens qui ont des manières :

Si répulsif qu'il fût de sa personne, M. de Talleyrand avait de grands succès avec les femmes, ce qui ne doit pas étonner.

Un jour, deux dames célèbres, Mme de Staël et Mme de Fl..., qui se disputaient la première place dans ses affections, le pressaient de s'expliquer à ce sujet, et le prélat se défendait par ces formules vagues que la politesse a inventées pour remplacer la franchise. « Il ne s'agit point de tout cela, dit une de ces dames; je suppose que nous fussions tous trois dans un bateau, qu'un coup de vent vînt à le submerger, et que vous fussiez un bon plongeur, quelle est celle de nous deux que vous songeriez à sauver la première? — Madame, dit le spirituel courtisan en se tournant du côté de Mme de Staël, je crois que vous savez nager. »

DES PROCÉDÉS.

La maxime *de minimis non curat prætor* est, comme on le pense bien, rayée du décalogue des bonnes règles, puisqu'il est avéré que le *savoir-faire* consiste beaucoup plus dans les petites choses que dans les grandes.

Celui qui marche à une entreprise ou même seulement à la conquête du plus léger avantage, doit connaître ses pistes comme un Peau-Rouge en guerre avec une peuplade voisine. Il doit notamment être expert dans une foule de petites choses qui sont à la science de la vie ce que la procédure est à la science du droit. L'embarras qu'éprouvent les gens dans une foule de circonstances où il faut aller de l'avant peut se traduire par ces mots :

Comment la chose se fait-elle? Comment s'y prend-on?

C'est là une question d'usage et en même temps d'expérience pratique.

Les abords de toutes choses sont semés de menues difficultés, d'ambages, de fins de non-recevoir, d'empêchements et de formalités auxquels le vulgaire est toujours arrêté; c'est le crible dans lequel on tamise tout ce qui est trop épais dans la mouture.

Il y a une foule de petites faveurs, de passe-droits, de priviléges qui se laissent surprendre; la chose qui ne se fait pas pour vous se fera pour un autre. Il y a toujours un moyen d'obtenir ce qu'on refuse, de lever une objection, de passer par une porte fermée. Il y a une formule qui lève la consigne, un biais qui tourne la difficulté.

Cette formule, ce ressort secret, c'est ce que nous appelons le *procédé*. Le procédé dispense de frais d'imagination dans une multitude de cas où il suffit de s'y prendre d'une certaine façon.

L'homme à grandes manières n'hésite jamais sur le procédé; c'est là sa force. Il manie avec aisance une situation en s'appuyant sur les formes comme sur autant de points d'appui qui jalonnent sa route.

C'est la connaissance approfondie du ton des formes du langage et des procédés qui constituent sur le théâtre ce qu'on peut appeler l'optique social. La littérature dramatique contemporaine est sous ce rapport à peu près illettrée et barbare.

OBSERVATION SUR LA LIGNE DE CONDUITE EN GÉNÉRAL.

Dans un sens plus large, le mot de *procédés* s'étendrait à la mise en œuvre de toutes les règles de la stratégie sociale ; et, sous le titre *De la ligne de conduite en général*, on pourrait former un chapitre composé des subdivisions suivantes :

Des conjonctures ;
Du calcul des probabilités ;
Du temps opportun et de l'à-propos ;
Des circonstances critiques ;
Des partis à prendre et de la résolution ;
Des artifices, etc.

Mais ce serait la pire des choses que de donner tête baissée dans toutes ces matières ; il suffit de montrer que le fil conducteur n'est jamais perdu. La substance des idées omises se retrouvera un peu partout. Quelques observations doivent seulement être faites sur la ligne de conduite en général.

La ligne de conduite est la mise en application constante des règles que l'on suppose gouverner les situations. Quand on dit de quelqu'un qu'il n'a pas de ligne de conduite, cela signifie qu'il n'a pas de plan, pas de système, ou, ce qui est la même chose, qu'il ignore les règles du jeu qu'il joue. Ces gens-là comptent dans la vie comme des zéros à la droite d'un nombre.

Le premier principe, le principe par excellence de la ligne de conduite en général, est celui-ci :

Le plus court chemin d'un point à un autre est la ligne courbe.

L'enchaînement des courbes constitue la tactique, c'est le corollaire.

Il n'y a pas de tactique irréprochable. Il en est de ceci comme des fausses manœuvres à la guerre ; chaque faute amènerait une défaite si l'on avait affaire à un adversaire qui les vît toutes et sût en profiter ; mais le plus souvent on lutte avec de non moins malavisés. Il y a autant d'impéritie d'un côté que de l'autre, et c'est le moins maladroit ou le plus heureux qui l'emporte.

Il reste à faire remarquer que l'art de parvenir crée à lui seul une véritable langue dont les termes sont presque exclusivement empruntés à la politique, à l'art militaire et à la diplomatie[1]. C'est que l'art de parvenir n'est lui-même qu'une généralisation de tous ces arts. Chaque individu en particulier a droit d'alliance de paix et de guerre, et ne pro-

1. On pourrait encore ajouter, à la navigation, à la chasse et aux jeux.

cède pas autrement en somme dans ses entreprises que la société politique à laquelle il appartient.

L'idée poursuivie dans ce livre est arrivée à toute sa synthèse. Les exigences de la méthode cartésienne sont plus que satisfaites. On peut passer outre.

LIVRE II.

DU POUVOIR ET DE L'AMBITION.

CHAPITRE I.

DE L'AMBITION EN GÉNÉRAL.

L'ambition est généralement la passion de faire parler de soi, d'élever sa personnalité au-dessus du commun des hommes, de les faire servir à ses intérêts; c'est également le besoin d'avoir beaucoup d'argent à sa disposition, de posséder des hôtels, des maisons de campagne, des équipages, des maîtresses à tous les étages et un nombreux domestique.

Il est très-réel d'ailleurs qu'il y a une certaine jouissance idéale dans l'invention et la direction des combinaisons qui décident de la vie, de la fortune des hommes et du choc des événements. En un mot, c'est le plus beau jeu, puisque c'est celui qui, en donnant le plus de profit, rapporte en même temps le plus de jouissance intellectuelle.

A ce sujet une réflexion satisfaisante peut se faire. En raison des qualités d'esprit et de caractère que suppose une passion aussi forte que celle de l'ambition, il semblerait qu'elle ne dût être le partage que d'un petit nombre d'hommes bien doués. C'est le contraire qui arrive. Ce sont les gens les plus médiocres qui sont les plus ambitieux, et par suite les plus agissants. Rien n'est plus piquant que ceci. On peut se représenter la fortune comme une belle femme environnée de prétendants; ce sont les eunuques qui la désirent le plus, et ce sont les eunuques qui l'obtiennent.

DE LA DOMINATION ET DE QUELQUES-UNS DE SES SECRETS.

L'instinct de domination est la première qualité de l'ambitieux. Quiconque veut dominer, dominera, car en tout genre le monde ne compte qu'avec ceux qui prétendent. Il vaut donc mieux en général avoir les prétentions que de posséder les aptitudes.

L'instinct de domination est une de ces lois morales qui expliquent l'existence des sociétés politiques. Chaque homme en particulier croit à sa puissance et veut exercer son empire. On accepte la domination quelque part afin de la faire subir à son tour; de là les hiérarchies sociales.

Il se soulève à ce propos une question intéressante, c'est de savoir si la domination en général est plutôt fondée sur les vices des hommes que sur leurs qualités. Chose étonnante, et cependant certaine; la domination est fondée sur ce qu'il y a de plus pur et de plus élevé dans l'âme humaine. Au premier abord on ne le croirait pas. Sans doute, les supériorités sociales vivent de la bêtise humaine. L'ignorance, l'incapacité, la faiblesse, le servilisme et la bassesse expliquent les gouvernements, les princes, les hommes d'État qui exploitent les peuples au profit de leurs ambitions; mais on ne gouvernerait pas sans les beaux côtés de l'âme humaine, les politiques de quelque profondeur le savent bien. Il y a en effet, chez les hommes des passions purement idéales, comme l'enthousiasme, l'amour de la gloire, le sentiment de la discipline, de l'obéissance, du dévouement et du devoir. On exploite mieux les hommes avec cela qu'avec leurs instincts les plus pervers. Voici par exemple des phénomènes sur lesquels on ne saurait trop méditer :

Deux États sont en guerre. Le jeu coûtera la vie à deux cent mille hommes au bas mot. Parmi ceux qui vont ainsi à la mort combien en est-il qui puissent se rendre compte des motifs de la querelle pour laquelle ils se font tuer! Pas un, et s'il y en avait d'aventure, ils ne se feraient pas moins tuer, ce qui est encore plus extraordinaire. Il n'en est pas non plus qui aient personnellement le moindre motif de haine contre ceux qu'il tuent. Se peut-il concevoir quelque chose de plus désintéressé que cette manière d'agir? Il y a là dedans un spiritualisme qu'on appelle l'honneur, la patrie, l'amour de la gloire; proposez des mobiles purement matériels à ces braves gens, vous n'en ferez rien.

Il y a deux cents ans, les hommes se battaient pour une religion dont ils ne comprenaient pas les dogmes et dont le plus souvent ils ne suivaient pas les préceptes; on se battait pour la foi! Qu'on le sache bien, il ne faut pas moins de spiritualisme pour se battre aujourd'hui.

Au seizième siècle on vit se constituer, sous la protection du Saint-Siége, une société formidable qui existe encore, quoiqu'elle soit déchue de sa puissance. Cette société comptait à peine cent ans d'existence, que déjà elle remplissait le monde du souvenir des grandes choses qu'elle avait faites, et des épreuves qu'elle avait subies. Nul ordre religieux ne produisit autant d'hommes distingués dans tous les genres, aucun n'étendit ses travaux sur un plus vaste espace, et cependant jamais on ne vit une plus parfaite unité d'action et de sentiment.

Dans toutes les régions du globe, dans toutes les carrières ouvertes à la vie active ou intellectuelle, on rencontrait des *Jésuites*; ils dirigeaient les conseils des rois, déchiffraient les inscriptions latines, observaient les mouvements des satellites de Jupiter, et remplissaient les bibliothèques du monde d'ouvrages de controverse, de casuistique, d'histoire, de traités d'optique, d'odes alcaïques, d'éditions des Pères de l'Église, de catéchismes, de madrigaux et de pamphlets. Leur vie était un miracle d'activité et de dévouement. Le jésuite traversait les pays protestants sous le déguisement d'un brillant cavalier, d'un simple paysan ou d'un prédicateur puritain; il parcourait les contrées que n'avait jamais explorées l'avidité du commerce ou la curiosité du touriste. On le trouvait sous la robe d'un mandarin dirigeant l'observatoire de Pékin; on le voyait la bêche à la main, enseigner les éléments de l'agriculture aux sauvages du Paraguay.

Un Jésuite ne choisissait ni ses fonctions ni le lieu de sa résidence. Passer sa vie sous le pôle arctique ou sous l'équateur, employer son temps à classer des pierres précieuses et à collectionner des manuscrits au Vatican, ou à enseigner aux sauvages de l'hémisphère méridional à ne point se manger entre eux : c'étaient là des questions qu'un Jésuite abandonnait avec une profonde soumission à la décision de ses chefs. Si l'on avait besoin de lui à Lima, le premier bâtiment partant pour l'Atlantique le recevait bientôt à son bord; le réclamait-on à Bagdad, il traversait le désert avec la première caravane; sa présence était-elle nécessaire dans quelque pays où sa vie fût plus exposée que celle d'un loup, où lui donner asile était un crime, et où les têtes et les membres de ses frères, suspendus aux places publiques, indiquaient le sort qui le menaçait, il marchait à sa destinée sans hésitation ni murmures.

A quoi donc attribuer les prodiges de cet ordre fameux sinon à l'abnégation, au dévouement absolu des inférieurs, à la passion de l'obéissance et de la subordination? La société avait pour devise : *perindè ac cadaver*. C'est la quintessence du spiritualisme. Trouvez donc quelque chose qui agisse plus puissamment sur les hommes que les idées abstraites.

Plus on exige des hommes, plus on en obtient, c'est là un des secrets les plus profonds de la domination. Ainsi, on peut voir une des applications de ce principe dans l'austérité des règles imposées par les établissements religieux, plus l'observance est sévère, plus elle attire de pénitents. Une maison de Chartreux qui voudrait relâcher sa règle sous prétexte de s'accommoder à la faiblesse humaine, aurait bientôt fait maison nette.

Moins on paye, mieux on est servi ; c'est un des corollaires du même principe, et l'on peut voir quelle est la commodité du précepte.

Plus le travail est dur, plus il est obscur, plus on s'y attache étroitement, toujours la même règle. Le labeur opiniâtre du paysan en est une preuve, et Platon fait à ce sujet une réflexion que l'on aimerait à voir inscrite sur les édifices où l'on a la prétention de décerner des prix d'agriculture. « Un laboureur, dit-il, est très-utile à l'État, et sa profession mériterait d'être honorée, essayez de lui donner une charrue en ivoire, un habit de pourpre, de la vaisselle d'or, une table délicate, il ne voudra plus s'exposer au soleil et à la pluie, marcher dans la boue, aiguillonner des bœufs; en un mot, il ne voudra plus labourer, sinon quelquefois par le beau temps, pour se divertir. »

Platon ajoute même des choses qu'il ne ferait pas bon de répéter aujourd'hui, par exemple, « que dans toutes les professions, l'artisan trop à son aise ne veut plus faire son métier; qu'il s'abandonne au plaisir et à la paresse, et ruine son art par les moyens qui lui avaient été donnés pour l'exercer commodément. »

Au point de vue du gouvernement, l'application pratique, c'est qu'il ne faut pas craindre de pressurer un peu son peuple, de lui demander beaucoup d'argent et beaucoup d'amour, mais n'anticipons pas.

CHAPITRE II.

DE QUELQUES FACULTÉS CAPITALES.

DE LA VOLONTÉ.

On a pu remarquer dans les premiers chapitres une théorie de la force morale dont la précision laisse peu de chose à désirer.

Cette théorie est tout à fait décisive en politique et rien ne serait plus aisé que de lui donner ici un très-grand développement; mais qui ne comprend que dans un tel ouvrage la synthèse est fort au-dessus du détail?

La nature sociale est un état de guerre dans lequel le jeu de la force morale domine le jeu de la force physique. Même à la guerre, les défaites ne sont que des déperditions de force morale. Quand deux armées se heurtent sur un champ de bataille et qu'elles jonchent le sol de trente ou quarante mille morts ou blessés; ce n'est pas la différence des pertes entre les deux armées qui décide de la victoire; mais d'un côté l'audace, la confiance, le courage qui vont croissant et multiplient les forces; tandis que de l'autre côté tous ces éléments moraux en se désorganisant entraînent la déroute.

Les résultats d'une victoire seraient presque toujours annulés si l'armée, qui a perdu son champ de bataille, pouvait recommencer l'affaire un peu plus loin avec la même somme d'énergie qu'au commencement.

Cette force morale a de tout temps défendu les petits peuples et les petits armées contre la supériorité du nombre et des masses. Les peuplades grecques, divisées, déchirées par des dissensions intestines, sans armées permanentes, sans unité de commandement, ont tenu en échec pendant des siècles toutes les forces militaires de la civilisation asiatique qui ne put jamais soumettre ces indomptables populations. On a vu en 1814 les légions du premier Empire, victorieuses sur tous les champs de bataille de l'Europe, fondre comme neige en Espagne devant des bandes de guérillas. De nos jours, une poignée de soldats anglo-français sont entrés en vainqueurs dans la capitale d'un royaume asiatique de cent millions d'hommes.

La politique a inventé en ce temps-ci une théorie qui consiste à conquérir les petits peuples sous prétexte de les défendre. Si ces petits peuples savaient faire une guerre de feu et de sang sur leur territoire ils se défendraient bien tout seuls.

La force morale qui est la richesse des nations est aussi la richesse des individus. En politique, n'avoir pas de volonté, c'est n'avoir point de puissance et point de liberté.

Jean-Jacques Rousseau a écrit quelque part : Quiconque veut être libre l'est en effet. Comme la volonté d'être libre en suppose la force, il eût été plus exact de dire : Quiconque est né fort est né libre.

La liberté, c'est la force morale, la force morale produit la liberté. Elle seule donne à un homme le pouvoir de s'égaler à ses désirs et à ses ambitions. Réciproquement, la faiblesse c'est l'esclavage, une sorte d'esclavage naturel, incurable, qui fera toujours dépendre une moitié de l'humanité de l'autre.

Les droits n'existent en réalité que pour qui peut les exercer.

DU FOYER INTÉRIEUR.

On crée ce nom pour caractériser une certaine disposition de l'âme, dont le rôle n'a pas été assez aperçu chez les ambitieux. Il s'agit d'un état normal de surexcitation qui porte sans cesse à agir, à entreprendre, qui tient sans cesse en éveil les désirs, les passions. Tous les hommes ont, à leur heure, des moments d'action et d'entrain qui leur font illusion sur leurs forces, mais cette chaleur est intermittente. Bientôt leurs idées pâlissent, leurs projets se refroidissent. Le foyer intérieur s'est éteint; ils ne savent pas quand il se rallumera. Il leur faudra attendre quelque excitation physique, un caprice de leur tempérament, quelque choc d'idée imprévu.

Chez les ambitieux bien doués, le foyer brûle toujours; ils sont toujours excités. Leur esprit est toujours tendu, leur âme toujours en mouvement, dans tous les temps. C'est le *continuus animi motus* dont il est question dans un passage de Salluste en parlant de César, qu'on nous représente toujours agité, toujours brûlant de faire quelque chose de nouveau. Les grands hommes ne sont pas autrement. Le foyer intérieur se traduit chez eux par des villes prises, des batailles livrées, des contributions frappées, des intrigues, machinations, combinaisons et inventions de toutes sortes, ils ne peuvent pas apaiser à moins l'ardeur de leurs excitations internes, et l'histoire des peuples est généralement l'histoire de ces expansions de chaleur naturelle.

DE LA DISSIMULATION ET DU SECRET.

Mazarin paya tous les bienfaits de Louis XIV par ces simples mots qu'il lui dit à l'oreille avant de mourir :

Simula, dissimula, nulli fide, omnia lauda.

On chercherait longtemps avant de trouver un conseil d'une aussi haute perfection.

La dissimulation est une des facultés que les hommes estiment le plus. Elle leur apparaît comme un signe de force, comme un caractère de supériorité morale évidente, et cette manière de voir n'est pas si mal fondée.

Ne pas dire sa façon de penser, n'est-ce pas donner un gage de sa prudence ? n'est-ce pas un signe probable de force de caractère et de concentration d'esprit? Ce n'est pas tout. La dissimulation agit sur l'imagination des hommes par le prestige tout-puissant du secret et de l'inconnu. Un homme qui ne dit pas sa pensée est supposé tenir la vérité, on suppose de même la force d'action à celui qui ne confie pas ses projets.

Tout cela est fondé sur la niaiserie humaine, et l'on apprend à jouer à ce jeu-là comme l'on apprend à jouer au tric-trac ou à l'écarté.

Il est vrai que la dissimulation suppose d'autres facultés, non moins appréciables, la ruse, l'astuce, la duplicité, ces grands instruments de la politique. Cromwel, qui se connaissait en cette matière, avait coutume de dire : « L'artifice et la tromperie donnent à vivre la moitié de l'année, l'artifice et la tromperie donnent à vivre l'autre moitié. » On peut en croire des hommes aussi pratiques et qui savent si bien l'humanité.

Un personnage historique qui, dans un rôle de

seconde main s'est rendu singulièrement célèbre par sa dissimulation, c'est Monck, homme médiocre au demeurant; son impénétrabilité et son flegme imperturbable servirent mieux sa fortune que la plus haute capacité politique.

Transfuge de l'armée royale et créature de Cromwel, il trompa tous les partis jusqu'au jour de la restauration, avec un art qui n'a jamais été dépassé. Non content de rompre avec quiconque avait la réputation d'être attaché aux Stuarts, il dénonçait au Protecteur toutes les menées des cavaliers. Il lui envoya jusqu'à une lettre qu'il avait reçue du roi par une voie secrète. Cromwel n'était point dupe, mais que faire avec un homme qui jouait son jeu aussi irréprochablement. Il lui écrivit un jour par forme de plaisanterie, dans un *post-scriptum*. » J'entends dire qu'il y a en Écosse un certain drôle fort rusé, que l'on appelle Georges Monck, lequel n'attend que le moment d'ouvrir la porte à Charles Stuart ; je vous prie de faire tous vos efforts pour mettre la main sur cet individu et me l'envoyer aussitôt. » — C'est ainsi que jouent les tigres.

Cromwel tombe, Monck reste immobile et ne paraît occupé qu'à se maintenir dans son commandement. Richard tombe, et Monck se soumet au parlement avec la même docilité; il fait plus : il proteste contre la violence de l'armée qui avait chassé l'assemblée. Son frère lui-même, ecclésiastique non suspect, étant allé le voir en Écosse pour lui remettre une lettre du roi, il refuse d'entrer avec lui dans la plus légère explication. Il manœuvre souterrainement toutefois, et pendant qu'il entre enfin en communication directe avec le roi, il prodigue les faux serments et les protestations. Il répète à Ludlow qu'il faut vivre et mourir pour la république; il met sa main dans celle de l'inflexible Haslerig, en jurant par le Dieu vivant de s'opposer jusqu'au dernier soupir à l'élévation de Charles Stuart ou de tout autre.

Et c'est ainsi qu'il devint duc d'Albemarle avec quatre-vingt mille livres sterling.

La duplicité est certainement une excellente chose, mais encore ne faut-il pas se prendre dans ses propres filets, ce qui arrive. Il faut quelquefois ne pas vouloir tromper, c'est là le difficile.

DE LA MÉCHANCETÉ CALCULÉE.

Les théologiens montrent une profonde connaissance de la nature humaine quand ils représentent Dieu comme un être infiniment bon, mais surtout comme infiniment redoutable. C'est là le côté essentiel, car le mal est quelque chose de plus palpable que le bien. Les raisons de craindre sont plus frappantes que celles d'espérer ; enfin le mal paraît aux hommes une plus grande expression de la force que le bien, et par suite il agit davantage sur leur imagination.

Si l'on veut contrôler cette proposition on n'a qu'à voir quel est dans l'histoire morale des peuples la part de la raison et de la justice; quel est le rôle des sentiments généreux et des idées élevées. La gloire par exemples est un des mobiles les plus vivaces de l'humanité et la gloire est l'incarnation même du mal, le principe de tous les fléaux. Dites donc à un peuple de renoncer à la gloire, ou essayez de gouverner sans elle. De quoi toute l'Europe moderne a-t-elle vécu pendant près de dix siècles? Des folies et des fureurs de la superstition religieuse. Cette frénésie a fait son temps; par quoi est-elle remplacée aujourd'hui, par une autre frénésie? l'aversion de tout sentiment religieux, c'est toujours le torrent du mal.

L'ascendant des idées fausses pendant les révolutions est un autre aspect de cette force malfaisante qui paraît présider à la vie des nations.

Les principes faux, les sentiments pervers ont partout infiniment plus de puissance que leur contraires. Ces considérations jettent un certain jour sur la science du gouvernement, sur la politique dont les agissements secrets sont connus. Le mal en est le principal ressort. Par suite des mêmes raisons la bonté est une qualité absolument négative chez les princes. Elle ne peut leur servir en rien. C'est ce qui apparaît notamment dans l'histoire de France ou dès l'origine de la monarchie; on voit tous les princes débonnaires, chassés, détrônés, avilis ou assassinés. Jamais on n'a vu dans ce pays la nation broncher sous une main violente, quelques coups qu'elle ait portés. Philippe Auguste, Philippe le Bel, Louis XI, Richelieu, Louis XIV avaient précisément ce don de la cruauté froide et implacable qui est d'un si grand prix dans les chefs d'État. Prodigues du sang, de la vie et de l'or de leurs sujets, leur gloire se continue dans la postérité. Le mal qui a suivi leurs pas fait partie de leur grandeur. En revanche sous tous les princes faibles on a crié à la tyrannie, c'est dans l'ordre. La popularité des Robespierre et des Danton paraît puiser sa force dans le sang qu'ils ont versé. Napoléon Ier, qui a fait tuer un million d'hommes, et dont la main pesait, Dieu sait comme, a été l'âme de ce pays. Il est vrai qu'il n'en est point au monde d'aussi passionné pour la force; mais son exemple n'en est que plus approprié.

On a pu voir déjà que ce que nous appelons l'art de parvenir n'est à tout prendre qu'une application de la politique à la direction de la vie. Du petit au grand c'est la même chose. On ne saurait pousser loin sa fortune sans une certaine noirceur de caractère qu'il faut acquérir de parti pris quand on n'a pas le bonheur de la posséder naturellement. On sent à merveille qu'il ne s'agit pas ici d'une méchanceté brutale ou irréfléchie, mais d'une méchanceté qui a conscience d'elle-même, d'une méchanceté calculée sur les instincts de la nature humaine.

Ainsi dans le courant de la vie un homme a beaucoup d'intérêt à établir l'opinion qu'il ne pardonne pas aisément; qu'on ne pourrait l'offenser impunément; qu'il a peu de sensibilité, peu de côtés ouverts aux sentiments. Plus il sera dur, mieux il percera la couche sociale.

CHAPITRE III.

DES PARTIS.

On doit se représenter les partis dans un État comme des clans ou des tribus armées qui marchent chacune de leur côté à la conquête du pouvoir avec des principes, c'est-à-dire avec des mots pour drapeaux. Les révolutions ne sont que la mêlée de partis. Il s'agit de savoir qui gagnera la bataille, c'est-à-dire quel est le parti qui en dernière analyse restera saisi de la puissance et du butin.

On peut voir par là qu'il n'y a réellement jamais que deux grands partis en présence, ceux qui veulent renverser le gouvernement existant parce qu'ils n'y font pas leurs affaires, ceux qui veulent le conserver parce qu'ils y trouvent leur compte.

Ceux qui veulent le maintien de l'ordre établi n'ont

point tort. Unis à leurs places, à leurs dignités, à leurs pensions par des liens sacrés et indissolubles, ils sont fondés à regarder comme des ennemis de la société ceux qui seraient tentés de les troubler dans leurs jouissances. Rien ne leur paraît plus digne de respect que les institutions dont ils vivent, elles sont pour eux un patrimoine.

Quant à ceux qui veulent se débarrasser de leur gouvernement, ils n'ont pas tort non plus, puisque leur mobile est le même que celui de leurs adversaires. Ils ne diffèrent entre eux que par leur préférence pour tel ou tel système de gouvernement qui leur paraît plus favorable à leurs ambitions ou au développement de leur activité.

Il y a parmi les partis des pouvoirs détrônés et des partis nouveau-nés qui prétendent à l'empire. Pour les uns comme pour les autres, le problème à résoudre est le même, au moins dans le commencement : faire pencher de son côté l'opinion, ce qui se fait par voie d'initiation et de propagande.

On convertit un peuple à telle ou telle doctrine, à tel ou tel système politique comme on décide le public à user de certaines recettes à force de les annoncer ; et c'est par là qu'on voit que la presse est la première puissance de ce monde, car, elle persuade ce qu'elle veut.

Le prosélytisme des partis s'emploie donc avec une ardeur extrême à rallier à ses idées les majorités puissantes ; c'est à qui trouvera les mobiles les plus proprès à agir sur la fibre des peuples. On peut choisir; chacun d'eux propose un type particulier de gouvernement, avec différents doses d'égalité ou de liberté; et comme les peuples sont changeants, chacun de ces principes ou de ces systèmes a des chances pour réussir tour à tour. En fait d'amorce cependant rien n'approche ce que l'on a inventé depuis plusieurs années sous le nom de *démocratie*. Ce mot, qui dans la langue moderne n'implique aucune forme quelconque de gouvernement ni aucun principe déterminé, a l'avantage de promettre par d'habiles sous-entendus aux masses qui font les révolutions du pouvoir, du crédit, de l'argent et des jouissances. Rien ne vaut évidemment cet appât.

Les partis, c'est là un point important, doivent avant tout ne pas se ressembler, c'est-à-dire qu'ils ne doivent avoir ni les mêmes idées ni les mêmes tendances; enfin rien de commun.

Une nuance n'existe qu'à la condition de ne pas ressembler à une autre nuance, les opinions des partis en sont là. Il en résulte que chacun d'eux se tient pour infaillible, qu'il est obligé de soutenir le contraire de ce que les autres soutiennent, qu'il ne peut en aucun cas rendre justice à ses adversaires et que s'ils lui apportaient la vérité même et l'évidence, il serait en conscience obligé de les repousser.

Ces considérations amènent à dire que dans beaucoup de pays, sinon dans tous, il y a des partis factices, c'est-à-dire des partis qui n'ont de fondements que la badauderie et la pure sottise, mais il s'en faut bien que ce soient les plus mauvais, car c'est toujours dans ceux-là qu'il faut entrer. On remarquera seulement qu'en fait de combinaisons politiques ou de systèmes de gouvernement, il n'en est qu'un nombre très-limité qui puisse se prêter à des applications pratiques; quand donc on voit sept ou huit partis opposés dans un pays, on peut parier à coup sûr qu'il y en a la moitié et plus qui sont des partis factices, c'est-à-dire qui vivent sur des idées fausses.

En faussant un principe on fait un nouveau principe. En faussant plusieurs principes on fait un corps de doctrine nouveau.

L'égalité, par exemple, est un principe de sociétés politiques dont l'unique portée se réduit à dire : tous les hommes sans exception ont tous les droits possibles aux avantages que la société procure. C'est à eux à les conquérir par leur talent ou par leur courage; mais cette notion si simple ne peut être commune à tous les partis, parce les partis doivent représenter des idées différentes. Alors on invente en dehors de la nature sociale mille combinaisons factices, l'égalité de biens, l'égalité de rangs, l'égalité de salaires, toutes les égalités possibles, pourvu que chacune d'elles diffère du type commun et de la variété des espèces.

C'est encore un autre principe simple que l'action de l'autorité publique doit être écartée le plus possible de la sphère des intérêts privés; si donc un parti prend pour devise, *peu d'autorité,* un autre prendra pour devise *point d'autorité*

On peut essayer ce système de déviation sur toutes les idées possibles, c'est le secret de ne pas penser comme tout le monde. Il est gênant pour les partis d'avoir des idées communes même sur la morale. Aussi a-t-on vu de nos jours un parti créer une morale distincte des idées religieuses que l'on a appelé la *morale indépendante.* Avant peu l'on imaginera des variétés de cette morale, *la morale libre* ou *la conscience libre.* Tout cela est régulier.

On voit que le procédé consiste presque toujours à enchérir sur un premier principe. Vous dites qu'il faut réformer le culte, moi je dis qu'il faut un autre culte, le dernier dira qu'il n'en faut pas. Nous avons formé trois partis en enchérissant les uns sur les autres, et tous trois nous avons raison.

Le système d'enchérissement et de surenchérissement des partis peut s'étudier avec fruit dans l'histoire de la Révolution française.

Au début de la Révolution de 1789, il ne s'agit que d'une chose, réformer les abus de la monarchie et maintenir l'antique constitution avec les parlements et la division de la nation en trois ordres. L'égalité devant l'impôt, et la suppression des servitudes féodales résument ou semblent résumer, au temps de Malesherbes et de Turgot, les réformes du parti le plus avancé; mais à côté de ce parti, déjà il s'en est formé un autre plus avancé qui veut régénérer la monarchie par une constitution analogue à celle de l'Angleterre. C'est le parti royaliste et constitutionnel pur représenté par les Maury, les Mounier, les Cazalès. Mais tandis que la conquête du gouvernement parlementaire, à l'instar des Anglais, semble être l'expression du mouvement national et le but définitif de la Révolution, un troisième parti est déjà né qui dénature la conception d'une monarchie constitutionnelle en enlevant au trône l'appui de la noblesse et en plaçant la royauté en face d'une assemblée souveraine. C'est le régime bâtard de 1791 qui ouvre la carrière à Necker et derrière lui à Mirabeau. L'un s'agite dans l'impuissance, l'autre meurt; et pendant ce temps le parti des Girondins aspire ouvertement à la République ; mais à côté du parti républicain, fondé sur le concours des classes éclairées, a surgi le parti de la démocratie, fondé sur le concours exclusif des classes populaires, et la dictature individuelle; et la faction de Robespierre n'était pas tombée, que la queue de Marat avec la plèbe débordait les Jacobins.

On peut faire des observations analogues sur la révolution de 1848. Elle commence aux cris de la réforme ; il ne s'agit que de l'extension du suffrage à certaines catégories d'électeurs. La royauté constitutionnelle n'est pas en question. Le parti républicain pose sa candidature au gouvernement pendant les barricades. Après la chute du trône, la conception de l'idée républicaine s'altère sous l'influence du parti socialiste. De l'idée que l'Etat doit garantir le travail et commanditer l'industrie, on marche vers les lois agraires et les réquisitions forcées, etc.

Tout cela se fait par le procédé d'enchérissement et de surenchérissement ci-dessus décrit.

TACTIQUE AVEC LES PARTIS.

Les partis ont deux manières d'être; dans les temps de calme, ils sont circonspects, peureux et méticuleux; aux époques agitées, ils passent à l'exagération, à la violence, à la frénésie. La ligne à tenir est déterminée suivant l'une ou l'autre occurrence.

Tant qu'un gouvernement a quelque puissance, les hommes influents qui sont à la tête des partis ménagent leurs attaques, parce qu'ils espèrent qu'on les enlèvera à l'opposition par quelque poste brillant qui les fera participer à la direction des affaires. C'est ce qui arrive dans le gouvernement parlementaire, où la lutte des ambitions est légalement organisée.

Les agissements des partis se réduisent alors à un tissu de petites intrigues laborieuses, à l'aide desquelles on arrive peu à peu à établir son influence; mais il ne faut rien qui dépasse la commune mesure. Dans un corps d'armée, l'action et la direction sont centralisées, et généralement ce sont les plus capables qui commandent; dans les partis, au contraire, tout le monde commande ou veut commander et les meneurs sont au-dessous du médiocre. Rien de plus naturel ; ceux qui composent les partis ne mettent en commun que des ambitions et des vanités. La haine les rapproche, mais la jalousie les divise, au point qu'ils passeraient tous à l'ennemi plutôt que de se procurer les uns aux autres des avantages quelque peu marqués. Leur grande préoccupation, c'est de se tenir mutuellement en échec et de se neutraliser autant que possible les uns les autres.

Ils ont une grande perspicacité pour deviner les grands talents, les caractères élevés et résolus ; on s'en débarrasse avec le plus grand soin ; car leur présence parmi des gens médiocres, timorés et envieux, dont la plus grande préoccupation est de se maintenir tous au même niveau, qui ont l'habitude des délibérations oiseuses, des résolutions incomplètes, des demi-mesures, de toutes sortes de petites négociations et capitulations, jetterait le trouble dans les rapports communs. Ces partis-là ont si peur de se compromettre que c'est à peine s'ils ramassent leurs morts.

Quand un gouvernement a été assez fort pour réduire les partis à l'impuissance, quand ils sont en quelque sorte comme des essaims de guêpes dont on a arraché l'aiguillon, il se forme assez souvent des oppositions postiches au sein desquelles on peut siéger avec autant d'agrément que de sécurité.

La tactique en pareil cas est bien simple de la part des hommes qui sont arrivés à se créer une certaine position par l'appui de leurs concitoyens. Il ne s'agit pour eux que de fermer les yeux sur les actes un peu violents de leur gouvernement, de délaisser les grosses questions pour les petites, de plier sous les chocs, et de crier de temps en temps, mais de se taire au premier éclat de foudre qui part de la main du pouvoir. Moyennant cette conduite, qui n'est d'ailleurs que de la modération, on jouit de très-sensibles avantages. On peut avoir de l'argent, des places, et ce qui est incomparable, on a les honneurs de l'opposition sans en courir les périls; enfin, en cas de nouvelle révolution, on est extrêmement bien placé pour en profiter, puisqu'en somme on faisait de l'opposition sous le régime précédent.

Ces oppositions postiches servent de coussin dans les chocs qui peuvent avoir lieu entre un pays et son gouvernement. Comme les coussins peuvent toujours servir après le choc, on ne risque rien en soutenant un gouvernement que l'on a l'air d'attaquer; on a la chance de durer autant que lui et de lui survivre s'il succombe.

Dans les temps troublés, le jeu des partis n'est pas aussi facile. Ils sont obligés de se rattacher à tout prix aux organisations vigoureuses qui peuvent les aider à traverser la crise et à en triompher. Les petites individualités, si tenaces dans leur ambition, sont rejetées en général sur le quatrième ou le cinquième plan; mais elles reparaissent au cinquième acte.

Les partis n'accordent d'autorité qu'avec l'espoir de la reprendre ou de l'exercer au nom de celui qu'ils en ont investi. Ils veulent que l'on se donne à eux sans exception ni réserve, que l'on brûle ses vaisseaux pour leur appartenir sans retour. Quiconque voudrait se ménager deviendrait à bon droit suspect. Les idées fausses comme les idées justes, les erreurs comme les vérités, font partie du programme que l'on doit défendre; et quant aux passions du temps, quelque aveugles et quelque effrénées qu'elles soient, on est tenu de les partager et même de les dépasser si l'on veut avoir quelque empire sur son parti. C'est le jeu que l'on jouera toujours quand on voudra dominer les factions.

Lors de la révolution de 1642, Cromwel commença sa grande fortune politique en exagérant le fanatisme des sectes les plus exaltées, en imitant leur jargon, en priant, prêchant et vociférant dans les assemblées des puritains, ce qui ne l'empêchait pas d'en rire dans son intimité. Il s'amusait un jour à boire avec ses amis, et il cherchait un tire-bouchon qui s'était égaré sous la table, lorsqu'une députation de presbytériens se présenta pour lui parler. Il leur fit dire qu'il ne pouvait les recevoir parce qu'il était occupé à chercher le Seigneur.

Le dévouement absolu que les partis exigent de ceux qui les servent devient embarrassant quand la cause commune commence à chanceler. Mais alors ce n'est évidemment pas le cas d'être conséquent. Loin de songer à soutenir ce qui tombe, l'homme habile doit épier les moindres symptômes précurseurs de cette chute. Il doit saisir le moment opportun pour une volte-face. Quand il a suivi un parti jusqu'à l'apogée de sa grandeur il doit subitement s'en dégager quand ses embarras commencent, se tourner contre lui, même le persécuter et se frayer une nouvelle carrière de pouvoir et de prospérité en compagnie de nouveaux alliés. Cette façon d'agir développe en lui une dextérité rare. Il devient pénétrant dans ses observations, fécond dans ses ressources; il prend sans effort le ton de la secte ou du parti où la chance le jette; il distingue les moindres signes de changement, avec une sagacité qui paraît miraculeuse à la multitude, et qui ne peut se comparer qu'à celle que déploie un agent de police, recherchant les plus légers indices d'un crime, ou un guerrier indien suivant une piste dans les bois.

On peut citer M. de Talleyrand comme un des hommes qui ont le mieux connu l'art de se séparer des causes perdues.

Élevé par la protection des courtisanes du dernier règne, il devient évêque d'Autun le jour où la puissance de l'Église va s'écrouler. Grand seigneur, on le voit au fameux anniversaire du 14 juillet monter sur l'autel de la Révolution, comme pontife de la Révolution qui détruisait l'aristocratie. Il a sa part du pouvoir lorsque le 18 fructidor vient frapper ses protecteurs. Il gagne le portefeuille des affaires étrangères au coup d'État du 18 brumaire, dirigé contre Barras son ami. En 1814, il est proclamé chef du gouvernement provisoire, pendant que Napoléon son bienfaiteur médite sur les ruines de l'Empire ; et enfin, en 1830, lorsque la dynastie à laquelle il avait offert son patronage prend la route de l'exil, il reparaît sur la scène pour saluer encore une fois la fortune.

On ne saurait mieux faire.

DES QUALITÉS NÉCESSAIRES POUR FORMER DES PARTIS OU DES SECTES.

Le difficile n'est pas, comme on a pu le voir, d'imaginer des théories politiques ou sociales, car toute idée bonne ou mauvaise peut servir d'enseigne. Mais quand il s'agit de diriger un parti, surtout de le créer, les qualités de second ordre ne suffisent plus.

Un parti politique de quelque importance ne peut se fonder que par le prestige. Le prestige est un choc durable produit sur les imaginations par des sentiments moraux, des actes ou des événements qui, soit en bien soit en mal, paraissent au-dessus de la mesure commune de l'humanité. Il tient à certaines circonstances mystérieuses et romanesques de la vie des hommes, à des grandeurs imprévues, à des catastrophes gigantesques.

« Une grande réputation est un grand bruit, plus on en fait, plus il s'étend au loin; les lois, les institutions, les monuments, les nations tout cela tombe, *mais le bruit reste* et retentit dans d'autres générations. »

Le bruit! tout le prestige est là.

Tant qu'un parti peut se flatter d'avoir à sa disposition un agent moral de cette importance, ses affaires ne sont jamais désespérées. C'est ce qui explique le retour des Bourbons en France après la Révolution, les Cent jours et le second Empire. Le prestige de la Convention tient au terrorisme de cette époque. L'échafaud en permanence et les exécutions en masse avec la mitraille, sont de ces gandeurs, que l'on n'oublie pas et dont on tient compte.

DES SECTES.

Mêlez un grain de mysticisme à une théorie quelconque, et vous avez une secte.

Les idées, les doctrines sont presque toujours fort peu de chose par elles-mêmes. Qu'eût été l'arianisme sans Arius, le mahométisme sans Mahomet, le protestantisme sans Calvin? De vieux débris de philosophie antique, des disputes de mots, des subtilités étroites ou de vaines distinctions.

Quand Photius, excommunié par le pape Nicolas, provoqua le schisme de l'Église grecque, il n'eut garde d'invoquer des griefs sérieux. Il n'attaqua ni la corruption de l'Église romaine, ni les fondements du dogme catholique. Il reprocha amèrement au pape de permettre le lait et le fromage pendant le carême, et surtout d'ajouter au symbole le mot *Filioque*, qu'il traita d'impieté monstrueuse. Il s'éleva de toutes ses forces contre les prières du samedi et contre l'usage des clercs de se raser la barbe. Voilà ce qu'il fallait pour produire une grande impression sur le peuple, et si Photius eût fait autre chose, il n'aurait pas été l'habile intrigant qui de simple moine s'était élevé en six jours à la dignité patriarcale.

On fonde une secte avec un tempérament, le reste, c'est-à-dire le fond de la doctrine, se prend n'importe où. Ce qui doit être le plus soigné, ce n'est pas le fond des choses, c'est le formalisme, c'est-à-dire les rites, les signes extérieurs auxquels une secte peut se reconnaître. De là vient que, dans toutes les sociétés secrètes, on s'attache si étroitement à des termes de convention, à des symboles, à des cérémonies, à des choses infiniment petites qui sont tout. Ne voit-on pas encore de nos jours certaines sectes politiques faire consister leurs convictions dans la forme du chapeau ou dans la couleur de la chemise? Quand le formalisme disparaît, la secte est bien malade.

Cependant ces faits d'observation et d'expérience

ne corrigent par ceux qui reprochent à certains cultes leurs formes, leurs pompes, et leurs solennités. Ils ne songent pas que n'avoir pas de formes sensibles c'est ne pas être, et du reste ils oublient complétement leurs principes quand il s'agit de fonder une petite église politique, économique ou sociale.

On fonde une secte avec du tempérament, nous le répétons, mais on peut en fonder avec des tempéraments divers. Luther réussit par la fougue ; son caractère était impétueux et débordé. Il s'y livrait tout entier sans vouloir écouter rien de ce qui aurait pu le ramener. Il ne gardait de mesure ni dans ses écrits, ni dans ses paroles. Les animaux les plus vils, les lieux les plus infects, les objets les moins décents lui fournissaient des comparaisons et des apostrophes. Les grosses injures, les plaisanteries amères, les quolibets que les poëtes de l'ancienne comédie mettent dans la bouche des valets, se reproduisaient sans cesse sous sa plume et s'appliquaient, sans distinction de rang et d'état, à ceux qui avaient le malheur de lui déplaire. Le manteau royal ne garantit pas de ses sarcasmes Henri VIII, qui avait osé se mesurer avec lui. Il appelait la cour romaine la grande prostituée, les prélats et les cardinaux des loups dévorants, les moines des pharisiens et des sépulcres blanchis. Sonnant sans cesse le tocsin contre le pape, il voulait qu'on lui enfonçât un poignard dans le sein, qu'on traitât tous ses adhérents comme des brigands, fussent-ils rois ou empereurs. « Si j'étais le maître de l'Empire, s'écriait-il, je ferais un même paquet du pape et des cardinaux pour les jeter ensemble dans le fossé de la mer Toscane. Un bain les guérirait, j'y engage ma parole, et je donne Jésus-Christ pour caution. »

Voilà un tempérament. Ses disciples mêmes tremblaient devant lui, et ce diable à quatre que l'inquisition eût tant voulu rôtir, dut à son audace et à sa violence même cet immense crédit devant lequel vint échouer l'autorité pontificale et l'Empire.

Calvin était la froideur même ; bilieux et inflexible, il s'imposait par la ténacité. Admirable sectaire aussi dans son genre, il ne croyait pas manquer à la mansuétude chrétienne en faisant dresser quelques potences contre ceux qui disaient du mal de lui.

Les caractères de ces deux hommes étaient d'une trempe à toute épreuve, et c'est avec leurs passions seules qu'ils ont fondé leurs Églises ; car quoi de plus puéril que des doctrines qui disputaient sur quelques mystères du catholicisme en admettant tous les autres ?

L'esprit de secte a deux grands leviers : l'excitation des passions matérielles, et le renoncement, c'est-à-dire ce que l'on a appelé le matérialisme et le spiritualisme, l'exaltation de l'âme et celle des sens. Les habiles savent mêler avec art ces deux agents de l'espèce humaine. Mahomet retourna le christianisme d'une manière singulièrement appropriée aux peuples de l'Orient. Au libre arbitre qui engendre l'esprit d'examen, et dispose à la révolte, il substitua le fatalisme si propre à faire accepter le poids de l'obéissance et la soumission à la destinée. Aux joies spirituelles et intellectuelles du paradis chrétien, il substitua de belles et bonnes réalités, et de toutes les jouissances celles dont les hommes sont le plus avides, le plaisir des sens avec des créatures parfaitement belles. Ce point fut réglé par lui avec la plus grande sollicitude, il eut soin de dire que les hommes ne retrouveraient pas dans le ciel les femmes qu'ils avaient eues sur la terre. C'était fort essentiel. Il leur annonça de nouvelles femmes remplies de charmes infinis. Il ne voulut pas davantage que les femmes eussent à craindre de retrouver leurs maris, et quoiqu'il ne s'explique pas très-clairement sur les plaisirs dont elles jouiront, on ne saurait douter que ce ne soient les mêmes que ceux des hommes.

Les rationalistes modernes s'élèvent avec une grande passion contre le mysticisme religieux, et par une étonnante contradiction il est peu de leurs conceptions qui ne soient empreintes de mysticisme. Ils sentent tous plus ou moins la révélation et la prophétie, mais le moyen en effet de procéder autrement tant que la mélancolie humaine ne se portera pas d'elle-même vers le surnaturel et le merveilleux, et ce n'est pas de sitôt encore que cela finira.

On a pu voir en 1830 une secte de matérialistes mystiques faisant consister leurs saintes doctrines dans la réhabilitation du veau d'or et le culte de la chair. Ces disciples de Mahomet, adeptes de l'amour sacerdotal, dont plusieurs sont encore vivants, ont fort bien fait leurs affaires, et jamais la religion ne fut mêlée plus utilement à l'amour, à la politique et à l'argent.

CHAPITRE IV.

DES RÉVOLUTIONS.

Les révolutions sont des déplacements d'autorité, de pouvoir, de crédit et de fortune amenées par les efforts des ambitieux qui s'agitent dans le sein des partis. S'il n'y avait pas de fortes individualités pour exciter et soulever les passions de la foule, il est à présumer que les révolutions ne pourraient se faire.

On se plaît souvent à rechercher quelles sont les causes des révolutions. On les attribue tantôt à la passion des réformes, tantôt à la corruption des gouvernements, à la misère des peuples ou à l'épuisement des finances. Mais cette façon d'envisager les choses est plus sentimentale que réelle. La fermentation des esprits est l'état normal des sociétés politiques, et l'on peut dire qu'en tout temps, même dans les États qui paraissant avoir réalisé la plus grande somme de progrès, il y a un courant d'idées de réformes et d'innovation assez fort pour compromettre l'ordre établi, si ce courant n'était pas refoulé.

Sous Louis XV, le mouvement des esprits était dans toute sa force et dirigé par des intelligences supérieures, et pourtant la révolution n'éclatait pas. Dans les dernières années du règne de Louis XIV, il n'y avait pas un écu dans les caisses royales, et la détresse générale était si grande que dans quelques provinces le peuple des campagnes mangeait de l'herbe, cependant il n'y avait pas de révolution.

Disons-le donc, les révolutions arrivent tout simplement quand les forces qui les préparent ne sont plus contenues. On aimerait à les voir éclater sous quelque prince méchant mais énergique, qu'on saisirait de vive force et qu'on mettrait à la Géhenne; cela ferait du moins quelque honneur à l'espèce humaine; malheureusement cela ne se voit pas. Suivant les errements ordinaires, on ne châtie que les faibles, on ne frappe que ceux qui sont à terre.

Chose assez digne de remarque, semblables à ces femmes romanesques qui résistent victorieusement aux plus grandes tentations, et qui succombent presque immédiatement après, devant les petites, les peuples après avoir laissé passer toutes les occasions honnêtes de renverser leurs gouvernement, en viennent souvent aux extrémités pour une peccadille, et cela quand le pacte d'union paraît scellé pour toujours ou la résistance définitivement vaincue. Jacques II ne périt pas après les sanglantes *assises* de l'Écosse. Il ne perd le trône que longtemps après, quand rien ne balance plus son pouvoir absolu, quand le Parlement est vaincu, les lords rebelles exilés ou captifs, les ministres dissidents réduits au silence.

On voit pareille chose en France sous Louis XVIII. La Restauration résiste à toutes les fureurs de la réaction, elle tombe sur Charles X quand elle a triomphé de ses plus grands périls; et le trône de Louis-Philippe est emporté lorsque les dissentiments de la royauté avec les partis ne tenaient plus guère qu'à des nuances.

DIVERS CONSIDÉRATIONS PHYSIOLOGIQUES SUR LES RÉVOLUTIONS.

Au point de vue physiologique les révolutions doivent être considérées comme des moments de fièvre générale pendant lesquels les caractères et les idées changent tout à coup. On voit des peuples qui passent du jour au lendemain de la passion monarchique à la soif de l'égalité, du respect pour les classes élevées à la haine de toutes les supériorités de quelque nature qu'elles soient, de l'abjection de la servitude à une ardeur effrénée pour la liberté et réciproquement. Si ce n'étaient là des phénomènes moraux, procédant d'une sorte de commotion instantanée dans toutes les cervelles, comment expliquerait-on des changements d'idées et de convictions qui s'opèrent en quelque sorte dans le même moment?

Il est vrai cependant qu'il y a d'autres raisons encore à donner de ces écarts soudains de la raison générale. Le pouvoir a changé, la force est en d'autres mains, à l'instant on est converti aux nouveaux principes que ce pouvoir représente. L'intérêt et la peur ne peuvent pas raisonner d'une façon plus judicieuse.

En bonne justice, il faut observer toutefois que tout ne doit pas être mis au compte de la bassesse dans les transports qui accueillent la chute d'un gouvernement plus ou moins longtemps supporté; le fait seul du changement procure à lui seul un plaisir fort vif; il y a même, cela est certain, un moment d'enthousiasme général et purement idéal dans l'expectative du triomphe de certains principes moraux que l'on croit avoir été méconnus et foulés aux pieds, comme cela arrive d'ailleurs très-habituellement. C'est de ces moments-là que l'on pourrait profiter pour faire des choses bonnes, justes et fermes, mais ce ne ne serait pas assez avantageux pour ceux qui tiennent les nouvelles cartes de la situation, et l'on doit généralement s'en abstenir.

Au surplus cet état de concorde dure si peu qu'il n'échet d'en parler. Toutes les passions se remettent à l'œuvre en couvrant pendant quelque temps encore le but qu'elles poursuivent. Bientôt le mécontentement éclate et tous les partis posent ouvertement leur candidature au pouvoir. Tant qu'il n'y en a pas un qui les réconcilie ou qui les comprime, on est dans l'anarchie.

Autant il est difficile à un parti de se maintenir par la conciliation, autant il lui est facile d'y parvenir au moyen de l'oppression. Cela se conçoit aisément. Dans les temps d'anarchie, on rentre dans le droit naturel de la guerre : or les belligérants ne se soumettent les uns aux autres que quand la force a prononcé, devant les *arrêts du canon*, selon le mot récent d'un général d'armée contre lequel la fortune des armes se chargea d'appliquer la sentence.

C'est une loi des révolutions que la peur fait plus de besogne que la persuasion. La peur que l'on éprouve pendant ces temps-là n'est pas une peur ordinaire; elle se décuple de tout ce que l'on craint pour soi, pour sa famille, pour ses intérêts, pour son avenir et pour son argent. C'est une peur qui s'éprouve en masse et dont les courants agissent comme l'influence de l'épidémie. Tant qu'elle règne, un peuple laisse tout faire, il n'a même pas la pensée de la résistance. Ce fait a été rendu très-sensible pendant la période de la Terreur. On voyait chaque jour des fournées de Français conduits paisiblement à la guillotine. Deux cents hommes déterminés qui seraient descendus sur la place décidés à vendre chèrement la vie, auraient entraîné la populace, et il n'en eût pas fallu davantage pour renverser la dictature des quelques hommes audacieux qui régnaient alors sur la France. Mais un tel effort est au-dessus de l'énergie individuelle dans de pareils temps. On ne sait mourir que comme du bétail conduit à l'abattoir.

Pendant les révolutions les caractères changent, c'est encore un point physiologique incontestable. On ne peut donc pas prévoir à l'avance quels sont les hommes qui marqueront dans les événements. Il s'improvise des caractères jusqu'alors inconnus, des énergies que l'on n'eût pas soupçonnées. Les agneaux deviennent des tigres, les tigres se changent en moutons.

Joseph Lebon peut, entre beaucoup d'autres, être proposé comme exemple de ce passage subit d'un caractère à un autre sous l'empire des influences révolutionnaires. Envoyé en qualité de commissaire dans son département, loin de se montrer sanguinaire lors de cette première mission, il mit en liberté quelques gens de bien et ordonna même l'arrestation des démagogues les plus furieux. Cette conduite l'ayant fait dénoncer comme fédéraliste et modéré par les agents secrets du terrorisme, il fut mandé au comité de Salut public et fortement réprimandé par ses collègues. Cet avertissement dont on sait quelles pouvaient être les conséquences, fit sur son esprit une telle impression, que de retour à son poste, on ne le reconnut plus. « Dès lors, dit un des historiens de cette époque, il fit parade d'apostasie, de libertinage et de cruauté, et l'on vit cet homme qui naguère s'était fait remarquer par sa douceur dans un modeste presbytère, surpasser en férocité les plus cruels agents du système. »

On trouvera peut-être dans les pages qui suivent quelques remarques utiles sur la manière de se conduire pendant les révolutions et diverses tactiques appropriées aux circonstances.

LIGNE DE CONDUITE ET ARTIFICES PENDANT LES RÉVOLUTIONS.

On voudrait rassurer ici ceux qui craignent la justice des révolutions. Sans doute il y a un certain nombre de victimes expiatoires, mais on peut avec de la souplesse éviter les représailles. Notre grande révolution même en fournit de nombreux exemples. Combien de démagogues indomptables, d'énergie et de conviction, ne sont pas devenus comtes, ducs, marquis avec de bonnes places? Merlin de Douai, Cambacérès, Barrère qui disait en riant qu'il fallait graisser le char de la Révolution, Fouché, Carnot, Talleyrand et mains autres se sont très-bien retrouvés sur leurs pieds quand le moment de la tourmente a été passé.

Il est on ne peut plus important d'observer ici que

les révolutions peuvent se faire pendant quarante et cinquante ans avec le même personnel, que l'on peut appeler personnel ambulant. Vous voyez un régime nouveau, vous croyez que ce sont d'autres hommes, pas du tout. Celui-ci était pair héréditaire sous tel régime, il devient pair viager sous un autre régime, sénateur sous un troisième. En outre, mille et mille adhérents inconnus des gouvernements précédents et qui ont aidé à leur élévation ou à leurs chutes, se retrouvent dans les engrenages des gouvernements nouveaux.

Quant à ceux qui ont concouru *manu militari* au renversement du précédent état de choses, ils ne sont généralement pas de la combinaison du lendemain; ce sont les anciens qui reviennent.

Nourris dans le sérail, etc.

En temps de révolution, les hommes durent peu, et la popularité qui s'acquiert vite se perd en un instant. Cela tient à ce qu'en révolution on sert les passions populaires. Or, chez le peuple les passions de la veille ne sont pas celles du lendemain. Cette considération est fort grave. Si l'on se hâte de caractériser son attitude, on peut n'avoir pas le temps de la changer et être précipité avec la faction que l'on a servie. Si l'on se tient dans les partis moyens, on ne prend aucun empire sur les situations et l'on s'expose à être écrasé entre les partis extrêmes. C'est fort embarrassant. Tout bien considéré, comme il n'y a pas de juste milieu tenable en pareil cas, nous estimons qu'il y a avantage à se mettre du côté de ceux qui crient le plus fort, sauf, bien entendu, à passer dans la réaction, dès que l'on voit baisser la fortune de son parti. C'est difficile, sans doute, mais c'est ce qui fait le mérite et la beauté du jeu.

Les révolutions, nous l'avons dit, sont des accès de fièvre prolongés. Ceux qui s'imaginent que pendant cet intervalle on peut faire entendre le langage de la vérité et de la modération, qui ne sont pas persuadés qu'on ne se soutient que par une exaltation continue et toujours croissante, n'ont rien à faire sur la scène. Malesherbes écrivait, le 24 juillet, à un de ses amis qui lui reprochait de ne pas publier les travaux remarquables qu'il avait écrits sur des questions de droit public :

« Je me suis bien gardé de les produire quand j'ai vu comment tout se faisait. Dans le temps des violentes passions, il faut bien se garder de faire parler la raison. On puirait à la raison même, car les enthousiastes exciteraient le peuple contre les mêmes vérités qui, dans un autre temps, seraient reçues avec l'approbation générale. »

Cette réflexion a cela d'excellent, que les sages peuvent en profiter comme tous autres ; mais la véritable sagesse est d'être suivant les temps ; c'est-à-dire d'avoir des principes et des passions de rechange selon les circonstances.

Mirabeau et Robespierre sont incomparablement les deux hommes de leur époque qui ont le mieux connu la tactique des révolutions. Essentiellement différents par les mœurs et le caractère, ils employaient les mêmes moyens pour arriver à un but opposé. Agir exclusivement sur la multitude, puisque c'était d'elle seule que dépendait la puissance. Tel est le système qui leur fut commun. Mais tandis que Mirabeau, ménageant son attitude et se réservant pour les grandes occasions, n'agitait le peuple que par des hommes à sa dévotion, parmi lesquels figuraient au premier rang Danton et Camille Desmoulins, Robespierre se mettait directement en contact avec les passions de la foule.

Il ne se fit pas remarquer à ses débuts comme député du tiers état, et on ne l'entendit point jusqu'à la délibération du 17 juin 1789, mais lorsque cette audacieuse délibération mit le trône au pouvoir de ses ennemis, lorsqu'il fut démontré aux promoteurs de l'insurrection qu'ils n'avaient rien à craindre d'un gouvernement sans énergie, Robespierre vit de suite qu'il n'y aurait qu'à gagner pour lui en attaquant ouvertement la monarchie.

Isolé dans l'Assemblée constituante, il lui importait peu que ses opinions fussent repoussées par ses collègues, il ne parlait pas pour eux, mais pour le peuple, qui lui savait gré de son opiniâtreté et lui tenait compte de ses défaites.

En 1790, quand on proposa la loi martiale à l'occasion d'actes de violence et de dévastation exercés contre les châteaux dans quelques provinces, il rejeta tous les désordres sur les aristocrates qui en étaient, dit-il, les provocateurs. Il soutint que c'était le peuple qui reprenait ses droits, et que faire usage de la loi martiale pour l'en empêcher, c'était une véritable tyrannie.

Lors du soulèvement des nègres de Saint-Domingue, qui avaient tout mis à feu et à sang, il prit également fait et cause pour les nègres au nom de la liberté. Chacune de ces motions, qui soulevait l'assemblée, était comprises au dehors et grandissait sa popularité.

Nous prenons fréquemment nos exemples dans la Révolution française, parce que c'est là qu'on trouvera toujours la source la plus riche et la plus variée d'enseignements révolutionnaires.

COMMENT LES ÉVÉNEMENTS SE PRÉPARENT ET SE PRÉCIPITENT.

Le programme de toutes les révolutions est tracé à l'avance. L'ordre et la marche en sont connus. Quand un gouvernement est renversé, il se constitue un gouvernement provisoire, après le gouvernement provisoire une assemblée constituante, après l'assemblée constituante un pouvoir exécutif, après le pouvoir exécutif une assemblée législative et ainsi de suite jusqu'à la prochaine.

Entre ces actes principaux se placent des intermèdes également connus, les fêtes publiques, les manifestations, les illuminations, les plantations d'arbres de liberté, les changements d'inscription sur les monuments, le changement de cocarde, de drapeaux et de figures d'animaux qui les surmontent.

Mais les deux phases les plus intéressantes sont incontestablement celle qui précède la chute d'un gouvernement et celle qui la suit, l'intervalle pendant lequel on ne sait encore si le gouvernement tombera et celui pendant lequel on ne sait encore qui lui succédera. C'est pendant ces deux traits de temps que l'on peut faire des études intéressantes sur les hommes et que se jouent les hautes comédies dont l'histoire a gardé le souvenir. Ce qu'éprouvent, ce que souffrent les gens qui se tiennent cachés en tremblant dans leur salon, pendant que les Révolutions auxquelles ils s'intéressent se débattent dans la rue; ces angoisses de l'ambition et de la peur immortaliseraient un poëme épique.

Un des historiens de la Restauration[1] raconte ainsi un des épisodes si variés de la Révolution de 1830, dans la journée du 29 juillet :

« .... Huit ou dix membres de la Chambre qui s'étaient réunis la veille au soir chez M. Audry de

---

1. M. de Vaulabelle

Puyraveau, avaient décidé de se retrouver chez M. Laffitte, le lendemain, jeudi, à six heures du matin. Les doutes de la généralité de leurs collègues sur le triomphe de l'insurrection, ne s'étaient pas affaiblis pendant la nuit : loin de là; tous, à l'exception de quatre ou cinq peut-être, voyaient dans la concentration des troupes royales, et dans l'impuissance du peuple contre les positions qu'elles gardaient le signe d'une force que l'arrivée de nouveaux régiments rendrait supérieure, irrésistible, sinon dans cette journée, du moins dans celle du lendemain. Déjà même un certain nombre d'hommes politiques, pairs ou députés, craignant de se voir compromis vis-à-vis du roi par les démarches qu'ils avaient pu faire ou qu'on avait pu leur prêter, s'inquiétaient des moyens de s'en justifier.

« Ainsi, M. de Choiseul, effrayé de l'inscription de son nom sur une liste de gouvernement provisoire, prenait à témoin de son innocence tous ses amis, tous ses visiteurs, se plaignait avec amertume d'avoir été mis sur cette liste, en compagnie de M. de Lafayette; puis le lendemain, lorsque la victoire était décidée et la parole rendue aux journaux, se glorifiait publiquement de n'avoir pas réclamé contre cette désignation mensongère.

« D'autres, comme M. Dupin, avaient des vœux et des dévouements pour chaque parti, selon que l'un ou l'autre paraissait l'emporter. Le chevalier de Pannat annonce devant lui que partout la troupe est la plus forte. — « Ah! la troupe l'emporte, s'écrie-t-il, c'est ma foi bien heureux! » — A quelques instants de là, un ancien officier, M. Degousée lui apprend que la victoire se décide en faveur du peuple. « Ah enfin! dit M. Dupin, et on le sollicite de signer pour le général Pajol l'autorisation de prendre le commandement de la garde nationale; M. Dupin trace ces lignes : « Les Députés réunis à Paris, autorisent le général Pajol à prendre le commandement des milices parisiennes. — Les milices! s'écrie M. Degousée, surpris. Pourquoi ce mot? — Parce que la garde nationale a été légalement licenciée, répond M. Dupin, dont l'esprit revenait au doute. »

Y a-t-il beaucoup de comédies qui vaillent cette peinture?

On peut distinguer dans les révolutions les causes générales et les causes secondes. Les causes générales sont celles qui frappent les yeux du vulgaire, comme la violence d'un gouvernement, la détresse de ses finances, une bataille perdue, une insurrection victorieuse; les causes secondes sont de petits faits, des incidents qui précipitent les événements et qui sont souvent beaucoup plus actifs que les causes supérieures auxquelles le public les rapporte.

Ainsi, en 1815, l'empire aurait pu survivre même à la bataille de Waterloo sans les préoccupations personnelles de l'entourage de Napoléon. Princes, pairs et ministres le décident à abdiquer dans la persuasion qu'une régence sauvera l'établissement impérial indispensable à la conservation de leurs positions ; et c'est justement cette abdication qui emporte tout le système.

On joue à pile ou face avec les événements, c'est un pur *alea*.

Qui peut dire, par exemple, de combien de circonstances fortuites dépend le triomphe ou la chute d'un gouvernement devant une population soulevée? Quelques régiments de plus ou de meilleures dispositions stratégiques et les ordonnances passaient à merveille comme on sait. Et même, après la victoire du peuple, à quoi a-t-il tenu que Charles X ne rentrât dans Paris apaisé, si ce n'est à la maladresse d'un négociateur qui ne sut pas faire usage de ses pouvoirs[1]?

Il n'y a pas de dénoûment inévitable, à chaque moment l'incertitude des esprits laisse la porte ouverte à d'autres solutions.

Une influence bien dirigée change ou raffermit les dispositions des masses. En 1830, quand le peuple vainqueur dans les rues de Paris hésitait encore à se prononcer pour le duc d'Orléans, dont le nom était peu connu de lui, on vit tout à coup les murs se couvrir d'une proclamation chaleureuse qui se terminait par ces mots :

« *Plus de Capets, ni de Bourbons !* »

Cela fit grand bien, car avant que l'on sût que Louis-Philippe était Capet et Bourbon, l'impression

---

1. M. de Mortemart.

se trouvait produite, et quand on le sut on s'en consola promptement.

Lorsque les révolutions dépendent de ce qui se passe dans la rue, les minutes sont comptées, mais chaque minute peut changer la face des choses.

Louis-Philippe, précipité du trône par une révolution semblable à celle qui lui avait donné le trône, put, comme Charles X, ramener plusieurs fois la fortune.

Le 28 février, à 10 heures du matin, il pouvait encore se sauver par la réforme, à 10 heures et demie par le ministre Barrot, à 11 heures par l'abdication. Ensuite c'était fini.

Malgré cela, il y a des gens qui tiennent les révolutions pour des espèces de verdicts populaires rendus sur l'appréciation du mérite ou du démérite des gouvernements. Il est sage de penser ainsi : car dans les révolutions, comme dans tous les jeux de hasard, il faut bien se soumettre à celui qui gagne la partie.

CHAPITRE V.

DE LA POLITIQUE.

DE LA POLITIQUE COMME LIEN COMMUN DES MATIERES QUI PRÉCÈDENT.

Dans tous les temps, on a tenu la politique en grande estime ; de nos jours seulement quelques esprits chagrins ont essayé de lui demander ses titres, de contester ses services, même de lui dénier tout caractère scientifique quelconque.

En vérité, la politique ne cache point ses traits, ou du moins elle les cache si peu qu'il est toujours facile de les reconnaître. L'Académie française, en la classant parmi les sciences morales, en a déjà fort ingénieusement déterminé le caractère.

Réunissez la science de la législation à celle des affaires, le savoir de l'histoire aux études les plus approfondies de l'économiste et du financier, vous n'avez pas pour cela un homme politique, vous ne faites pas davantage un homme politique avec des doctrines ou des principes.

La politique n'est qu'une haute industrie, c'est tout simplement le côté spéculatif du pouvoir et de l'ambition. On conçoit qu'une telle science n'ait jamais fait de progrès; elle n'en avait point à faire, car elle a été parfaite dès son origine. Un autre trait qui la distingue, c'est qu'elle est communément, par ses points de vue, en contradiction avec la raison générale; elle dépose par ses observations contre la plupart des vérités établies. Ainsi la philosophie moderne dans ses aspirations vers un idéal insaisissable a cru que la perfection des institutions dépendait d'un rapport de plus en plus étroit avec l'ordre abstrait des conceptions de la raison pure. Cette hypothèse succombe de jour en jour devant la critique historique. La vitalité des peuples et des gouvernements ne tient nullement à l'harmonie de leurs proportions. Un mélange de rudesse et de superstition amalgame plus fortement une nationalité que la déclaration des droits de l'homme et du citoyen. Les moules informes sont les plus puissants.

L'ancienne France a vécu pendant près de dix siècles avec des lois à moitié barbares, des institutions politiques mal définies, des pouvoirs confus, combien vivra-t-elle dans l'épanouissement de sa civilisation au cordeau?

La politique qui, comme la nature, fait ses meilleures œuvres avec le limon le plus grossier, a souvent mis à profit cette observation. Ce sont des phrases de journaux de dire que les choses violentes ne durent pas, que les abus font périr les gouvernements, qu'il ne faut pas contrarier les besoins moraux. En politique, il n'y a que les phénomènes qui durent, faites des constitutions ingénieuses, appropriées aux mœurs, aux habitudes, au génie d'un peuple, vous en avez pour six mois, créez des organismes durs, des appareils de toute pièce qui prennent au corps comme des armures de fer, cela durera.

La politique spéculative enseigne que la logique n'est pas plus nécessaire que l'esthétique dans l'organisation des pouvoirs publics ou dans le gouvernement des peuples.

Personne ne demande à la politique d'être conséquente avec elle-même; on peut toujours se contredire sans inconvénient. On adopte un système et l'on en suit un autre, on annonce la paix et l'on fait la guerre, la guerre et l'on fait la paix. On va guerroyer au nord pour un intérêt auquel on tourne ensuite le dos. On soutient au midi une puissance que l'on aide ensuite à détruire. On entre sur un territoire au nom de la conquête, ensuite on en déguerpit au nom du droit des gens; on se rapproche d'une puissance et aussitôt on s'en éloigne. On adhère à un système continental, et puis on l'abandonne, et puis on y revient. Tout cela c'est de la politique et de la bonne, d'aussi bonne du moins que le permet la faiblesse humaine

Il faut bien remarquer d'ailleurs que ces contradictions ne sont qu'apparentes, car un intérêt personnel est toujours conséquent, même dans ses écarts de direction, puisqu'il ne fait jamais que rechercher son meilleur centre de gravité. La disposition naturelle des peuples à oublier, tout ce qui a été une fois accompli, les paroles comme les actes, fait que l'on peut être inconséquent sans péril. Pestes, famines, banqueroutes, épidémies, ne laissent pas, d'un jour à l'autre, de traces dans les souvenirs. Cinq cent mille cadavres joncheraient la campagne, les villes flamberaient d'un bout à l'autre du royaume, qu'on n'en parlerait plus à la fin de la semaine.

La politique compte là-dessus, elle établit ses calculs sur les faiblesses, les passions, les préjugés, les erreurs. Science spéculative, elle emploie dans ses combinaisons la rigueur des procédés algébriques, elle opère sur les hommes, sur les choses, comme sur des quantités abstraites. Un politique profond dira par exemple : on faussera l'esprit de cette jeunesse, mais elle obéira mieux, on fera périr cette branche d'industrie, mais elle rapportera pour le moment plusieurs millions. On dépeuplera les champs te les villes, mais on aura cinq cent mille hommes de plus sous les armes. Il périra cent mille hommes dans cette affaire, mais la bataille sera gagnée. On mettra l'Europe en feu, mais on conquerra une province.

Les grandes masses, les grands effets, les grands résultats, c'est toujours là le but essentiel de la politique. Elle supprime le temps, les distances, les difficultés, tout ce qui gêne.

Mais ces hautes spéculations de l'ambition ne se produisent jamais sous leurs formes brutales. Il y a les voies et moyens qui font accepter les choses, le nom, le biais, la forme, qui en changent le caractère, c'est le chapitre des artifices de la politique.

On ne peut pas dire quand on y songe que ces artifices exigent de bien grands efforts d'invention. Non, c'est une aptitude à les employer, à les mettre en œuvre, car ils sont tous connus, classés, cotés, étiquettés. On ne les évite pas pour cela, c'est comme à la chasse où l'on prend toujours les animaux avec le même piége, pourvu qu'il soit supportablement tendu.

Comme il n'est presque aucun des actes essentiels des gouvernements, qui puisse se justifier par leurs motifs véritables, la thèse de l'intérêt, la convenance privée, c'est-à-dire l'ambition se cache sous des considérations morales empruntées aux subtilités des écoles grecques et byzantines. La science du sophisme, car c'en est une, a été portée à un degré de perfection, que l'on ne saurait trop admirer.

Dans un dialogue de Lucien[1], entre un marchand d'esclaves et un philosophe, il y a le trait que voici contre les sophismes de son âge :

« *Chrysippe.* Honte! silence! confusion! car si je veux, à l'instant même, je te changerai en pierre.

Le marchand. Comment cela? es-tu Persée?

Chrysippe. Voici comment. La pierre est un corps.

Le marchand. Sans doute.

Chrysippe. Tu es un animal.

Le marchand. Cela s'entend.

Chrysippe. Ergo, tu es une pierre.

Le marchand. Nullement, mais rends-moi, je te prie, ma forme première.

Chrysippe. Rien de plus facile. Nulle pierre n'est animal. Tu es un animal, *ergo*, tu n'es pas pierre. »

Eh bien! la politique fait tous les jours des tours aussi forts que cela. Elle transforme les questions et les points de vue de la même manière.

C'est avec le secours de la presse et par l'invention des mots nouveaux, ou par la combinaison nouvelle de mots anciens que la politique est parvenue à accomplir ces prestiges. On consignera en passant quelques-uns des mots employés comme déguisements des mobiles réels de la politique :

Révolution, Progrès, Égalité, Droit nouveau, Annexion, Unité, Principe des nationalités, Rectification

---

[1] Les philosophes à l'encan.

de frontières, Séparation de l'Église et de l'État, Civilisation, Conquête morale, Émancipation, Démocratie, Féodalité, Parlementarisme, Modération, Anciens partis, etc.

Il y a comme cela une centaine de mots qui jouent un rôle immense, et on en invente d'ailleurs chaque jour de nouveaux selon les besoins du moment. Tout mot nouveau implique aux yeux du public des conceptions ou des théories nouvelles. Moyennant ces artifices de langage, on peut justifier tous les contraires et se contredire ouvertement dans ses actes.

Qu'un prince ait besoin d'exciter le sentiment militaire chez son peuple, il ne sera question que de gloire; qu'il soit inférieur aux événements ou trahi par la fortune, on ne parlera plus que de conquêtes pacifiques. On dira que la grandeur d'un pays ne tient pas à quelques lambeaux de terre. Un ministre ambitieux veut-il se maintenir au pouvoir? il met le feu à l'Europe, envahit les États voisins, dépossède les princes, se saisit de tout corps et biens. Un seul mot suffit à le justifier: *Hégémonie, Unité.* On dit, en outre, aux badauds qu'il fait de la *Démocratie* et de la *Révolution.* Il n'en faut pas davantage pour être en règle.

On appelle cela *colorer* ses actes. Aucune des idées générales n'étant approfondie, les peuples se contentent aisément d'un certain conventionnalisme irraisonné en fait de principes politiques. Ils n'exigent guère de leurs gouvernements que des concessions de formes et de langage. Il faut être bien dénué de sagesse pour ne pas savoir sacrifier quelque chose aux grossières idoles de l'ignorance publique ; il en coûte si peu ! Il suffit de donner d'autres noms aux mêmes choses.

C'est ce manque de dextérité, cette inaptitude complète à donner satisfaction à ces petites misères de l'opinion publique qui ont perdu en France les Bourbons. Si Charles X avait voulu jurer un peu au nom de la Révolution et la Démocratie, tout en ne faisant, bien entendu, que ce qu'il voulait faire; s'il eût promulgué les Ordonnances au nom du peuple et en invoquant les principes de l'égalité ou de la liberté, nul doute que sa race ne régnerait encore sur la France; mais ces malheureux princes, eurent la maladresse de se heurter durement à contrarier ces petites choses : c'était le moyen de périr.

C'est une vraie misère que les idées pour lesquelles on se passionne quand on voit ce qu'elles valent et ce qu'elles durent. Pendant dix ans, vingt ans, il se fait un mouvement d'esprit dans telle ou telle direction, on croit tenir la vérité, chacun prend des airs de prophète; les livres de philosophie et d'histoire suent abondamment les nouveaux principes, et puis un beau jour, on reconnaît que l'on s'est pitoyablement trompé, il faut liquider le système, en reprendre un autre, c'est une débâcle générale ; alors on revient aux idées que l'on avait délaissées, depuis trente ans et dans vingt ans on les abandonnera encore pour courir après quelque nouveauté qui ne sera encore qu'une guenille.

La politique, qui ne partage aucun de ces entraînements, les exploite quand elle ne peut pas les dominer. Au moyen de la presse qui est le grand instrument de la propagande moderne et qui restera toujours aux mains de ceux qui pourront le payer, les gouvernements frappent à leur tour des idées et les lancent comme de la monnaie dans le torrent de la circulation.

Pouvoir payer la pensée c'est en être maître comme de la force.

DES GRANDS HOMMES.

La politique n'étant guère autre chose que ce que nous venons de dire, il apparaît assez clairement que la postérité a donné jusqu'ici le nom de grands à ceux qui ont le mieux spéculé dans leur intérêt sur l'espèce humaine.

Il ne faut pas, pour exceller dans cette haute industrie, un génie si transcendant qu'on le suppose.

Ce qui forme la clef de voûte de ces organisations, c'est une volonté et une astuce combinés dans des proportions énormes; mais cela ne suppose virtuellement ni des talents de premier ordre, ni un caractère ou un esprit absolument hors ligne. Un grand homme peut ne pas comprendre son temps ou n'être pas à la hauteur des idées de son siècle.

Les limites de son intelligence et même de sa raison peuvent être pour lui un principe de force. Un esprit d'une grande étendue pourrait manquer de la ténacité qui caractérise les idées fixes. Il hésiterait devant les conséquences éloignées de ses actes que sa pénétration lui ferait entrevoir.

Une haute raison ne formerait pas des entreprises disproportionnées; elle exclurait de ses chances l'inconnu, l'imprévu, l'impossible qui va au-devant de la témérité. Avec une intelligence vraiment vaste un homme pourrait s'élever au-dessus de sa personnalité. Il dédaignerait peut-être de descendre jusqu'aux supercheries subalternes dont la politique fait une loi même aux têtes couronnées; il aurait quelquefois plus de pitié que de mépris pour l'espèce humaine.

Mais quelle puissance ne donne pas cette ambition étroite, ardente, implacable, qui se puise dans l'orgueil et dans une ardeur en quelque sorte charnelle pour le pouvoir. Combien de fois n'a-t-on pas vu l'aveugle fatalisme tenir lieu de génie, en développant outre mesure les qualités secondaires dont dépend surtout le succès?

Croire à son étoile, à sa prédestination, s'imaginer qu'on entre comme un élément nécessaire dans l'ordre universel, est-ce autre chose qu'une superstition grossière, quand on sait comment la nature se joue de la poussière humaine? Cependant ce sentiment, qui n'est qu'un acte de déraison, a fait la principale force de presque tous les grands joueurs politiques.

Les plus grands capitaines, les législateurs les plus habiles, les chefs de sectes, les fondateurs de partis les plus heureux n'ont été pour la plupart distingués des autres hommes, que par un degré de présomption et d'amour-propre disproportionnés avec leurs moyens réels. Cette présomption était peut-être aussi indispensable non-seulement pour former des entreprises qu'un esprit sage n'eût pas osé concevoir, mais aussi pour obtenir de leurs sectateurs l'obéissance et la soumission nécessaires au succès de ces entreprise.

Quoi qu'il en soit, il faut convenir que les peuples font la partie belle aux ambitieux, puisque, après leur avoir tout permis pendant leur vie, ils leur assurent après leur mort l'enthousiasme de la postérité.

On ajoute, il est vrai, d'un ton grave que l'histoire juge sévèrement les Princes et les Ministres qui ont mésusé de leur puissance.

La belle affaire !

DE LA DIPLOMATIE.

La Diplomatie est l'instrument de la politique telle à peu près qu'on vient de la définir, dans les rapports internationaux. Envisagée en elle-même on peut la nommer : l'*art des prétextes*; envisagée dans ses formes, on doit la considérer comme une procédure dont les diverses phases précèdent ou suivent des actes de force ouverte.

Si, comme il apparaît fort clairement, la morale n'est pas, précisément la loi des rapports entre les gouvernants et les gouvernés, il est plus évident encore que de gouvernement à gouvernement, il n'y a que des intérêts en présence ; ces intérêts, toutefois, quelle que soit leur tendance naturelle à se satisfaire directement et de vive force, sont, par la nature même des choses, tenus d'en user avec une certaine réserve. Un Prince, par exemple, qui au fond médite crûment de conquérir quelqu'un des États qui l'avoisinent, ne s'en va pas du jour au lendemain envahir à main armée le territoire qu'il convoite. Il faut qu'il se soit préparé des alliances, qu'il se soit assuré que les puissances rivales l'aideront ou le laisseront faire ; il faut qu'en outre il ait réuni assez de soldats et assez perfectionné son armement, comme l'on dit aujourd'hui, pour être à peu près certain d'être le plus fort.

C'est dans ces précautions premières et dans les temporisations qui s'en suivent, que consiste généralement le respect des droits entre voisins. Et de même, les traités de paix et d'alliance durent aussi longtemps que les intérêts momentanés qui leur ont donné naissance et même un peu moins. Dès qu'ils changent, on assiste au *chassez-croisez* ordinaire en pareil cas. La puissance amie de la veille, devient l'ennemie du lendemain; les États s'éloignent, se rapprochent, se groupent les uns les autres dans des proportions différentes qui varient de jour en jour.

C'est à préparer ces changements de front et d'attitude que s'emploie plus particulièrement l'office de la Diplomatie. Elle fournit des prétextes, c'est là son objet le plus essentiel.

Outre l'ambition personnelle des gouvernants, chaque nation peut aussi être considérée comme ayant une ambition spéciale que l'on peut assimiler à l'appétit physique qui porte partout dans la création les grandes espèces à dévorer les plus petites. Cet appétit fait naître ce que l'on a appelé en Europe des *Questions* : *Question Romaine, Question d'Orient, Question des Duchés, Question d'Allemagne*, etc. ; c'est-à-dire, question de savoir si l'Italie du nord absorbera l'Italie du sud, question de savoir si la Russie s'augmentera de l'Asie Mineure, si les duchés de l'Elbe seront avalés par la Prusse, et ainsi des autres.

Cette sorte d'appétit propre à chaque nation peut aussi s'appeler *principe des nationalités, unité, annexion;* le nom ne fait rien au fond des choses.

Quand plusieurs ambitions d'État rencontrent des coïncidences favorables pour se satisfaire, ce sont de véritables *parties liées;* il est superflu de se demander si elles se joueront. Il n'y a pas de civilisation, pas de droit public, pas d'humanité qui pèse une once.

On a pu s'en convaincre dans la dernière guerre dont l'Europe a été témoin. On se rappelle de quelle manière la partie était liée : l'Italie convoitait Venise, la France les limites du Rhin, la Prusse l'absorption d'une douzaine d'États petits ou grands, et néanmoins, avant la guerre, il y avait des gens qui ne pouvaient se figurer que l'on fût à la veille d'un conflit; ils tenaient que le monde n'était plus dans les mêmes errements, renvoyant à la barbarie les appétits grossiers de la conquête, comme si les peuples et les gouvernements pouvaient changer!... Chacune des puissances croyait avoir trouvé son heure : la partie se joua.

Ces événements contemporains sont précieux, parce qu'ils montrent à vif le rôle et les ressources de la diplomatie. Le grand ministre prussien préparait depuis dix ans son coup de théâtre. Quand il a perfectionné son armement militaire, doublé l'effectif de son armée, garni toutes les places de troupes et de canons; enfin après une répétition générale dans les duchés de l'Elbe, il se tourne vers l'Autriche languissante, abattue, à peine remise de récents désastres, et lui dit : « Vous armez! » L'Autriche a beau répondre en montrant le sang qui coule encore de ses blessures, l'audacieux ministre maintient et maintient à outrance dans une série de documents diplomatiques que l'Autriche a réellement armé pour faire la guerre à la Prusse; et quand le gouvernement autrichien, dans l'espoir de désarmer un rival qui ne veut pas être apaisé, dégarnit la seule partie de ses frontières qui puisse faire ombrage à la Prusse, l'agresseur répond ce mot que l'histoire immortalisera.

« Qu'importe! si vous envoyez au midi ce qui était au nord! »

On voit qu'il n'est pas même nécessaire que les prétextes diplomatiques soient bien colorés; il suffit qu'ils soient soutenus avec la dernière rigueur. Cependant il est facile de comprendre que plus ils sont spécieux et meilleurs ils sont. Ils doivent être imaginés en vue de ceux qui doivent les accepter.

Plus le prétexte approche d'un certain ordre de raisons ou de préjugés, plus il donne de force à celui qui l'emploie.

L'indignation et la colère que suscitent les querelles mal trouvées et les procédés trop sans façon sont extrêmement dangereux; ils augmentent la force morale des adversaires et, comme on le sait, c'est cette force morale qui donne gain de cause sur le champ de bataille. C'est pour cela qu'on voit les diplomates procéder avec tant d'art et de circuit. Ils cherchent à constituer un tort à leurs adversaires, ils incidentent, ils attendent un tour favorable de l'opinion, et généralement ils finissent par la surprendre.

L'art des formules joue un rôle si considérable dans la diplomatie qu'il en faut bien dire quelque chose aussi.

Presque tous les documents émanés des chancelleries modernes, sont des œuvres que l'on ne saurait étudier avec trop d'attention, on les admirera très-sincèrement.

Chaque mot a un double et même un triple sens, un pour le gros public, un autre pour les habiles et un autre encore pour la puissance à qui l'on s'adresse particulièrement. On dit que l'on veut et l'on dit que l'on ne veut pas, on dit que l'on fera et l'on ajoute que l'on ne fera pas. On a l'air de s'engager et l'on ne s'engage pas, on n'a pas l'air de s'engager et l'on s'engage.

Il y a une sorte de génie de rédaction qui consiste à laisser égarer, comme par hasard, une expression qui renverse complétement le sens général d'un document et forme comme un point lumineux dans les ténèbres.

On dirait que c'est la même main qui fait toutes les écritures officielles de l'Europe. Il y règne une ordonnance savante. Les formes sont pleines, les cadences harmonieuses et les chutes parfaitement réussies. On a raturé vingt fois avant de rencontrer l'expression, mais elle est complétement évasive.

Ces recherches de forme, ce talent d'exposition, ce relief d'argumentation, cette subtibilité de logique, ces réticences calculées, ces équivoques cauteleuses, ces allusions lointaines, ces sous-entendus fallacieux, ces insinuations voilées, ces épigrammes sérieuses sont les armes élégantes et légères dont on se sert dans les passes à la plume, avant-coureurs de jeux plus sévères. Sous le déguisement de ces figures de langage on se dit une foule de choses qui n'y paraissent point ; on se mesure, on se menace, on se raille, et l'on se moque sur un ton de parfaite courtoisie ; la diplomatie forme ainsi une science qui résume la rhétorique d'Aristote, la sophistique de l'école grecque, la méthode de Descartes, le casuisme de Loyola et la chicane du palais.

Comme tout porte sur des détails imperceptibles de rédaction, les moindres nuances sont aperçues ; l'écart de forme le plus léger, le changement d'une tournure, une différence sur la manière de se saluer entre deux souverains prennent des proportions énormes et présagent de gros événements.

On se souvient encore de l'effet que produisit en Europe la substitution, dans une lettre de l'empereur Nicolas à Louis-Philippe des mots : « je suis votre bon ami, » aux mots sacramentels de « bon frère. » La France entière se regarda comme souffletée sur la joue de son roi.

Tout souverain qui ne se battrait pas quand on lui change ainsi une formule tomberait nécessairement dans le mépris. Ce sont des scrupules d'honneur qui équivalent entre peuples à ces querelles qui mettaient autrefois l'épée à la main des gens qui s'étaient regardés de travers.

La procédure diplomatique est encore un aspect très-intéressant du même sujet. On dit que les formes protégent. Sans aucun doute, mais elles ont encore un autre côté en diplomatie, elles légitiment les actes quelconques, elles conduisent par une gradation savante à des résultats qui ne paraissent plus étonnants, grâce à la filière d'écritures qui ont précédé. Une prétention se produit sous la forme d'une plainte, la plainte se change en grief; on passe du *memorandum* à la circulaire, au manifeste, à l'*ultimatum* et au canon. Tout cela s'est fait en rien de temps et l'on est resté dans les règles.

DE LA TACTIQUE PARLEMENTAIRE.

Le maniement et la direction des assemblées parlementaires est une autre branche non moins importante de la politique. Ici tout se fait par la puissance du verbe. Mais pour dire quelques bonnes choses sur ce sujet il faudrait peut-être faire une distinction entre les parlements libres et ceux qu'on a mis sous le joug, auxquels on a retranché quelques côtes, comme le fameux *rump* de Cromwell par exemple.

Ce n'est guère que dans les assemblées souveraines que la tactique parlementaire est réellement un art. L'éloquence y joue un grand rôle, mais un rôle fort équivoque à coup sûr, à ne l'envisager que sous le rapport de l'utilité.

On fait généralement valoir en faveur de l'éloquence que la grande majorité des assemblées délibérantes se compose d'hommes médiocres et sans élévation que l'éloquence arrache aux calculs de l'égoïsme et des passions sordides; mais on peut soutenir avantageusement que la raison publique a plus à perdre qu'à gagner avec les grands orateurs. Chez eux l'imagination domine le jugement, et quand bien même elle ne le ferait pas dévier, comme l'orateur parle surtout en vue des applaudissements, il choisira toujours de préférence, non les meilleures causes, mais les plus brillantes et les plus populaires.

Il est entendu d'ailleurs que l'on peut plaider l'erreur aussi éloquemment que la vérité. Un grand talent de tribune n'implique nullement un talent d'homme d'État; loin de là, toutes les fautes auxquelles se laissent entraîner les corps ou les réunions politiques viennent à la suite de longues harangues bruyamment applaudies; et l'histoire des gouvernements parlementaires offre le constant exemple d'orateurs dont chaque argumentation est un modèle de logique, chaque discours un triomphe et chaque action une étourderie, un non-sens.

Au surplus cette thèse n'est ici que de pure controverse. Peu importe qu'un orateur tourne le dos à la raison, l'essentiel est qu'il soit éloquent et qu'il se fasse écouter. La probité politique elle-même ne fait rien à l'éloquence,

Vir improbus dicendi peritus.

Les assemblées parlementaires se composent de

trois éléments bien connus : une fraction gouvernementale quand même qu'on appelle la *droite*, une fraction opposante quand même qu'on appelle la *gauche*, l'une demandant généralement l'impossible, l'autre refusant généralement le possible, et une masse flottante à convertir et à rallier que l'on appelle *majorité*. C'est en cela que consiste la tactique parlementaire.

Évidemment, pour prendre quelque empire sur les assemblées, il faut connaître très-exactement les éléments moraux dont elles sont formées. Il y a pour cela un certain thermomètre. On fait une équation sur toutes les unités dont un corps politique se compose, et on traite la collectivité pensante comme on traiterait individuellement un homme médiocre. Ce qu'un homme d'une intelligence moyenne arbitrerait sur telle question qui lui serait proposée, on peut évaluer par analogie que ce serait aussi le sentiment d'une assemblée.

Mais ce n'est encore là qu'une donnée de l'équation ; la seconde règle qu'il faudrait observer, c'est que le rapprochement en masses modifie chez les individus certains côtés de leur nature morale ; ils se mettent sur un certain pied de pudeur et de dignité qui ne permettrait pas de leur dire en public ce qu'ils entendraient facilement dans leur cabinet. Les uns devant les autres ils sont portés à se surfaire.

Les tacticiens exercés tiennent compte dans la

forme seulement de cet élément factice, produit du contact général; ils évoquent avant tout le fond des idées et des sentiments afin de les reproduire et de les idéaliser par l'action oratoire.

Mais c'est là une tâche on ne peut plus délicate, car cette analyse doit se faire sur des sujets très-variés. Il s'agit de savoir quelle peut être sur chaque question en particulier l'opinion de la majorité. Or très-souvent la majorité n'a pas d'opinion; elle n'a que des instincts, et quand ces instincts peuvent être clairement entrevus, il faut avoir le talent de fournir des solutions appropriées.

Et les difficultés sont bien autres encore quand il s'agit de faire faire à une assemblée, non pas ce qu'elle veut, mais ce qu'elle ne veut pas, ce qui est très-souvent nécessaire au but qu'on se propose. L'éloquence est d'un secours précieux en pareil cas, car elle sert à dériver les passions et à déplacer les points de vue. Il y a tant de ressources dans la discussion que l'on a vu quelquefois, dans les assemblées, des auditeurs attentifs déclarer avec sincérité qu'ils se sentaient moins éclairés qu'auparavant, ou bien que le pour et le contre se faisaient tellement équilibre dans leur esprit qu'en conscience ils ne pouvaient opter. En pareil cas, les indécis votent avec leur parti, afin de *ne pas perdre leur voix*.

Le tacticien parlementaire n'est évidemment pas celui qui se livre à l'essor de toutes les questions, mais celui-là seulement qui les côtoie sur les points qui touchent de plus près aux idées dominantes de la majorité, celui qui suit pas à pas le mouvement des esprits, le précipite ou le ralentit selon l'indication des circonstances. Hampden est un des orateurs historiquement connus pour avoir excellé sous ce rapport. Il avait une flexibilité de talent bien rare; son éloquence était à volonté diffuse ou concise, claire ou embarrassée, et cette obscurité dont il était le maître lui donnait plus de puissance encore en la rattachant aux défauts de son siècle. Tantôt il résumait les débats du parlement avec une précision irréprochable, quand ces débats menaient au triomphe de son opinion; tantôt il embrouillait la question de manière à la faire ajourner, lorsqu'elle paraissait se résoudre contre son avis. Il n'ignorait point que l'effervescence des corps politiques se refroidit très-facilement par les délais des formes et par la longueur des délibérations.

Le mécanisme de la procédure parlementaire fournit des moyens singulièrement ingénieux pour conduire et diriger les débats. Il y a une foule de ressorts que l'on appelle *amendement*, *motion*, *ordre du jour*, *question préalable*, *scrutin secret*, *position de la question*, etc., dont le formalisme approfondi constitue une science à l'aide de laquelle on enterre une question, on dérange l'économie d'un projet de loi, on coupe une discussion, on lance un ballon d'essai, et autres manéges semblables qui sont le fonds des luttes parlementaires.

Ces divers procédés qui certainement ont leur utilité intrinsèque comme moyens d'instruction des questions et appareils d'épuration de la matière législative, sont très-généralement employés comme engins ou machines de guerre par les divers partis qui se disputent la direction d'une assemblée. Qui ne se souvient de la fameuse motion qui fut faite à la Constituante de 89 de décréter qu'aucun membre de la Convention ne pourrait faire partie du ministère. C'était un coup de partie dirigé par la faction des Girondins contre Mirabeau dont les visées sautaient aux yeux. En vain, pour faire échouer une motion qui renversait tous ses projets, Mirabeau par une feinte heureuse, s'offrit-il personnellement en holocauste à ses ennemis. La jalousie d'un parti dicta une des mesures politiques qui furent les plus fatales à la Révolution.

La proposition Remilly, au lendemain du ministère du 1er mars, fut une des pièces les mieux rapportées que l'on connaisse.

L'abus des députés fonctionnaires servait depuis longtemps de texte aux récriminations du parti radical dont les tendances sous ce rapport concordaient avec celles de l'opposition dynastique.

Or, le ministère Thiers amenait justement au pouvoir un homme (M. de Remilly) qui avait proposé, quand il était dans l'opposition, d'exclure les fonctionnaires de la Chambre.

A peine le cabinet était-il formé qu'un député

conservateur eut l'esprit de déposer sur le bureau cette même proposition ainsi conçue :

« Les membres de la Chambre des députés ne peuvent être promus à des fonctions, charges ou emplois publics salariés, ni obtenir d'avancement pendant le cours de leur législature. »

Le coup portait à fond en ce qu'il était dirigé à la fois et contre le ministère dont l'influence allait se trouver paralysée dès le début, et contre la gauche dont elle mettait à l'épreuve le désintéressement. A cette proposition qui lui coupait les vivres, elle se mit à jeter des cris de paon et s'empressa de se rallier au ministère pour lui aider à l'ensevelir dans un ordre du jour.

Ce qui donne tant de passion aux débats d'une assemblée c'est que le vote qui la clôt se trouve toujours être l'expression d'une victoire ou d'une défaite pour l'une des fractions d'opinion qui se disputent la prépondérance. Le sentiment purement humain de triompher de ses adversaires est là, comme dans toutes les luttes possibles, le premier mobile qui se fait jour, le reste ne vient qu'après.

Dire que l'esprit des assemblées change avec la fortune, c'est énoncer une vérité bien vulgaire. Peuvent-elles d'ailleurs faire autrement ? Si le pouvoir est fort, elles sont avec le pouvoir, si le peuple est maître elles le subissent, si le peuple est soumis par le prince, elles se soumettent au prince. On ne peut pas leur reprocher de s'entêter avec les causes vaincues. Mais elles y apportent quelquefois une certaine décence inspirée par la circonspection et l'attente des mouvements qui se produisent au dehors. Un œil pénétrant voit le travail des consciences, qui s'opèrent dans les assemblées aux jours de crise. Les scrupules s'en vont petit à petit, par lambeaux, sur des prétextes, par des incidents, sur des solutions moyennes. L'esprit du lendemain n'est pas celui de la veille. Dans trois jours une Chambre est complétement retournée.

Il y a un dialogue historique entre M. de Vitrolles et Fouché qui semble fait tout exprès pour le commentaire qui précède.

Fouché qui tenait, en 1815, le fil de toutes les intrigues qui devaient ramener en France les Bourbons, reçoit la visite de M. de Vitrolles qui sortait de prison à ce moment même.

Fouché lui dit :

« Eh bien, que comptez vous faire?

— Me rendre à Gand. N'ayez-vous rien à me donner pour le roi?

— Oh! mon Dieu, non, rien, répondit Fouché avec négligence, dites seulement à Sa Majesté qu'elle peut compter sur mon dévouement, et qu'il ne dépendra pas de moi qu'elle ne revienne bientôt aux Tuileries.

— Mais il dépend de vous, ce me semble, que ce soit bientôt.

— Moins que vous ne pensez; les embarras sont grands. Il faut d'abord proclamer Napoléon II.

— Comment, Napoléon II !

— Mais, sans doute, il faut d'abord passer par là.

— Cela n'a rien de sérieux, j'imagine.

— Vous ne dites pas assez ; plus j'y songe, plus je suis persuadé que cela n'a pas le sens commun. Mais vous ne sauriez croire combien il existe de gens qui tiennent à ce nom-là. Plusieurs de mes collègues, Carnot surtout, sont convaincus qu'avec ce nom-là tout est sauvé.

— Et combien durera cette plaisanterie ?

— Le temps nécessaire pour nous débarrasser de Napoléon Ier.

— Que ferez-vous ensuite ?

— Je ne sais trop.... dans des moments comme ceux-ci, il est difficile de prévoir le lendemain.

— Mais si M. Carnot tient si fort à Napoléon II, il vous sera peut-être plus difficile que vous ne supposez d'échapper à cette combinaison ?

— Bah ! vous ne connaissez pas Carnot. Il suffira, pour le faire changer de langage, de proclamer le *peuple français*.

— Voilà qui est bien, reprit M. de Vitrolles en riant, mais j'espère qu'après Napoléon II et le peuple français, vous songerez enfin aux Bourbons ?

— Sans doute, répondit Fouché, ce sera alors le tour du duc d'Orléans, etc. »

Et les choses se passèrent exactement comme Fouché l'annonçait à M. de Vitrolles. Certes, rien ne peint mieux les échappatoires, moyens termes et faux-fuyants par lesquels les assemblées arrivent par degrés aux fins qu'elles désirent et qui sont dans la force des choses.

Ce même Fouché dit quelque part que les assemblées ne sont jamais dangereuses parce que leurs résolutions dépendent d'une demi-douzaine d'orateurs que l'on peut toujours acquérir et dominer. C'est certainement une fort bonne indication; mais il faut pour cela qu'une assemblée soit complétement maîtresse de ses actes. Dans les Chambres dépendantes ou soumises sur lesquelles pèse la main du pouvoir, il faut des prodiges d'adresse pour faire faire à la majorité un pas en dehors de sa ligne. Le vote n'est qu'une matière à discussions théoriques comme un sujet littéraire dans une séance d'Académie.

L'orateur n'est plus qu'un artiste que l'on vient applaudir. L'émulation qui se gagne c'est de faire de longs discours; c'est à qui parlera le plus longtemps. Chacun tient à faire son volume. Les discours sont de la copie. On voit fleurir la race des orateurs vaniteux, révolutionnaires, moutons et tribuns de carton. Tout cela a aussi son mérite.

On dépense tous les trésors de langue pour résumer des pensées communes dont l'expression soit insignifiante.

LIVRE III.

DU CRÉDIT ET DE LA FAVEUR.

CHAPITRE I.

Tout pouvoir prend ordinairement sa source dans une antichambre. La liaison de ce livre avec celui qui précède est suffisamment indiquée par cette observation.

Il faut passer par la faveur avant d'arriver à quoi que ce soit; c'est le lieu de rechercher comment elle s'obtient, mais le sujet est des plus complexes; il y a des transitions à ménager.

Lorsqu'on ne naît pas sous une heureuse étoile, et que les chances favorables tardent à se produire, on a beau jouer serré, on ne peut édifier sa fortune qu'avec une extrême lenteur.

Jouer serré n'est pas d'ailleurs, comme on pourrait le croire, être toujours prudent et circonspect.

Chacun traite la vie à sa façon, suivant son tempérament. Les uns marchent en ligne courbe; les autres, en ligne droite. Il y en a qui se glissent, d'autres qui font leur trou de vive force. Mirabeau, emporté par ses passions, déclassé, débordé, perdu de dettes, avait joué du mieux qu'il convenait aux circonstances; c'est à peine cependant s'il eut le temps de jouir de sa haute fortune. Dumouriez, dévoré d'ambition, adroit et intrigant, vieillit pendant cinquante ans dans les grades obscurs de l'armée.

Les moyens de parvenir n'ont certes pas été simplifiés par les Révolutions. Non-seulement, une compétition effrénée ferme toutes les avenues, mais l'état d'isolement dans lequel les individus se trouvent les uns à l'égard des autres, oppose à leur ambition des obstacles d'une nature particulière. Personne ne veut plus aider personne à faire sa fortune. On se repousse les uns les autres à coups de talons.

Les mœurs brutales de ce siècle le veulent ainsi.

La grande affaire dans ce siècle est donc de sortir de l'état de molécule désagrégée.

DES RELATIONS.

L'intérêt de toute biographie peut se résumer par ces mots :

Comment est-il parvenu?

C'est à la solution de ce problème que l'esprit s'attache involontairement, et l'on ne saurait conter avec art si l'on ne ménage avec le plus grand soin ce point de vue.

Les biographies ne se ressemblent pas parce que les circonstances varient à l'infini; mais les éléments à l'aide desquels on jette les bases de sa fortune, sont toujours les mêmes en tout temps. On ne croît que par voie d'agrégation successive. Il faut avoir dans son bagage, des relations, des protecteurs et des amis.

Les relations peuvent être envisagées comme des milieux sociaux, où l'on fait la chasse aux hasards heureux; et naturellement, plus ces milieux sont nombreux, plus les chances augmentent.

On saisira la justesse de ce point de vue, car, comment celui qui débute dans la carrière avec sa seule industrie arrive-t-il en somme à faire son chemin si ce n'est par le secours de deux ou trois occasions vigoureusement saisies et exploitées?

Or, avant de se trouver face à face avec le premier homme qui l'appuiera de son crédit ou de sa fortune, qui l'associera à ses intérêts, pendant combien de temps n'errera-t-il pas dans le vide? Il peut attendre dix ans, quinze ans, et même plus; car chacun porte en soi une nature morale, un caractère, un genre d'esprit dont il faut trouver le placement, et souvent ce placement ne se trouve pas.

Quoique les classifications sociales soient presque toujours d'une justesse très-équivoque, on pourrait dire qu'il y a deux grandes espèces de gens qui forment la tourbe : les indifférents et les inutiles. Ceux qui ne peuvent rien pour personne et ceux qui pourraient faire, mais dont on ne tire jamais rien. Si vous leur contiez vos affaires intimes, ou si vous leur demandiez un service, ils vous regarderaient avec des yeux ronds, et c'est tout ce qu'ils feraient.

Au milieu de cette cohue épaisse d'hommes ramassés dans un égoïsme féroce, il y en a un très-petit nombre dont la vocation est d'être utile aux autres; c'est à cela que la nature les a spécialement destinés. Le grand art est de les découvrir et de les mettre en exercice.

Il se trouve parmi eux bon nombre de naïfs. Les naïfs sont ceux dont la bienveillance provient d'une sorte d'admiration secrète pour certains dons extérieurs qu'ils distinguent chez les autres. Ce sont des gens qui considéreront en vous la façon agréable dont vous êtes culotté, ou l'éclat élégant d'une conversation légère. C'est comme s'ils disaient aux gens : « Je vous trouve beau, je voudrais qu'il m'en coûtât quelque chose pour vous être agréable. » C'est toute une catégorie, et une catégorie très-nombreuse de gens qui s'empaument avec des manières. Il y en a d'autres qui ont des admirations spéciales. Un chanteur, un orateur, un vaudevilliste en vogue, les tient en arrêt comme le gibier devant le chasseur. On ne saurait naturellement trop rechercher ces gens-là, car il leur arrive de faire pour les hommes les mêmes folies qui se font pour des maîtresses.

Seulement l'homme utile, cette Providence de ceux qui n'ayant que leurs menus talents sont encore dans la vie à l'état de simples aventuriers, l'homme utile, disons-nous, est rarement utile longtemps. Sa bienveillance est un fruit qui se cueille dans sa primeur; car au bout de très-peu de temps tout est changé; on n'a plus pour lui l'attrait d'une nouvelle conquête, il porte ailleurs ses agaceries. Se rapprocher de lui trop vite c'est le perdre.

Les hommes utiles se divisent en un grand nombre de types. Les gens à projet, les originaux, les têtes chaudes, les têtes faibles, les vaniteux, les prodigues et les poitrinaires doivent être très-recherchés.

Plus les relations sont étendues, plus la chasse à l'homme est fructueuse, ce qui n'exclut nullement, bien entendu, le parcours sur les terres de l'autre sexe.

Sous l'ancien régime, un homme adroit et ambitieux mettait dans ses intérêts, une jeune femme pour ses plaisirs, une femme d'un âge mûr pour ses intrigues et son ambition à la cour, et plusieurs vieilles femmes considérées, dont il cultivait avec soin la protection. Ces femmes criaient à l'injustice s'il n'obtenait pas ce qu'il demandait; elles le défendaient s'il avait quelque aventure trop marquante en fait de jeu, d'intrigue ou de galanterie.

Quoique les femmes ne soient plus un ordre dans l'État, cette indication historique peut ne pas être inutile, même de nos jours, et l'on en tirera ce qu'on pourra.

DES PROTECTEURS ET DES AUXILIAIRES.

On ne devient quelque chose qu'à la condition de commencer par être l'homme de quelqu'un. C'est la période du patronage, période capitale, car c'est pendant cet intervalle que l'on commence à faire l'apprentissage de la faveur, apprentissage pendant lequel on peut juger par soi-même si l'on est apte ou non à parvenir.

Il n'est jamais totalement impossible de trouver des protecteurs. C'est une fonction sociale qui est suffisamment remplie; mais quand on en a trouvé un, le difficile c'est de le garder. Si on ne le garde pas assez longtemps pour en tirer à peu près la substance, l'épreuve est décisive; on ne fera rien qui vaille.

Cet échec prouve que l'on n'a point de patience, point de prudence, point d'empire sur soi, point d'habitude des hommes, point de souplesse, point de séduction, car il faut de tout cela et d'autres choses encore pour tenir en haleine un protecteur.

On doit calculer au plus juste la dose d'égoïsme personnel qui peut entrer dans le sentiment du patronage. Le protecteur entend satisfaire certains besoins de sa nature morale qui réclame des soins. On se donne un protégé comme on fait choix d'un meuble ou d'un animal domestique; le reste doit se solder en un tribut de courtisanneries, dont le manége doit se soutenir sans relâche. S'il se rallentit un jour il sera à l'instant même noté et il figurera quelque jour au compte de la disgrâce.

Remplir les deux conditions ci-dessus, est un fameux point.

Règle générale. — Un protecteur manqué finit ordinairement par devenir un ennemi.

Deuxième règle. — Quiconque ne fait pas de progrès dans la faveur de celui qui le protége, recule. Si l'on ne s'empare chez les gens de tout ce qu'ils peuvent donner, il n'y a rien de fait.

Troisième règle. — Les gens ne vous protégent que tant qu'ils vous supposent encore neuf. Généralement, si la protection n'a pas commencé avant vingt-cinq ans, elle ne commencera pas.

Il est opportun de remarquer qu'un protecteur, même très-puissant, a une action beaucoup plus limitée qu'on ne le suppose en général sur l'ensemble des faits dont dépend la fortune de son protégé.

Les protecteurs rivaux se rencontrent et se contrarient les uns les autres dans les brigues qu'ils font pour leurs créatures; s'il s'agit d'un emploi ou d'une bonne-main à empocher, le succès appartient à celui qui met le plus gros poids dans la balance.

Cette observation fait sentir la nécessité d'accumuler les influences jusqu'à ce que l'on puisse arriver à une véritable ligue de protecteurs, à l'aide de laquelle on triomphe de toutes les résistances. Et encore faut-il ajouter que cela ne suffit pas toujours si l'on ne se préoccupe avec le plus grand soin du chapitre des *auxiliaires*.

Les auxiliaires sont des gens de seconde main, des influences intermédiaires qui facilitent l'action des agents supérieurs. Les auxiliaires guident, renseignent, indiquent, ils touchent les choses de la main, lèvent les petits obstacles qui jouent un si grand rôle dans les affaires d'antichambre; l'auxiliaire peut être un chef de bureau, un homme de police, un valet de chambre, un portier. Il faut avoir de ce monde-là dans tous les coins.

DES AMIS ET DES PARTISANS.

Le sens de la vie indique qu'il faut faire beaucoup plus de cas des amis que de l'amitié; car l'art de parvenir ne peut envisager les amis, que comme des auxiliaires d'un certain ordre. L'embarras c'est que les amis viennent généralement à la fin et non pas au commencement, de sorte qu'ils apparaissent lorsqu'à la rigueur on pourrait s'en passer.

Il y a trois choses qui peuvent donner des amis, en dehors de la fortune et de la puissance :

L'esprit.
L'originalité.
Le ridicule.

On voit assez souvent, les gens d'un caractère faible, avoir des amis. Pousser, conseiller, diriger les gens, les embarquer dans une foule d'affaires dont il n'est pas facile de sortir, c'est là une de ces jouissances que l'on goûte volontiers dans la société des gens qui ont la tête faible.

Si vous avez quelque valeur personnelle, il y a une divinité qui gardera inviolablement votre porte contre l'approche des amis. C'est la jalousie. En pareil cas, il n'y a pas d'autre remède que d'être riche ou d'avoir de l'esprit, sans cela on reste sur le pavé.

Il en est des amis comme des protecteurs, il est plus difficile de les garder que de les acquérir. Il faut traverser une épreuve très-délicate, celle où l'on voit complétement à nu le fond de leur caractère ; car l'amitié ressemble en cela à un autre sentiment, tant qu'elle est dans sa ferveur elle contraint le naturel. Vous êtes depuis quelque temps dans la primeur d'une intimité nouvelle; vous passez des jours sans nuages. Après avoir analysé avec soin votre ami, vous reconnaissez qu'il est sans défaut; point d'inégalité d'humeur, point de petitesse, des instincts généreux, des goûts délicats. Comment l'entente cordiale pourrait elle bien finir? Faites attention, surveillez-vous, et attendez. A un moment donné, sans que vous puissiez constater comment cela s'est produit, vous apercevrez un nuage, un changement d'allure, c'est un ami qui passe, c'est un ami qui s'en va, si l'on ne parvient à force de dextérité à le reconquérir, ou à extraire la paille qui va déterminer la rupture.

Les amis veulent être promenés, amusés, distraits, occupés, autrement ils s'ennuient.

Les amis ont besoin d'être conseillés, dominés, autrement ils vont se donner à d'autres.

Enfin, il faut dresser les amis à rendre les services dont on a besoin. C'est difficile; il faut leur apprendre à vous couvrir, à prendre votre défense au besoin, c'est à peu près impossible.

La camaraderie n'est autre chose qu'une espèce d'amitié organisée, en commun pour se faciliter réciproquement l'escalade des positions utiles et agréables. On verra dans d'autres chapitres quelques applications spéciales de cette forme sociale de l'amitié.

En politique les amis prennent différents noms. Ce sont des partisans, des séides, des prosélytes, des prôneurs suivant le degré de ferveur avec laquelle ils épousent vos intérêts et les attributions spéciales qui leur sont confiées.

DE LA LOI DES SYMPATHIES EN GÉNÉRAL.

La théorie des sentiments moraux qui précède a pu dégager avec assez de netteté ce point-ci à savoir que pour faire son chemin la chose suprême c'est de plaire.

Jamais en aucun temps les gens en place, les gens riches, les femmes, les ministres et les princes ne connaîtront d'autre raison à leurs bienfaits.

Plaire c'est la faveur.

Un grand nombre d'espérances trompées, d'ambitions avortées, de passions méconnues s'expliqueront toujours par ces simples mots, par cette épitaphe :

Il a déplu.

Et par quoi plaît-on ? par les petites choses.

DE LA PÉRIODE D'OCCULTATION ET DE CELLE D'INCUBATION.

Les ambitions de tous genres subissent une période d'épreuve, une candidature nécessaire dont la faveur la plus marquée ne saurait elle-même dispenser complétement. Ainsi, on ne peut pas vous jeter de suite un grand emploi à la tête quand bien même on le voudrait; cela ferait crier; il faut ajourner.

On s'entend à merveille dans les cours à créer certaines fonctions, à donner certaines distinctions qui s'indiquent d'elles-mêmes comme les étapes réservées à des suffragants de premier ordre.

Mais ces espérances sont très-souvent trompées, tout à coup la faveur s'arrête; les protecteurs trépassent ou sont disgraciés, des ressorts inconnus jouent, des nouvelles batteries sont démasquées, la place assiégée se rend en d'autres mains, et l'avenir est remis en question.

C'est la période d'occultation de l'ambitieux; on est oublié, ou les temps ne sont pas venus, ou on n'entre pas dans la combinaison du moment.

La période d'incubation est celle où l'on ne fait que débuter dans les voies de la faveur. C'est la période la plus grave. On n'a encore que le pied à l'étrier, et l'on prépare son maintien. C'est pendant ce temps que les hommes dont dépend votre fortune vous observent, non pas qu'ils se préoccupent autrement de vos intérêts. Ils ne feront rien d'eux-mêmes avant qu'ils n'y aient la main forcée par les circonstances.

Mais ce que vous faites pendant ce temps, ce que vous dites, ce que vous valez, ils le savent, le renseignement est casé dans un coin de leur esprit et tout leur reviendra à la mémoire en temps utile. Vous avez été pesé, vous êtes jugé, vous êtes un homme qu'on poussera ou qu'on ne poussera pas.

C'est le moment de dessiner sa ligne de conduite, et de se composer une nature artificielle, car les hommes tiennent essentiellement à savoir si l'on est capable de se contraindre.

C'est le moment de se faire prendre au sérieux, chose grave, très-grave.

Si l'on distingue en vous trop d'abandon — note; trop d'ardeur — note; un défaut de sociabilité — note; de la sincérité — note; de la gravité — note; trop de talent — note; du désintéressement — note; de la probité — note.

Ce sont autant de notes fâcheuses dans votre dossier, on vous évincera à la première occasion.

CHAPITRE II.

DES COURS ET DES COURTISANS.

On est ici dans l'atmosphère même de la faveur. S'élever jusque dans ces régions éthérées qu'on appelle les cours, c'est descendre un peu plus bas dans le fond de l'âme humaine. Mais c'est en même temps voir ce qu'il y a de plus subtil dans la pratique de l'art social.

C'est là qu'est le grand atelier des artifices, la science suprême des petites choses et la haute école des moyens moraux.

Il y aurait peut-être un détour honnête pour indiquer quels sont les qualités et les talents nécessaires, pour faire fortune dans les cours. On dirait par exemple :

La vérité y est fort recherchée, on en fait grand

cas, — on n'y trahit personne, — on est sincère, — la bassesse y fait tache, — on tient à sa dignité, — on est fidèle à ses principes, — la probité y est commune, — on défend les gens disgraciés, — on récompense les services, — on a toutes sortes de scrupules, — on se soucie des intérêts publics, — on gagne l'argent que l'on reçoit, — on se préoccupe d'où il vient, — et mille autres choses semblables.

Il est comme on le voit, horriblement difficile de démontrer qu'une seule qualité morale, soit nécessaire pour faire son chemin dans les cours. Aussi ne faut-il pas s'engager dans des distinctions de cette nature.

Les cours sont aujourd'hui ce qu'elles étaient il y a trois mille ans, ce qu'elles seront toujours. Ce sont les mêmes hommes, les mêmes intrigues, les mêmes ressorts, les mêmes procédés. Il s'agit toujours de s'emparer de l'esprit de ceux qui tiennent la puissance, prince, eunuque ou vizir, pour en obtenir ce qu'on peut : argent, place, titre, ruban, carreau, aiguillette ou simarre.

La faveur donne tout; et elle rapporte même des jouissances pures. Pénétrer dans la chambre à coucher d'un prince, recevoir son premier sourire ou son dernier regard sont les plus grandes joies que puisse renfermer une âme humaine.

Il est vrai que ce n'est pas le jeu d'un sot que celui qui se joue dans les cours. La faveur n'émane des princes, que pour se disséminer généralement sur un certain nombre de têtes et dans divers groupes qui en retiennent des démembrements plus ou moins étendus. C'est là qu'il faut l'aller chercher tour à tour. Or ces influences individuelles ou collectives, en se cantonnant chacune dans leur département deviennent tellement puissantes que même dans les monarchies absolues, elles arrivent à faire équilibre à la volonté souveraine. Le Prince lui-même ne peut pas tout ce qu'il veut.

Faire concourir tant de puissances rivales à ses intérêts est une œuvre de temps et de patience autant que de dextérité. Avant qu'une influence nouvelle ne s'exerce directement, elle est très-souvent réduite à s'élaborer pendant des années dans les arrière-antichambres. C'est ainsi que l'on voit Richelieu, ce colosse de ruses, l'intrigant le plus complet qui ait peut-être existé jamais, préparer pendant dix ans son crédit par des voies obscures jusqu'à ce qu'il eût pu mettre la main sur son roi.

Ce qui fait l'immense difficulté de la tactique des cours, c'est qu'on est obligé de jouer sa partie sous les yeux même de ses concurrents là où tous les ridicules sont saisis, tous les mouvements épiés, tous les projets devinés, toutes les combinaisons prévues et contrariées.

C'est là que le génie de la stratégie sociale arrive à sa plus haute puissance, car il y a sans cesse des piéges à tendre, des embuscades à éviter, des mines à éventer, des ressorts à mettre en mouvement, des machines à faire jouer. Il faut sans cesse avoir à la main la sonde et la boussole pour reconnaître les étoiles fixes, les vents, les courants et les récifs.

Les courtisans sont des concurrents exercés qui rivalisent de souplesse et d'artifices pour obtenir des faveurs. Il n'y a pas beaucoup de mauvais moyens. Une seule chose est requise, la grâce; la grâce rachète tout. Sans les manières, une cour serait une caverne.

Pour comprendre ce que les manières de cour développent de jeu chez un courtisan, il faudrait le comparer à un autre homme. Un courtisan voit, agit, se compose, parle et se tait sans efforts. Ses ressources de formes sont inépuisables, sa clairvoyance est infinie. Il pénètre immédiatement les gens neufs. Dans les choses d'intrigue ou de galanterie, où le *commun* s'embarrasse, il trouve de suite la *tangente*; il n'hésite jamais sur le *procédé*. Il s'environne de glace avec les importuns, son visage se décompose avec les gens puissants. Il connaît les pudeurs et il sait les marchander.

Du reste, le type de courtisan, tel qu'on le comprenait dans les deux derniers siècles, est à peu près effacé. Les traditions n'ont guère laissé que de bien pauvres copies, mais le point de vue de l'art est toujours là.

DES PRINCES ET DES FAVORIS.

S'introduire dans les cours, s'y maintenir, y faire une certaine figure, plier le dos dans les premiers rangs, attraper à son tour quelque argent ou quelque cordon est chose très-difficile, car il faut défendre sa place à tout instant, à peine d'être repoussé jusque dans les escaliers; mais ce n'est là en somme, qu'un rôle de comparse; le métier ne s'élève et ne s'idéalise que lorsqu'après avoir franchi toutes les antichambres, et traversé tous les couloirs, on peut arriver jusqu'aux Princes et se mesurer avec eux.

C'est là seulement que la science des cours devient une théorie savante et compliquée.

La faveur qui conduit par degrés à l'empire et à la domination est un degré d'influence qui doit être analysé.

Les princes sont, par caractère et par situation, faits pour être captés et circonvenus. Ce ne sont que des natures de courtisans plus raffinées. Les filets qui servent à les prendre doivent seulement être plus déliés que ceux dont on se sert pour les autres hommes.

Quoique maîtres de leurs impressions, les princes sont très-impressionnables. Ils voient les imperfections de la forme comme on distingue communément les nuances des couleurs. Leur oreille perçoit les dissonances du langage avec la même subtilité. Il est impossible de les tenir attentifs si l'on ne marque avec la dernière exactitude la nuance et le ton des choses. Cette finesse d'organisation leur dicte des préférences dont les moments sont comptés, car être en faveur c'est plaire; or, personne ne plaît longtemps, sauf exception.

De toutes les qualités requises pour le rôle de favori, il n'en est pas de plus nécessaire que le don de la familiarité.

Supporter le poids des tête-à-tête sans avoir une pulsation de plus qu'à l'ordinaire, sans éprouver une contraction; jouer avec le respect comme avec des formules légères qui laissent à l'esprit sa liberté. C'est là ce qui est requis dans le commerce des princes. Ils ne se défendent pas d'une certaine reconnaissance pour ceux qui savent les débarrasser avec adresse de l'ennui de se contraindre et de se guinder. La familiarité qui se concilie avec l'entente supérieure des convenances, est l'instrument essentiel du favoritisme; elle permet de tâter les princes, de surprendre leurs secrètes pensées, de reconnaître les limites de leurs complaisances, de voir leur véritable caractère, car ce n'est qu'en en tirant exactement toutes les lignes, que l'on peut établir avec eux des règles fixes de conduite.

Une corde touchée avec art prédispose immédiatement à la faveur et peut la faire naître. Lorsque le duc de Richelieu, redoutant pour son fils les succès prématurés de ses débuts à la cour, le faisait renfermer à la Bastille, pour le châtier d'avoir plu trop tôt sous les yeux de Louis XIV, il agissait dans l'intérêt de son fils, en courtisan consommé; et ce dernier dépassa toutes les leçons de son père, lorsque, envoyé au roi par Villars, après la bataille de Denain, il fit semblant de trembler à l'aspect du vaniteux monarque.

Les divers rôles qu'il faut jouer dans l'intimité des princes pour se maintenir en faveur donnent une idée réellement merveilleuse des talents d'un favori. Ainsi, il s'agit d'abord d'amuser. Voiture battait la cour et la ville pour recueillir des anecdotes, rajeunissait les anciennes, ou en inventait de nouvelles. Chaque jour il en apprenait par cœur une douzaine pour défrayer les ruelles. Boisrobert avait toujours son sac plein de bons contes qu'il faisait dans les petits soupers du cardinal, à qui ces franches lippées étaient tellement nécessaires, que son premier médecin lui disait : « Monseigneur, nous ferons tout ce que nous pourrons pour votre santé; mais toutes nos drogues seront inutiles si vous n'y mêlez une ou deux dragmes de Bois-Robert. »

Ces talents d'agrément attirent d'ailleurs des aubaines; comme les tours d'adresse des jolis animaux leur valent des reliefs ou des sucreries.

Saint-Simon raconte quelque chose de pareil au sujet de Dangeau.

« Un jour qu'il s'allait mettre au jeu du roi, il demanda à Sa Majesté un appartement dans Saint-Germain, où était la cour. La grâce n'était pas facile à obtenir, parce qu'il y avait peu de logements en ce lieu-là. Le roi lui répondit qu'il la lui accorderait, pourvu qu'il la lui demandât en cent vers bien comptés, pas un de plus ni pas un de moins. Après le jeu, où il avait paru aussi peu occupé qu'à l'ordinaire, il dit les cent vers au roi. Il les avait faits, exactement comptés et placés dans sa mémoire, et ces trois efforts n'avaient pas été troublés par le cours rapide du jeu. »

M. Decaze, homme d'une valeur appréciable sous d'autres points de vue d'ailleurs, ne dut cependant sa longue faveur auprès de Louis XVIII, qu'à l'art infini avec lequel il aidait le vieux roi à supporter les ennuis de la vie sédentaire à laquelle ses infirmités le condamnaient. Le mauvais latin de collége, resté dans la mémoire de M. Decaze, sa connaissance particulière des histoires secrètes des palais impériaux et de la chronique scandaleuse des gentilshommes et des dames de la nouvelle cour, le servirent mieux auprès du roi que tous les talents d'homme d'Etat imaginables. Mais d'ailleurs, est-on homme d'État si l'on n'est versé dans ces petites choses? L'auteur ne le pense pas.

Si difficile qu'il soit d'amuser les princes, le rôle de confident est bien autre chose encore.

Il s'agit d'avoir la main assez légère, l'esprit assez engageant pour provoquer de leur part des confessions, des épanchements, dont ils ont fréquemment besoin. Ce sont des soins mille fois plus délicats que ceux qui se rendent à une nouvelle maîtresse.

Le favori est le médecin de l'âme. L'hygiène morale de son maître est le premier de ses soucis. Suivre et diriger son humeur, opérer des diversions sur son esprit, extraire une pensée importune ; avoir des appréciations décisives sur des questions d'étiquette ou de menus plaisirs, fournir des solutions incessantes dans une foule d'embarras domestiques, de complications et d'offices secrets qui tiennent de l'intendant et du valet de chambre ; toutes ces choses et un million d'autres rentrent dans le rôle de confident, qui consiste à faire ce qu'il y a de plus difficile dans la science des cours, à manier l'esprit des princes.

CONTINUATION DU MÊME SUJET.

Plus on approfondira la théorie de la faveur, plus on admirera ce qu'il faut de dextérité pour un tel emploi. Gondy, qui savait la cour à fond et analysait l'intrigue comme il la pratiquait, fait dans ses Mémoires cette excellente réflexion : « On ne saurait trop embrasser la faveur quand elle est véritable, on ne saurait trop l'éloigner quand elle est fausse. »

Le circuit qu'il faut faire autour de la faveur avant de l'étreindre, et la vigueur avec laquelle il faut l'enlacer quand on la tient est une leçon de sa propre expérience; mais on y voit le décalque d'une ligne de conduite plus profonde encore que la sienne : celle de Richelieu et de Mazarin, qui ont été plus que des favoris, mais qui ont commencé par là.

La faveur prématurée est quelquefois une embûche dans laquelle on peut être jeté par des prétentions rivales impatientes de faire tourner court la fortune naissante d'un favori.

Être rapproché intimement d'un prince avant que son caractère n'ait été suffisamment étudié et pratiqué, c'est jouer une carte dangereuse. Quelque chose de pareil arriva au malheureux Cinq-Mars, qui placé près de Louis XIII par Richelieu, se fia si imprudemment à la haine secrète que le ministre inspirait au roi.

On ne tient pas les princes par les sentiments. Ils se détachent de ceux qui les servent comme on abandonne un cheval mort ou un vieil habit. Ne pas être utile un jour, c'est passer de suite aux rebuts.

On ne peut guère être nécessaire qu'à la condition de créer autour des princes des complications factices dont on possède la clef, qu'en les enveloppant dans des intrigues dont les fils leur sont inconnus, en sorte qu'il leur faudrait remuer tout un monde pour renouveler, pour désorganiser les situations que le favoritisme crée autour d'eux. A moins de s'établir dans des retranchements solides, on est toujours au lendemain d'une disgrâce.

Pendant le cours de la faveur, il est de principe de faire de fortes reconnaissances autour de la position qu'on occupe, d'épier avec le plus grand soin si quelqu'autre n'aurait pas plu ou n'aurait pas chance de plaire. Si la chasse aux favoris n'est pas rigoureusement faite, il n'y a pas de sécurité.

Luynes, qui fit une si haute fortune auprès de Louis XIII après Concini, mais qui eût été très-probablement précipité s'il avait vécu plus longtemps, s'aperçut un jour que le roi regardait Bassompierre d'une certaine façon; le favori en titre s'empressa de le combler de faveurs pour qu'il s'éloignât, en lui disant qu'il était comme un mari qui tremble d'être trompé, et qui ne peut souffrir un homme aimable auprès de sa femme.

Étant donné le caractère des princes, un des meilleurs moyens de consolider la faveur, c'est de leur coûter très-cher; coûter, c'est valoir en cette matière. Ce principe est aussi sûr qu'il est agréable à suivre. Les princes s'attachent beaucoup à ce qu'ils donnent.

Le favori fait face à deux situations également redoutables : l'intimité du maître dont il faut conserver les bonnes grâces, et les intrigues de toutes sortes qui travaillent à le débusquer. La conservation de sa ligne de défense au dehors, est un nouvel aspect de sa position.

Être impénétrable sans le paraître, dérouter les investigations, être au courant de tout ce qui se dit, à la piste de tout ce qui se trame, éviter les piéges et attirer ses rivaux avec un art imperceptible dans ceux que l'on prépare, saisir avec un œil de lynx les faibles et les ridicules, être toujours dans les suprêmes convenances, flatter sans cesse ses ennemis, être grave ou léger suivant les hommes, mener de front les affaires et les plaisirs; être fertile en ruses pour attaquer, en faux fuyants pour éluder, en détours pour donner le change, en bons mots pour déconcerter le sérieux par la plaisanterie, en expédients pour se tirer des pas difficiles, ne pas perdre un mot, un geste, un simple mouvement de physionomie, deviner tous les obstacles, prendre toutes les formes; et quoi encore?

Que d'expédients, de ruses, d'artifices, de chemins couverts, de ressorts secrets, de batteries cachées, de manœuvres, de circuits, de faux semblants, de fausses confidences, d'embûches et de lacets! Et quelle prudence dans chaque conjoncture ne requiert pas ce côté stratégique de la science des cours, tel que le génie de l'intrigue doit l'entendre! Et il y a eu, et il y a encore beaucoup de gens doués de cette façon, quoique l'art des cours se soit beaucoup aplati sans se moraliser, depuis les grandes écoles des dix-septième et dix-huitième siècles. Le frère de miss Arabelle, favorite de Jacques II, l'amant plus qu'intéressé de la belle duchesse de Cleveland, le ministre favori de la reine Anne, Churchill, enfin l'incomparable courtisan fut ainsi. Pendant le cours de sa haute fortune, il ne fit pas un mouvement, il ne lui échappa pas une parole dont il eût à se repentir.

Le caractère des courtisans est d'ailleurs d'une nature telle qu'on peut les tenir en échec les uns par les autres. Leur profession est d'attendre et d'espérer des faveurs, mais ils vivent peut-être plus encore par la vanité, en sorte que la moitié des manéges de cour consiste dans la manière dont on promet et dont on refuse.

DES CONSEILS.

La politique est comme les décors de théâtre ; cela fait de l'effet à distance, mais quand on est sur la scène on ne voit plus que du bois et du carton. Si l'on pouvait pénétrer dans les conciliabules secrets, où se débattent les grandes et les petites questions de gouvernement, on verrait le fond du sac et les jetons. Ce qui était réputé habileté, dextérité, hardiesse, grandeur, harmonie, décence, sécurité, ordre, changerait probablement de titre et de nom. On verrait que les vraies cartes avec lesquelles on joue sont en général : incohérence, contradiction, faiblesse, petits moyens, impuissance, maladresse, fausses combinaisons, imprévoyances, embarras, illusion, déceptions, liquidation, etc.

Heureusement, en arrivant à la publicité, les actes de la politique se transforment et s'élancent parés des plus vives couleurs, de même que le larve hideux devient un brillant papillon aux premiers rayons du soleil.

Mais avant que les résolutions ne se traduisent par des actes, il y a la période des délibérations et des conseils ; c'est un sujet de haute importance au point de vue de la faveur. Il y a souvent des gestations longues, laborieuses ; il faut se résoudre :

1° Sur le but, 2° sur les moyens. — N'avoir pas d'aptitude à conseiller, c'est être au-dessous de la position. Seulement, il est utile de savoir en quoi consiste cette aptitude.

Deux hypothèses contraires peuvent servir à fixer les principes de la matière : ou le prince que l'on conseille a la tête forte, ou il a la tête faible.

S'il a la tête forte, c'est-à-dire s'il est volontaire, opiniâtre, absolu, rien de plus simple, on doit toujours lui conseiller ce qu'il veut, mais la chose n'est pas si facile qu'elle le paraît au premier abord. Le principal mérite des princes qui se dirigent ou ont la prétention de se diriger eux-mêmes, c'est de dissimuler ce qu'ils pensent. Ils ne consultent que pour fortifier leur manière de voir ou pour la justifier ; on ne peut que l'entrevoir ou la deviner. Ils ont beaucoup plus souvent qu'on ne le croit des scrupules et ils les exposent même avec une certaine franchise.... pour qu'on les en débarrasse. C'est là un grand talent ; c'était celui de Talleyrand avec Napoléon. Il pénétrait sa plus secrète pensée et le poussait invariablement à l'exécuter. C'était jouer la règle.

Avec les princes faibles, sans ligne de conduite arrêtée, ou sans esprit de suite, le manége paraît beaucoup plus difficile, et il importe à cet égard de répudier la plupart des idées reçues.

Ainsi pour être de bon conseil, il ne s'agit pas de bien conseiller, il n'est question ni d'avoir des idées justes, ni d'apprécier sainement les choses, ni d'être en état d'éclairer les questions.

Le mérite d'un conseil ne consiste pas dans sa valeur intrinsèque. Théoriquement un conseil ne vaut rien, ne signifie rien s'il n'est à la portée de celui qui le reçoit et de ses moyens d'exécution.

De même qu'il n'est pas utile de dire des choses sensées, mais de les dire avec agrément, de même il n'est pas utile de donner de bons conseils, mais de les donner avec talent.

Un mauvais conseil bien présenté, vaut mieux qu'un bon conseil mal déduit.

L'intérêt à venir doit toujours être sacrifié à l'intérêt présent lorsqu'ils sont en opposition.

Le langage des passions doit toujours être préféré à celui de la raison.

On doit conseiller des expédients toujours, et des solutions le moins possible.

L'esprit de combinaison est souvent dangereux. Il ne faut pas circonscrire l'action du prince par des actes de prévoyance anticipée, ne jamais statuer sur l'ensemble des difficultés mais sur chaque circonstance en particulier, à mesure que son urgence se manifeste, ne faire que ce qui est nécessaire dans le moment même et se déterminer au fur et à mesure des événements.

L'inertie bien employée est une très-grande force quoi qu'on dise, c'est même la plus grande force des gouvernements.

DES INTRIGUES.

Les princes qui ont la prétention de ne faire que ce qu'ils veulent ne peuvent pas ne pas faire rire un peu les habiles gens qui les entourent.

Pour qu'il en fût ainsi, il faudrait, entre autres choses, que la vérité pût arriver naturellement jusqu'à eux, ensuite qu'on pût la leur dire.

Il faudrait même qu'ils n'eussent pas de passions, car une seule faiblesse ou un seul vice traité avec art les soumet, *volens aut nolens*, à des influences et à des suggestions dont le secret leur échappe.

Les influences, en se combinant et en se concertant, créent des situations purement factices que les princes prennent pour des réalités. C'est ce qu'on appelle dans un langage discrédité, mais parfaitement exact, des *coups montés*. Les intrigues sont l'axe ou le pivot autour duquel tourne tout le système.

Rechercher comment les intrigues se nouent,

se compliquent et amènent les résolutions d'État et les événements, c'est là le meilleur côté de l'histoire, le côté vraiment instructif.

L'intrigue est le lien intime de la politique et de la diplomatie, c'est la chaîne secrète de l'histoire, qui n'est réellement pas plus sérieuse au fond que le reste.

Le monde est mené par des intrigues de cour et de cabinet que la philosophie moderne prend gravement pour le développement rationnel des destinées de l'humanité.

Les ambitieux qui jouent entre eux les parties que nous voyons seraient sciemment ou à leur insu les instruments prédestinés des grandes œuvres de la civilisation. C'est à faire pitié!

Si les intrigues sont des œuvres vides devant le Seigneur, comme le disait une dame du dernier siècle, il n'y a certainement rien de plus fécond dans les cours; elles viennent à bout de ce qui résiste au talent, à la volonté, au génie.

Rien ne peut les empêcher d'assurer le triomphe de ceux qui mettent en elles leurs forces et leurs espérances.

Il en arrive ainsi même dans les cours où l'on se respecte dans une certaine mesure. Le cardinal de Rohan, dont le nom a été couvert d'un si ineffaçable ridicule dans la fameuse affaire du collier, était un personnage sans valeur, sans mœurs, sans probité, universellement décrié dans une cour très-décente et près d'un roi plein de scrupules; rien ne put cependant l'empêcher d'être nommé successivement grand-aumônier de France, abbé de Saint-Waast (bénéfice qui valait à lui seul trois cent mille livres de rente, dans ce temps-là), proviseur de Sorbonne, administrateur de l'hôpital des Quinze-Vingt, et enfin cardinal.

Et cela contre des concurrents du plus haut mérite. Il est vrai qu'il était servi par le plus habile intrigant qui ait jamais porté la soutane [1].

On citerait Maupeou, on citerait Terray, Dubois, Maurepas et mille autres à qui l'intrigue toute pure a fait des situations non moins étonnantes en raison du caractère et de la valeur personnelle des hommes.

Les intrigues sont dans les cours comme les toiles d'araignées dans les caves; il y en a dans tous les coins, elles sont à l'œuvre sans relâche ; elles tendent sans cesse à envelopper dans leur marche ceux qui vivent dans cette atmosphère. Leur but est toujours le même : élever, soutenir ou déplacer un certain nombre d'hommes auxquels se rattachent des intérêts individuels plus ou moins considérables. Ces résultats se produisent par des jeux d'influence dont il est impossible d'analyser tous les éléments. La faveur, l'influence et le crédit qui sont comme des formes ou des reflets de la puissance se divisent en un certain nombre de hautes têtes autour desquelles se forment des partis de cour appelés coteries ou camarilla, qui sont autant de foyers différents d'intrigues et de cabales. Ces

---

1. L'abbé Georgel.

influences se balancent les unes les autres, souvent elles se neutralisent. On les voit tantôt se diviser et tantôt se réunir au gré des intérêts du moment.

La grande affaire est toujours d'emporter dans un sens ou dans l'autre la décision des affaires d'État; aussi à la veille des hautes résolutions, c'est une véritable prise d'armes, toutes les coteries s'ébranlent en même temps. Quand elles viennent à se coaliser, elles produisent des effets foudroyants.

En remontant à l'origine des intrigues les plus compliquées, de celles qui aboutissent à de grands événements, on ne peut guère trouver que des causes infiniment petites, puisque ce sont presque toujours des intérêts privés qui décident des affaires d'État. Un froissement d'amour-propre, une rivalité entre favoris, la colère d'un courtisan mal payé, une place de cour à donner, quelque grosse somme d'argent à distribuer produisent de hautes intrigues et des combinaisons profondes.

Une querelle entre Louis XIV et Louvois au sujet d'une des fenêtres de Trianon amène la guerre du Palatinat.

Les scrupules insensés d'un vieux roi exploités par la fourbe d'un confesseur et d'une vieille maîtresse amènent la révocation de l'édit de Nantes.

La rancune d'un procureur contre un magistrat amène la suppression des parlements.

Il y a des gens qui croient que rien d'analogue ne se passe aujourd'hui dans les cours.

Quand on voit les intrigues produire des résultats aussi considérables que des guerres, des révolutions, des changements de religion ou de dynastie, on ne saurait se défendre d'un certain respect pour une force qui produit de si grands résultats par de si petits moyens.

Lorsque cette force, au lieu de s'exercer sur les événements généraux de la politique, se borne à attaquer des situations de cour, à renverser des favoris, à masquer des situations fausses ou périlleuses, elle enfante des miracles de ruse et de perfidie qui laissent bien loin tout ce que l'imagination pourrait inventer.

Louvois, voulant perdre le maréchal de Luxembourg dans l'esprit de Louis XIV, trouve le moyen de l'envelopper dans une accusation de sorcellerie et d'empoisonnement avec des femmes perdues et des faussaires ; et la trame était si bien ourdie que, même après avoir été absous, au sortir d'une longue captivité, le maréchal en eut pour dix ans avant de pouvoir reparaître à la cour.

La condamnation et le supplice de Lally sous Louis XV, fut le fait d'une intrigue du même genre.

Envoyé sur sa demande aux Indes orientales pour faire la conquête des colonies indiennes sur les Anglais, il y avait accompli des prodiges de valeur dans les conditions les plus défavorables, malgré le chef de l'escadre française qui refusait de seconder ses opérations et s'enfuyait après une victoire, malgré le gouverneur de Pondichéry, qui refusait de nourrir son armée et au milieu de la trahison de ses propres officiers.

Le comte d'Argenson, qui connaissait le caractère de Lally et qui ne put le détourner de cette expédition, avait tiré en deux mots son horoscope.

« A la première négligence qui compromettra le service du roi, avait-il dit, à la première apparence d'insubordination ou de friponnerie, M. de Lally tonnera s'il ne sévit pas; on fera manquer ses entreprises pour se venger de lui. »

La prédiction se réalisa de point en point. Lally, caractère tout d'une pièce, incapable de ruser ni de biaiser, ne manqua pas de vouloir rétablir l'ordre et de mettre fin aux rapines de la compagnie des Indes. Ce fut le signal de sa perte.

Tous ceux qui avaient jusqu'alors profité impunément des désordres et des malversations des agents de la compagnie se réunirent à la fois pour faire échouer son entreprise. Accablé par des désastres qu'il avait tout fait pour prévenir, il eut l'imprudence en revenant en France de menacer les concussionnaires dont la coalition avait amené sa perte. Ce fut à l'instant même un duel à mort entre lui et des adversaires qui ne pouvaient échapper au châtiment qu'en le faisant monter sur l'échafaud. Bussy, D'Aché, Leyritz, tous les hommes qui depuis de longues années s'étaient enrichis des dépouilles de la colonie, déchaînèrent contre lui un parti de cour si furieux et si agissant, qu'il n'y eut qu'un cri de réprobation en France contre un des hommes les plus intègres et les plus héroïques de cette époque. C'est au point que Madame du Deffant partageant sous ce rapport tous les préjugés de son temps, écrivait à Walpole que M. de Lally-Tollendal était le plus fieffé fripon du royaume.

Les préventions ameutées contre lui par le parti de la cour gorgé de l'or des colonies, étaient si fortes que Louis XV qui le croyait innocent ne put pas le sauver.

Après dix-sept mois de captivité, pendant lesquels on ne daigna même pas l'interroger, le noble vieillard fut condamné à mort. Le procureur général ne voulut pas retarder ses conclusions de douze heures pour lui permettre de compléter sa défense; il n'obtint pas même la faveur de se rendre à pied à l'échafaud, on l'y conduisit en charrette.

Pendant le cours de son procès, un jésuite avait préparé deux mémoires, l'un concluant à la condamnation de Lally et l'autre à l'acquittement. Quand Lally fut condamné, il brûla le premier mémoire et publia le second.

DU ROLE DE LA CALOMNIE.

La calomnie est le principal instrument dont on se sert dans les cours pour attaquer et détruire ses ennemis. Ce grand agent moral, que l'on emploie d'ailleurs avec beaucoup de succès en politique, est avant tout une arme de courtisan, mais une arme à deux tranchants qui ne peut se manier sûrement qu'après une très-longue pratique.

On dirait que l'âme humaine est façonnée tout exprès pour recevoir les influences de la calomnie. Les moindres germes s'y fécondent. Un simple soupçon, la plus légère médisance, le moindre ridicule semé avec art, diminuent un homme aux yeux d'un autre sans que l'on puisse se défendre de l'impression, tant elle se glisse rapidement dans l'esprit et y trouve la matière préparée.

Qu'est-ce donc quand on emploie de parti pris et et avec calcul ce grand réactif de la calomnie!

Il altère l'estime, la considération, l'amitié avec la même rapidité qu'un liquide corrosif attaque la couleur et le tissu d'une étoffe légère.

Toutefois ceux qui savent en user comme il convient ne versent jamais le poison qu'à des doses infinitésimales, autrement on ne le digérerait pas.

Les imputations brutales sont bonnes tout au plus pour les natures grossières; mais dans les cours, la calomnie ne se fait accepter que par sa vraisemblance et par l'art imperceptible avec lequel elle est dispensée. On commence par les petites choses pour arriver insensiblement jusqu'aux grandes.

Une seule réticence insidieuse dont on affecte ensuite d'effacer l'impression suffit quelquefois pour jeter les premiers fondements d'une prévention qui croîtra plus tard avec une rapidité étonnante quand le moment de la développer sera venu.

Il appartient à l'habile homme de surveiller cette première influence, d'apprécier le trajet qu'elle a pu faire et de donner une seconde dose dans un moment propice.

Ce qui fait que la calomnie est fort difficile à manier, c'est que pour aliéner la sympathie ou l'estime d'un homme à l'égard d'un autre, il faut nécessairement prêter à l'un des deux quelque procédé ou quelque action offensante, faire une blessure d'amour-propre. Or en agissant de cette façon on s'expose à faire rejaillir sur soi une partie de l'aversion que l'on inspire pour autrui. C'est fort délicat.

Aussi voit-on assez souvent la calomnie débuter par des louanges exagérées, légèrement invraisemblables, propres à faire naître un sentiment de défiance, c'est une manière d'avertissement détourné.

La louange exagérée d'un tiers mène à la jalousie, c'est un premier point. Si elle ne conduit pas jusque-là, elle porte ou à définir le motif de la louange ou à examiner avec plus de soin celui qui en est l'objet, examen toujours périlleux pour celui qui le subit.

Il y a ceci de particulièrement favorable dans le jeu de la calomnie, c'est que ceux dont l'âme est blessée d'un soupçon cherchent rarement à s'en éclaircir. On est coupable avant d'être jugé. La blessure est faite avant qu'on n'ait examiné le trait.

Dans les cours, la calomnie prend ordinairement pour texte l'état et la condition de celui dont on veut ruiner le crédit. On accuse un médecin d'empoisonnement, un ministre de trahison, un grand personnage de faire des entreprises. Le caractère particulier du prince détermine de même l'espèce et la gravité des traits que l'on peut forger.

Si le prince est pieux, on calomnie un homme auprès de lui en l'accusant d'impiété; si le prince est débauché, on lui dépeint un homme austère; s'il est jaloux, on exalte le mérite d'un rival; rien ne fait plus d'effet.

Ce qu'il y aurait de plus intolérable pour un prince qui se piquerait de duplicité serait d'avoir été taxé de maladresse, et à celui qui se piquerait de talent littéraire, de passer pour mauvais auteur.

DE L'EMPIRE ET DE LA DOMINATION.

Avoir la faveur d'un prince, ce n'est pas nécessairement le dominer; pour aller jusque-là, il faut autre chose encore. Avec les princes, on marche de l'influence à l'ascendant, à l'empire et à la domination.

La domination suppose des calculs plus profonds, une possession plus forte et un maniement plus énergique de la volonté.

Le simple favori n'exploite guère en général que des faiblesses et des vices ; il ne va pas au delà ; il n'a de racine que dans les antichambres et tout le monde sait que, dépendant uniquement de la volonté du prince, il peut tomber d'un jour à l'autre devant une intrigue. Mais la fortune d'un ambitieux bien doué peut aller beaucoup plus loin. A l'aide de la faveur, on a vu se constituer des positions si solides qu'elles ne dépendent plus des intrigues de cour et qu'il faut presque des événements pour les détruire.

Pour apprécier ce nouveau point de vue, il faudrait étudier comment s'établit le crédit d'un homme politique, car alors la science des cours ne suffit plus. Celui qui marche dans ces hautes voies, manœuvre en quelque sorte comme s'il agissait en vue de la puissance souveraine. Le problème consiste à dériver en quelque sorte le pouvoir de ses voies naturelles pour l'attirer dans sa main. Et c'est ici que trouvent leur emploi les qualités peu communes qui constituent l'homme d'État proprement dit, l'art de s'environner de prestige, une certaine grandeur de caractère, le talent de manier les hommes, de leur commander, et la haute diplomatie dans la conduite des intérêts personnels.

Les hommes ont un sens mystérieux avec lequel ils pénètrent les natures puissantes. Le monde est plein d'esclaves qui ne demandent qu'à se donner.

Ces immenses situations personnelles que l'on voit se créer quelquefois à côté des trônes ne sont possibles qu'avec des fortunes princières, à l'aide desquelles on étend au loin sa protection en semant l'or sous ses pas.

Le moyen essentiel d'avoir des partisans, est de sonder les plaies béantes des intérêts individuels. Il faut s'informer, avant tout, des besoins d'argent pour les transformer en monnaie de reconnaissance et de dévouement.

Le faste largement déployé est d'ailleurs la première condition du prestige.

Ce qu'on raconte de la vie privée de Wallenstein, qui fut un type achevé sous le rapport qui nous occupe, peut servir à donner une idée de cette espèce de grandeur décorative qui résulte de l'opulence.

Le palais que Wallenstein occupait à Prague pendant la retraite momentanée qui suivit sa destitution de généralissime des forces de l'Allemagne avait six entrées, et il fit abattre cent maisons pour agrandir la place qui l'entourait. Des patrouilles parcouraient sans cesse cette enceinte pour empêcher que le bruit ne vint troubler son repos, et souvent les rues étaient fermées par des chaînes. Cinquante hallebardiers gardaient son antichambre. Il avait soixante pages appartenant aux meilleures maisons de l'Allemagne, quatre chambellans, six barons prêts à recevoir ses ordres, et son premier maître d'hôtel était un gentilhomme de la plus haute distinction. Quand il voyageait, outre son équipage, cinquante voitures à six chevaux et cinquante autres, attelées de quatre chevaux portaient ses bagages. Six carrosses conduisaient sa suite et cinquante cavaliers montés sur des chevaux de sang et en tenant un autre en laisse, précédaient sa marche. Au milieu de cette cour asiatique, Wallenstein, seul, inabordable, passait sa vie dans le silence, entretenant une correspondance nombreuse, écrivant lui-même ses mémoires, observant le présent, calculant l'avenir, et attendant avec calme le moment de la vengeance.

La façon dont il amena l'Empereur à s'humilier devant lui est un chef-d'œuvre de diplomatie. Ferdinand qui lui avait retiré le commandement de ses troupes, est obligé de venir lui demander de le reprendre. Il rejette bien loin tout d'abord cette proposition. Il répond qu'il n'est point tenté de réparer les fautes des autres, il n'est pas en bonne intelligence avec les alliés de l'Empereur, d'ailleurs, il est fatigué du monde, il a besoin de repos, etc. L'Empereur descend alors aux supplications. Enfin, après une longue négociation, Wallenstein s'engage à lever une nouvelle armée; mais il refuse de la commander. La magie de son nom renouvelle le prodige qu'il avait opéré six années auparavant; et, à l'époque indiquée, la Bohême, la Silésie, la Moravie et les autres États héréditaires lui avaient fourni quarante mille hommes. Mais c'était un corps sans âme s'il n'était commandé par Wallenstein. Les instances les plus vives de l'Empereur, les prières de ses amis, le trouvèrent inébranlable. Enfin l'Empereur se mit à sa discrétion; c'était ce qu'il attendait; il dicta impérieusement ses conditions : il sera généralissime d'Autriche et d'Espagne, et disposera seul de tous les emplois : l'Empereur ne paraîtra point à l'armée, ne s'immiscera en rien dans le commandement; on lui allouera une principauté héréditaire dans les États de l'Autriche; il gouvernera exclusivement les pays occupés; le produit des consfications lui appartiendra; il aura seul le droit d'amnistie à la paix; son titre de duc de Meklembourg sera reconnu; tous ses frais seront payés; enfin, en cas de revers, il pourra se retirer dans ses États héréditaires. Il ne restait plus à Ferdinand que le titre d'Empereur, et il dut tout accepter

On arrive à déplacer le centre de gravité du pouvoir, en se faisant dans l'État l'intermédiaire exclusif de toutes les faveurs, de manière que nul ne puisse songer à invoquer d'autre protection; par là se trouve annulée l'importance des autres grands personnages. Le public ne s'entretient que du grand homme en crédit; tous les regards en se tournant vers lui obligent ses amis et ses ennemis à s'abandonner à sa direction. Il ressemble au pilote placé au gouvernail. Nul n'ose le déranger, on craindrait que le vaisseau ne pérît si sa marche était contrariée.

D'un autre côté, celui qui s'est réservé la conduite des affaires en a seul la clef et peut seul fournir la solution nécessaire. Les agents intermédiaires de son pouvoir sont façonnés à son autorité, et sont intéressés à le maintenir. Le souverain lui-même verrait un péril sérieux à ébranler l'existence du pouvoir établi. Il ne pourrait lui retirer sa confiance sans modifier toute sa politique.

A l'intérieur, les liens qui les rattachent au pouvoir sont les mêmes, ils sont plus puissants encore. Il a noué de fortes intrigues dans les cours étrangères. Les souverains des autres cours se sont habitués à traiter avec lui, ils ne connaissent que sa main. C'est auprès de lui qu'ils poursuivent tel ou tel avantage. Les agents qu'ils ont accrédités auprès de sa personne savent de son caractère et de ses projets ce qu'ils ont besoin de savoir pour s'orienter. Les nœuds de leurs intrigues seraient coupés à l'instant s'il venait à être précipité de sa haute situation.

Telle est l'idée que l'on peut se faire d'un premier ministre dans une monarchie parlementaire ou même dans une monarchie absolue quand le prince est propre à être dominé.

L'office de ce ministre dans les conseils secrets du prince est bien autre chose que celle d'un simple favori. Il commande sous l'humble insolence du respect, ses formes obséquieuses sont des ordres. Il ente sur la connaissance profonde qu'il possède du caractère de son maître, de hautes spéculations qui consistent à lui donner des projets, des idées en rapport avec la nature de son esprit et à traiter ensuite ces idées, ces projets comme s'il les avait reçus au lieu de les avoir inspirés. Il ne fait que ce qu'il veut en paraissant recevoir les impulsions qu'il a données. C'est une véritable substitution de volonté.

La haute fécondité de son esprit le rend éminemment propre au conseil.

Il faut en général les appréciations de quinze ou vingt hommes choisis pour envisager tous les côtés d'une affaire. Ces vingt hommes en combinant leurs idées, formeraient peut-être les éléments du meilleur parti à suivre; mais sans les condenser, sans leur donner une unité, un corps. D'un autre côté, dans les conjonctures difficiles, à force de peser les considérations, elles finissent par s'équilibrer, on n'aperçoit plus la raison d'opter.

Ce qui distingue l'homme supérieur, c'est qu'il voit à lui seul toutes les faces d'une question et qu'il met toujours le doigt sur le motif déterminant.

CHAPITRE III.

DES PROCÉDÉS DIVERS EN FAIT DE DOMINATION ET D'INFLUENCE.

Les moyens d'arriver à la domination comme toutes les voies en général qui conduisent au but sont multiples. Aussi l'histoire des principales dominations, dont les traditions sont restées, présente-t-elle des aspects divers. On domine naturellement les princes par les côtés les plus saillants de leur nature morale et les procédés diffèrent selon les nuances infinies des caractères.

Wolsey avait le talent de diriger Henri VIII en lui persuadant qu'il agissait et pensait par lui-même.

L'empire de lady Churchill sur la reine Anne prenait sa source dans une amitié exaltée; celui d'Escoïquiz sur Ferdinand dans la superstition. Buckingam régnait par les grâces, Louvois par l'autorité des formes, Maurepas par la légèreté, Fleury par la douceur, Dubois par le cynisme, Decaze par le charme de l'intimité, Necker par la rigidité puritaine ; Cécil employait la raison, Ashley l'éloquence, Talleyrand l'insinuation.

La domination de Richelieu sur Louis XIII eut le caractère d'une véritable possession, caractère étrange et saisissant, procédant essentiellement du génie sacerdotal. La physionomie de Richelieu décèle encore, dans ses portraits, ce mélange si étonnant d'énergie et de ruse, avec lequel Richelieu soumit un maître, qui ne l'aimait pas.

On le vit débuter dans la carrière politique comme le courtisan le plus délié. Chargé des doléances du clergé en 1614 après la clôture des États, il termina sa harangue par un chef-d'œuvre de flatterie. Il eut la hardiesse de féliciter le roi d'avoir, après sa majorité déposé le fardeau du pouvoir entre les mains de sa mère. Il le supplia de persévérer dans cette conduite « en ajoutant au titre de mère du roi, le nom de mère du royaume. » C'était s'ouvrir largement le chemin de la fortune que de célébrer pompeusement la nullité du roi et l'ambition de sa mère. La charge d'aumônier de la reine fut sa récompense, il l'avait bien méritée.

La nature de Richelieu était telle qu'il ne pouvait être rapproché du pouvoir sans que l'influence de sa main se fît immédiatement sentir. Quoique effacé, encore dans cette première phase de son existence, sa formidable ambition fut si bien pressentie qu'après la chute de Concini, les conjurés vainqueurs le tinrent indéfiniment claquemuré dans son évêché de Luçon, avec défense d'approcher de la cour de plusieurs lieues à la ronde.

Quoique paralysé dans tous ses mouvements, il correspondait avec la reine mère précipitée momentanément de sa puissance par la révolution de palais qui venait de s'accomplir. La faveur de Marie de Médicis, quoique disgraciée à ce moment, était une carte qu'il tenait en réserve et qui devait le ramener à la cour après la mort d'Albert de Luynes.

Rentré en grâce avec la reine mère, et replacé plus intimement que jamais dans la confiance d'une femme emportée, altière, vindicative, implacable et d'un esprit désordonné, il joua un jeu que lui seul pouvait jouer. Asservi en apparence à toutes les volontés de la reine, il traversait souterrainement ses projets par des intrigues, qui la mettaient tout à coup en face d'obstacles imprévus; il l'enrayait ainsi dans l'exécution de ses volontés les plus emportées. Mais placé entre l'influence du roi et celle de sa mère dont le désaccord s'aggravait de jour en jour, le moment vint de prendre parti pour l'un ou pour l'autre. Opter pour Marie de Médicis, c'était disparaître pour toujours si une nouvelle intrigue de cour parvenait à s'emparer de la volonté du roi. Prendre parti pour Louis XIII n'était pas plus sûr, car le roi serait trop faible pour le défendre contre la vengeance de sa mère. Richelieu après de longues hésitations fixa sa résolution dans ce sens; mais ce parti déjà si grave devint tout à coup le pire par suite d'une maladie dangereuse que fit le roi. Le cardinal semblait perdu; Marillac offrait son bras pour l'assassiner, le duc de Guise voulait l'exiler, Bassompierre proposait de l'enfermer dans une prison perpétuelle, propositions qui devaient retomber plus tard sur la tête de leurs auteurs, mais qui dans le moment suspendaient à un fil la destinée du grand cardinal.

Vainement pour obéir au roi essaya-t-il de fléchir Marie de Médicis en se mettant à ses genoux. Il prodigua inutilement les supplications et les larmes « qu'il avait à commandement » suivant l'expression de la reine. Elle le rebuta outrageusement.

Déjà Montmorency à qui le roi avait recommandé de protéger sa vie, avait disposé des relais pour le conduire à Avignon. Ces précautions devinrent inutiles par le rétablissement subit de la santé du roi; mais Richelieu n'en paraissait pas moins perdu. Les charges d'aumônier de la reine et de surintendant de sa maison lui sont coup sur coup retirées. Sa nièce, la marquise de Combalet, est chassée; le capitaine des gardes et tous les domestiques qu'il avait fait placer au palais sont congédiés.

Pendant ce temps, Marie de Médicis enfermée avec son fils livrait un dernier assaut à son irrésolution, pour lui arracher un ordre de disgrâce qui ne pouvait manquer de se convertir en un arrêt plus redoutable encore.

Dans ce moment suprême Richelieu sentit le danger d'abandonner le roi à lui-même. Il fit une tentative désespérée pour pénétrer dans le cabinet du roi. Toutes les portes étaient fermées; enfin il se glissa par une petite chapelle dont on avait négligé l'issue. La reine l'accabla des dernières invectives. Baignée de larmes que faisait couler la fureur, elle demandait à son fils s'il serait assez dénaturé pour préférer un valet à sa mère. Les dernières heures semblaient arrivées pour le cardinal. La reine triomphait au Luxembourg, entraînant avec elle presque toute la cour, tandis que Louis XIII allait cacher sa perplexité dans sa maison de chasse de Versailles.

Dans cette extrémité un favori entreprit de sauver Richelieu, Saint-Simon lui suggéra l'idée de s'expliquer encore une fois avec le roi avant de se séparer. Le cardinal averti vole à Versailles, parle et reprend sur Louis XIII l'ascendant du génie.

Enfin Richelieu était le maître; il n'oublia pas ce que cette leçon avait failli lui coûter. Il s'empressa de briser tous les liens qui rattachaient le fils à la mère et précipita la reine dans une ruine si complète, qu'elle dut finir ses jours en exil dans un état voisin de l'indigence.

La préoccupation de Richelieu fut alors d'enchaîner le roi dans des liens assez étroits pour qu'il ne pût jamais lui échapper. Louis XIII ne pouvait se passer de favori, Richelieu lui en choisit un de sa main pour connaître toutes ses dispositions secrètes, et quand le favori est rebelle il le brise. Le roi a besoin d'avoir le cœur occupé, il lui donne une maîtresse et il est le confident des plaintes du roi, comme il essaye de se faire le confident de la maîtresse. Elle est indocile, il en dégoûte immédiatement le roi dont il dirige les scrupules religieux, comme les intérêts politiques. Il lui arrache le nom de ceux qui cabalent contre lui en exécution d'un serment par lequel ce prince pusillanime s'était engagé à lui révéler ce que l'on dirait contre lui. Il rédige un catéchisme dans lequel il lui trace des cas de conscience et les devoirs d'un roi envers son premier ministre. Suivant son habitude, il traverse par des machinations diaboliques les projets qu'il veut faire échouer. Les généraux d'armée eux-mêmes ne connaissent que ses ordres secrets; et au besoin il leur ordonne de se laisser battre quand ses plans de campagne rencontrent de la résistance. — Et mille autres combinaisons semblables qui sont des chefs-d'œuvre d'astuce.

La ligne de conduite de Mazarin moins profonde, moins ténébreuse surtout que celle de Richelieu, se distingue essentiellement par une souplesse merveilleuse doublée d'une infatigable persévérance.

Dès ses débuts dans la diplomatie, on le voit capter successivement tous ses protecteurs qui se le transmettent successivement comme un homme dont la main est coulante et le service gracieux. Simple secrétaire de Sachetti, lorsque ce dernier fut envoyé à

Rome par le Pape pour agir en faveur du duc de Nevers, lors de la guerre de succession des duchés de Ferrare et de Mantoue, Mazarin soulage Sachetti de sa besogne avec tant de prestesse que ce dernier lui abandonne le soin de toutes les négociations. Il passe au service de Barberini, alors légat en Piémont et Barberini subjugué lui donne bientôt toute sa confiance ; il en profite aussitôt pour favoriser la politique de Richelieu, en voyant que le vent souffle du côté de la France ; il comprend instinctivement qu'il n'y a d'avenir pour lui qu'à l'ombre de cette vaste influence qui enveloppe l'Europe. Envoyé à Lyon par Barberini, il saisit avidement l'occasion qu'il recherchait d'un tête-à-tête avec Richelieu. Sa fortune dépend de l'impression qu'il produira sur le grand ministre ; il le sait, et au lieu ruser comme on le fait avec les hommes ordinaires, il éclaire vivement devant le grand ministre toutes les profondeurs de son intelligence. Il lui montre à quel point il saisit, il pénètre sa politique et comment il saurait la servir, à ce point que dès ce moment Richelieu entrevoit en lui son continuateur.

Arrivé à la cour de France, il s'efface pendant le temps nécessaire pour étudier à fond les caractères et les influences, n'ayant en vue qu'un objet, agréer à tout le monde jusqu'à ce qu'il ait pu déterminer sa ligne de conduite. La situation est extrêmement délicate, il est placé entre des partis sans consistance et des caractères irrésolus, la reine mère, le roi le duc d'Orléans, et le grand Condé. En pareil cas on ne peut ni diriger, ni être soutenu.

Il commence par dessiner son attitude en se mettant du côté du duc d'Orléans, dont le parti lui paraît rallier le plus de forces; et quand la question de la régence est soulevée, il plaide ouvertement pour qu'elle soit confiée au faible Gaston. Mais il se heurte aux préventions de Louis XIII; il voit que sa haine pour son frère les rend insurmontables, il n'insiste plus. Il fait alors une conversion du côté de la reine et veut travailler à ses intérêts, mais de ce côté encore il rencontre un écueil; il est antipathique à la reine, pour le moment du moins. Comprenant alors que cette grande question de la régence divise trop les intérêts pour amener une résolution radicale, il appuie de toutes ses forces et fait adopter un moyen terme, consistant à limiter l'autorité de la reine et du duc d'Orléans par un conseil de régence que chacun se flatte d'annuler. Mais il fait partie de ce conseil, et cela suffit pour qu'il tienne bientôt dans sa main le fil de toutes les intrigues. La mort du roi arrive, il comprend que la constitution du conseil de régence va être attaquée et qu'il tombera avec les débris de cette organisation factice. Il donne sans hésiter sa démission du pouvoir que lui avait confié le feu roi. Vient alors une comédie. Il fait ostensiblement ses préparatifs de départ pour Rome. Mais pendant ce temps le subtil Italien mettait tout en œuvre pour se faire retenir. Condé et le duc d'Orléans étaient gagnés, on le retint. C'était le rendre maître de la situation.

A cette époque la reine commençait seulement à le regarder d'un œil plus propice ; il lui restait à la conquérir. L'année suivante, la prise de possession était si complète qu'il la détermina à se défaire successivement de tous ses favoris, de la duchesse de Chevreuse qu'elle aimait de passion, du duc de Beaufort et de Châteauneuf, qui, jusqu'alors l'avaient exclusivement dominée.

La manière dont Potemkin établit son empire sur Catherine montre encore la domination sous un autre aspect.

Potemkin, né avec toutes les séductions personnelles et tous les vices qui donnent une si forte prise dans les boudoirs, n'était encore qu'un jeune homme lorsqu'il rêvait de s'élever par son audace et ses galanteries aux plus hautes faveurs de la cour. Nul ne saisit plus vaillamment qu'on le lui vit faire la première occasion de fortune qui se trouva sur son chemin.

Simple officier dans les gardes à cheval de la reine, il était de service le 28 juin 1762, jour célèbre dans les annales de la Russie comme anniversaire de l'époque où Catherine II arracha la couronne à son faible époux, Pierre III. L'impératrice était à cheval en uniforme et l'épée à la main, dans tout l'éclat de cette beauté virile qui appelait dans son lit les plus brillants officiers de son armée.

Potemkin s'aperçut qu'elle n'avait point de dragonne, signe distinctif de l'officier chez tous les peuples du Nord. Il détacha aussitôt la sienne et s'avança pour l'offrir à l'impératrice avec une mâle assurance qui fixa sur lui les yeux de sa souveraine. Potemkin était d'une tournure et d'une beauté peu communes. Émerveillée de la grâce avec laquelle il s'était acquitté de cette galanterie non moins que du sang-froid qu'il avait fait paraître, elle lui envoya dès le lendemain le brevet de colonel et de gentilhomme de sa chambre.

Être admis à la cour c'était pour Potemkin s'insinuer immédiatement dans les bonnes grâces des courtisans les plus intimes, puis les éclipser peu à peu par des charmes qui le laissaient sans rival auprès de l'impératrice. Il procède auprès de cette royale maîtresse en brisant à côté d'elle tout ce qui peut faire ombrage à son ambition. Le comte Grégoire Orloff avait jusqu'alors régné despotiquement à la cour. Potemkin le brave et lui crève un œil dans un combat. Il avait compris de suite qu'il ne dominerait que par l'excès de l'audace, justifié aux yeux de l'impératrice par les transports de la plus impétueuse passion. A chaque épreuve qui venait traverser sa faveur, il ressaisissait par des coups de théâtre l'imagination de l'impératrice. A son retour d'une guerre contre les Turks, pendant laquelle Grégoire Orloff avait eu l'adresse de donner à Catherine II un nouveau favori, il se croit supplanté ou il affecte de le croire,

Il s'éloigne brusquement et il va se jeter dans un monastère dont l'impératrice va tout aussitôt l'arracher pour le ramener auprès d'elle plus puissant que jamais.

De ce jour il posséda si bien l'esprit et le cœur de Catherine qu'elle ne lui échappa plus. Maîtriser la pensée d'une telle femme fut une tâche dans laquelle il déploya des prodiges, usant sans cesse d'un mélange d'autorité absolue jointe à la soumission la plus subtile, travaillant à ses plaisirs et à ses caprices comme un esclave, puis l'assujettissant par d'étonnantes hauteurs. Il atteignit rapidement son but. Catherine s'étonnait souvent de l'influence qu'exerçait sur ses déterminations un homme qui se sentait assez sûr de son empire pour passer tout à coup des formes de la galanterie la plus raffinée à une familiarité si audacieuse qu'il ne daignait pas lui répondre quand elle lui adressait la parole. Elle en vint à lui sacrifier tout ce qui portait ombrage à sa jalouse ambition. Aucun favori, aucun familier ne fut accepté qu'il n'eût préalablement obtenu l'aveu de Potemkin. Aux instants les plus inattendus il apparaissait tout à coup comme un maître dans l'intérieur des appartements de l'impératrice à l'aide d'une galerie couverte qui joignait son hôtel au palais. Il ne cessa jamais de dominer la plus forte nature de femme qui ait existé, en refusant de reconnaître, vis-à-vis d'elle, d'autre loi que ses caprices.

La ligne de conduite de Mme de Maintenon avec

Louis XIV est certainement le plus grand chef-d'œuvre de tactique féminine que l'on puisse citer en l'honneur de l'autre sexe. Rien n'est plus merveilleux que le long et patient manége qu'elle déploya pour arriver à le mettre enfin complétement dans ses filets.

Elle débute à la cour avec une maigre pension obtenue à force de sollicitations et de démarches. mais si on lui laisse un coin dans une antichambre, c'est assez pour qu'elle y fasse son œuvre. Admise comme gouvernante des bâtards de Louis XIV auprès de Mme de Montespan, elle se dévoue avec la soumission d'une esclave à cette tâche qui va être le commencement de sa fortune.

Il faut d'abord qu'elle pénètre par une confiance sans bornes dans les replis les plus secrets du cœur de la favorite. Par une humilité incomparable et un attachement étroit, absolu, à ses fonctions domestiques, elle écarte d'elle toute défiance, tout soupçon; si bien que Mme de Montespan et Louis XIV s'habituent à la regarder comme un de ces serviteurs fidèles devant lesquel son ne se gêne plus. Son austérité affectée en impose quelque peu au roi; c'est une garantie de plus auprès de son orgueilleuse maîtresse. Tandis qu'elle conquiert l'estime du roi par la gravité de son maintien, elle séduit Mme de Montespan par l'esprit le plus simple, le plus délié, le plus osé, le plus amusant. Elle lui inspire un attachement fougueux en l'admirant, en la flattant, en l'appelant la merveille du siècle et en caressant la passion de la favorite avec toute l'expérience d'une matrone.

Bientôt elle est la confidente de l'un et de l'autre amants qui viennent se plaindre à elle après s'être querellés en sa présence. Elle apaise, elle console, elle réconcilie au milieu des scènes incessantes que suscite l'orageuse nature de Mme de Montespan. Mme de Maintenon s'est montrée si simple, si dépourvue de prétention que Louis XIV éprouve de plus en plus d'attrait dans son intimité, et les progrès sont d'autant plus rapides qu'il trouve en elle une raison très-sûre, jointe au détachement le plus complet des choses de la terre.

Quoique fort belle encore, celle qu'on appelait alors Mme Scarron se garda bien de compter sur ses attraits pour balancer Mme de Montespan dans l'esprit du roi. Ce fut sous le couvert de l'amitié, d'une amitié toute particulière, de prince à sujette, qu'elle fit naître par degrés d'autres sentiments; ensuite elle mit en jeu la dévotion. Au fur et à mesure que Louis XIV se détachait de Mme de Montespan, les confesseurs, prédicateurs, soufflés par Mme Scarron, faisaient vibrer de plus en plus la corde de la pénitence et de la mortification de la chair. Entraîné par l'attrait du plaisir, le roi s'habitua peu à peu à venir déplorer sa fragilité auprès de Mme de Maintenon qui l'engagea enfin à faire son salut et promit de l'y aider avec une sainte ardeur, combinaison d'une habileté profonde en ce qu'elle alliait, à l'insu de Louis XIV, des idées de sensualité à des sentiments de dévotion exaltée, dans un contact incessant avec une belle femme pleine de promesses temporelles. Chaque soir il venait rêver à sa conversion future auprès de Mme de Maintenon, et chaque soir il emportait une étincelle plus vive du feu céleste.

A cette période de l'influence de Mme Scarron sur Louis XIV, celle qu'elle avait appelée la merveille du siècle ignorait encore le chemin ténébreux que sa rivale avait pris pour la supplanter. Cette merveille ne paraissait plus à Mme Scarron qu'une malheureuse pécheresse qui sacrifiait à l'ambition et à l'amour ses devoirs et son salut. Elle regardait comme une sainte entreprise de faire disparaître cette merveille de la cour, ce qui ne tarda guère.

Quand l'idole fut chassée, les amies de Mme de Maintenon la justifièrent sur ce point comme il convenait. Ce n'était pas de son propre mouvement qu'elle avait conçu ce pieux dessein, mais par les conseils de son confesseur et de plusieurs saints ecclésiastiques qui voyaient, avec douleur, deux âmes aussi précieuses courir à la perdition. Elle n'avait été animée que des vues les plus louables. Elle n'avait travaillé que pour le salut du monarque et celui de son illustre maîtresse. Si elle devait de la reconnaissance à Mme de Montespan, combien Mme de Montespan ne lui en devait-elle pas davantage? C'était elle qui avait rompu des liens criminels, qui avait rendu la femme adultère à ses devoirs, à son époux, à ses enfants. Fallait-il laisser damner le roi?

Cette combinaison qui mit dans les intérêts de Mme de Maintenon le ciel, la terre et l'enfer, fait trouver petit Molière lui-même. Il avait devant les yeux bien autre chose que ce qu'il peignit dans Tartuffe.

Une fois Mme de Montespan chassée, ce fut l'œuvre d'une seconde conversion, le passage d'une liaison purement spirituelle à une communion sous les deux espèces, jusqu'au jour où de proche en proche, et toujours par raison de sainteté, elle le conduisit à régulariser cette union par un mariage secret.

Il faut voir dans Saint-Simon, par quel tissu d'habiletés, une fois arrivée à ce comble de puissance, Mme de Maintenon en vint à diriger presque exclusivement le roi et à le faire tomber dans tous ses tripots, comme le dit si vivement Saint-Simon. Ce vieux roi, dont le nom inspirait encore une certaine crainte à l'Europe, n'était réellement plus qu'un jouet entre les mains de Mme de Maintenon et de ses familiers; il se passait chaque jour dans sa chambre une de ces comédies, qui, sauf la qualité des personnages, était au niveau des tours de Scapin. Le rôle du roi n'était qu'une perpétuelle duperie. Louvois et les autres ministres arrivaient dans le cabinet de travail du roi avec des résolutions concertées à l'avance avec Mme de Maintenon; le grand art consistait pour elle à enlever au roi tout soupçon qu'elle pût se mêler activement des affaires d'État.

Pendant le travail Mme de Maintenon lisait ou travaillait, écoutant avec une suprême discrétion ce qui se disait entre Louis XIV et son ministre qui parlaient tout haut devant elle. Rarement elle y mêlait son mot; plus rarement encore ce mot était de quelque conséquence. Souvent le roi lui demandait son avis. Mais jamais elle ne paraissait s'intéresser un peu vivement à quelque chose, ni pour personne, répondant avec une mesure infinie ou faisant l'incapable, suivant les cas.

Or, tout ce qui était faveur, places, avancement était réglé à l'avance avec Louvois. On proposait au roi une liste; si le roi s'arrêtait par hasard au nom que Mme de Maintenon voulait faire passer, on n'allait pas plus loin. Si le roi s'arrêtait à quelque autre, le ministre proposait de voir ceux qui étaient aussi à portée et en profitait pour exclure ceux qui n'étaient pas du choix de Mme de Maintenon. On ne proposait jamais directement le nom de ceux que l'on voulait choisir, mais bien plusieurs noms à la fois dont on balançait les titres pour embarrasser le roi; alors le roi consultait et il appuyait enfin celui que l'on voulait. Si le roi s'opiniâtrait, il y avait une autre ruse, c'était alors d'éviter une décision en brouillant la matière et en en substituant une autre comme venant à propos de celle-là, et qui détournait la première. Ainsi, croyant disposer de tout, Louis XIV ne disposait réellement de rien ou peu s'en faut.

C'est Saint-Simon qui raconte tout cela et qui le raconte à peu près ainsi dans ses délicieuses diatribes.

Quel que soit le caractère des princes, la science des cours les amène à faire ce qui convient aux plus habiles. On peut s'y prendre comme on voudra, les difficultés seront tournées.

LIVRE IV.
DE LA CÉLÉBRITÉ.

CHAPITRE I.

DES APTITUDES DIVERSES AU POINT DE VUE DE LA CÉLÉBRITÉ.

Le dogme philosophique et chrétien de l'immortalité de l'âme qui promet à chacun, et très-démocratiquement d'ailleurs, comme l'on dit maintenant, sa part de gloire dans un monde meilleur, peut être une réalité ou seulement une hypothèse consolante, l'auteur ne discute pas; mais ce qu'il y a de certain, c'est que nul homme bien constitué pour la vie sociale ne s'en contentera.

A côté de cette immortalité psychologique, il y a une autre immortalité relative, une immortalité substantielle qu'on appelle la célébrité.

C'est de celle-là seulement que l'on entend s'occuper dans un livre qui, ainsi qu'on a pu le voir déjà, est une des déductions les plus nettes de la philosophie positive.

Que l'on soit Turc ou Maure, juif ou païen, enfant du Christ ou de Baal, il est on ne peut plus agréable de penser qu'après le trépas on restera pour mémoire parmi les mortels ; que l'on ne quittera pas complétement la scène, que l'on demeurera mêlé aux agitations, aux passions de l'espèce humaine ; que l'on dira en parlant de vous : Le célèbre N*** ou l'incomparable C*** ; qu'il se lèvera des légions de critiques, d'historiens, de biographes, de monographes, qui rechercheront avec fureur les moindres détails de votre existence ; que l'on reproduira vos traits par le pinceau ou par le burin ; que dans une vente publique un de vos autographes sera poussé jusqu'à 25 fr. ; qu'on se léguera d'âge en âge votre canne ou votre tabatière ; que les publicistes vous imprimeront par extraits dans leurs ouvrages ; que les journalistes se jetteront vos opinions à la tête ; que l'on figurera en articles *variétés* à la troisième colonne des journaux ; qu'un avocat vous mettra dans sa plaidoirie, un ministre dans son discours, un magistrat dans sa harangue. Ah ! c'est flatteur, il en faut convenir. Quand on est sûr d'avoir tout cela, on meurt avec plus de tranquillité que si l'on avait reçu les cinq sacrements.

La célébrité prend sa source dans l'un de ces sentiments constitutifs de l'espèce humaine dont il est question dans les premiers chapitres[1], le penchant à

---

1. Chap. II, livre I.

l'admiration, à l'enthousiasme qui poussé à ses dernières extrémités prend le nom de fanatisme et de fétichisme. Les hommes ne sont pas de marbre, grâce à Dieu; dans leur besoin d'admiration, ils sont comme ces femmes dont l'appétit physique dépasse le discernement; il leur en faut, il faut aux hommes des sujets d'admiration, n'en fût-il plus au monde.

Toute faculté, tout talent élevé à une certaine puissance destine celui qui en est revêtu au sacrement de la célébrité; il ne s'agit que d'exceller décidément en quelque chose. Il est donc on ne peut plus essentiel de se tâter là-dessus de tous les côtés. On doit examiner avec soin si l'on aurait pas par hasard un *ut* de poitrine dans la voix, un certain rond de jambe, une aptitude à se désarticuler et à sauter dans les trapèzes, un tour de main pour les cartes ou pour le clavier, une faculté de mime ou de ventriloque. Ce sont là, il est vrai, de petits talents; mais comme ce sont ceux qui rapportent le plus, il faut de la candeur, pour chercher à gagner durement sa vie dans des professions sans gloire lorsqu'on peut spéculer avec tant de profit sur des avantages dont la nature n'est peut-être pas aussi avare qu'on le suppose.

Il y a d'ailleurs bien d'autres séries d'aptitudes qui relèvent également de la renommée. On doit toujours se rappeler qu'une seule qualité décisive bien exploitée mène à tout. Un homme naît qui serait peut-être mort de faim dans tous les métiers qui exigent du savoir ou de l'application; il se tourne, il se regarde, il croit qu'il n'est bon à rien : un jour par hasard il met la plume à la main, il écrit, il se sent la facilité qu'on éprouve à la garde-robe. Apportez vingt, trente moules à roman, il les remplira jusqu'aux bords, il ne retient rien dans sa vessie; son robinet, ci-30 000 fr. par an et les honneurs

Un autre devient auteur dramatique en copiant des pièces de théâtre; il ne connaît ni les lettres, ni la langue, ni les mœurs; mais ce n'est point de cela qu'il s'agit, il découvre en lui-même une faculté hors ligne; la nature l'a doué du talent de faire des carcasses, des carcasses de pièces s'entend. Il a des chantiers de radoub, il articule, agence, confectionne, calfate et répare les appareils qui lui sont confiés. On met ce qu'on veut dans les compartiments, du bois ou du charbon, mais la carcasse va sur l'eau. Le talent de faire des carcasses, — deux cent mille francs par an et l'Académie en perspective.

Un troisième n'a pas fait ses humanités, il n'est pas bien sûr de savoir le latin; il prendrait le Pyrée pour un homme, sans hésiter; il ne parle pas, il n'écrit pas, il ferait peut-être une division en abaissant régulièrement tous les chiffres du dividende total; mais c'est tout. Qu'est-ce que cet homme va trouver en lui pour arriver à la fortune, aux dignités, pour devenir un homme important? Ce qu'il a trouvé, oh! c'est bien simple et en même temps c'est quelque chose d'énorme, il est né avec le sens et le flair du journalisme, il sait comme on fait aller ces machines. Savoir cela, million ! million !

Les flairs de ce genre sont des aptitudes qui l'emportent sur tous les talents possibles ; le flair du théâtre, le flair de la librairie, le flair de la bourse. Million ! million ! et les honneurs.

Il y a des gens qui arrivent par des moyens plus simples encore, ils prennent de l'eau claire dans un puits, un peu de craie ou de charbon et vendent le flacon 5 livres, panacée universelle, poudre dentifrice anti-glaireux, anti-goutteux, peu importe. C'est le génie de l'annonce, vingt sous de marchandises et cent mille francs d'annonces. Que celui qui dédaigne ces moyens-là essaie d'en faire autant ! Non, non, il ne faut rien déprécier, ce sont là des aptitudes sérieuses, efficaces, incontestables. Plus les moyens sont infimes, plus il faut admirer les résultats.

Ces exemples, pris au hasard entre mille autres, doivent rendre très-sensible cette vérité si importante, que dans la vie sociale les hommes valent par les petites choses et très-rarement par les grandes ; et c'est une vérité consolante à coup sûr.

DES OBJETS DE L'ADMIRATION HUMAINE.

L'admiration humaine, pour l'excellence dans les arts sociaux, a des degrés dont on peut fixer ainsi qu'il suit et très-sommairement les proportions.

1° *Art de détruire les hommes.* — Premier objet d'admiration dans la conscience universelle.

2° *Art de les gouverner*, c'est-à-dire, en général, de les faire travailler et de recueillir leur argent.

3° *Art de les amuser*. Histoire, danse, poésie, éloquence, théâtre, musique et littérature mêlée, peinture, sculpture et photographie.

Il a été assez daubé sur la politique dans les livres qui précèdent pour qu'on soit dispensé d'y revenir, cependant il resterait encore à envisager cet art sous le rapport de la célébrité.

Tous les rois, princes, empereurs qui ont régné de par le monde ne sont pas célèbres; il en est même qui ne sont pas connus; c'est qu'en vérité, pour les princes comme pour les autres mortels, il y a façon de manœuvrer pour que l'on ne se borne pas à vous consacrer dix lignes seulement dans une histoire universelle. Sans cela le jeu n'en vaudrait pas la chandelle. Un prince magnanime qui tient le sceptre doit se dire : Je vais leur en faire d'une telle façon que, s'ils m'oublient, c'est à désespérer de l'espèce humaine.

Pour cela, il y a une chose élémentaire à savoir, c'est que les actes simplement utiles, une bonne administration, des réformes éclairées, de sages mesures, un gouvernement paternel, juste, émancipateur, sont à peu près improductifs au point de vue de la gloire posthume; il n'y a point d'effet d'optique à en attendre, et l'histoire, comme on sait, ignore la mémoire des justes, elle en convient elle-même avec ingénuité.

On ne peut même pas dire que, dans l'intérêt de son immortalité, un prince doive faire des choses grandes, car tous les hommes ne comprennent pas la grandeur de la même manière. Ce que l'on peut dire de mieux, c'est qu'il doit faire des choses extraordinaires, surprenantes, hors de proportion, car l'admiration ne fait son grand départ que sur l'étonnement.

Seconde observation fort importante, il n'est même pas absolument nécessaire que le succès couronne les entreprises quand elles sont bien conçues au point de vue de l'effet général à produire. Des désastres épouvantables, d'immenses ruines, des défaites sanglantes mènent aussi bien et même mieux à l'immortalité que les succès les plus triomphants. Qui est-ce qui connaîtrait le roi Jean sans la bataille de Poitiers? Que l'on calcule ce que la Saint-Barthélemy, la destruction de l'*Armada* espagnole, la bataille de Pavie, la révocation de l'édit de Nantes ont fait pour la grandeur et même pour la popularité des François Ier, des Philippe II, des Médicis et des Louis XIV. Que l'on ôte à Napoléon l'incendie de Moscou, la campagne de Russie et la bataille de Waterloo, les Muses en pleureraient et les historiens aussi. Il faut à ces messieurs de fortes teintes. On plaint bien les peuples de temps en temps, mais c'est un si beau spectacle que la force humaine dans ses débordements, c'est si beau comme matière épique. La poésie, la peinture, la sculpture, la musique s'emparent de tout cela; les musées regorgent de trophées, on vient voir les manteaux, les perruques, les brodequins des grands hommes; la foule hurle avec des ardeurs charnelles devant ces débris. Les historiens sauvent la morale publique en gémissant des excès de la gloire; mais ce qu'ils ont surtout, c'est le sentiment de la grandeur dans le mal. Que de métaphores ne se présentent pas à la pensée en face des nations bouleversées ! Quelle jouissance de pouvoir dire :

« Ce sombre génie, ce cerveau incommensurable, cette main de fer qui étreignait le monde; ses pas faisaient tressaillir les deux hémisphères. — Quand le colosse faisait un mouvemeut, l'univers tremblait; le titan, le colosse; les peuples épouvantés, les trônes brisés. »

Et autres phrases semblables qui rapportent beaucoup de jouissance aux écrivains, parce qu'elles signifient : « Je ne suis qu'un pauvre diable, un poëte crotté, je crève de faim en faisant des vers ou de la prose, mais je te comprends, va, grand homme ! et, si j'avais tes muscles, tes reins, je ferais comme toi, j'ai autant d'appétit, mais je n'ai qu'une plume à la patte au lieu de griffes, je n'ai que du venin, mais point de dents pour faire des morsures. » Pour être juste, d'ailleurs, il faut constater que les poëtes millionnaires, les riches industriels de la littérature ne tiennent pas un autre langage.

A-t-on remarqué avec quelle complaisance tous les écrivains modernes, presque sans exception, s'arrêtent devant certaines figures historiques qu'ils rencontrent sur leur passage? Est-il question de Louis XI, de Philippe le Bel, de Richelieu surtout, à deux cents ans de distance ils se sentent touchés sur l'échine, ils s'agenouillent. O! grande figure! quelle main! quelle poigne! comme il abattait les têtes! Ils pardonnent même à Louis XIV en faveur de dragonnades et de quelques autres exécutions sommaires qui leur commandent le respect.

Eh bien donc! comment veut-on qu'ils fassent, ces pauvres princes, quand ils ont faim d'immortalité; il faut bien qu'ils tombent sur le pauvre monde. Il faut bien qu'ils se tiennent l'esprit au grand par l'amour des batailles et la fureur des combats, assauts, villes prises, garnisons passées au fil de l'épée, incendies, bombes à la congrève, fourgons, canons et butin.

Mais ce n'est pas tout encore pour conquérir le suffrage de la postérité. On ne manque jamais de dire aux enfants à la fin des histoires des grands règnes : « Il favorisa les arts, les lettres, le commerce, etc. »

Laissons le commerce, mais les arts, les lettres, je le crois bien. Si l'on ne remplit pas son royaume de bustes, de portraits, à l'huile, eau-forte, gravure, manières noires, fresques, tentures, plafonds, mosaïques, émaux, sur le fer, sur le bois, sur la laque et sur le bitume, on s'efface de la mémoire des peuples. Il en faut des artistes, et par douzaines, pour représenter le héros sur toutes ses faces, à cheval, à pied, en voiture, de profil, de dos, de trois quarts. Plus il y en a, mieux cela vaut; car si les artistes ne servent pas à peinturlurer, sculpter, graver, colorier, à fondre, à repousser au marteau les fastes d'un règne glorieux, à quoi servent-ils?

S'il faut des artistes, il faut encore plus des écrivains; les tableaux, les statues, les bronzes se perdent, se cassent, se détériorent, nous n'avons que des tronçons dans nos musées; mais les livres c'est de la graine d'immortalité, un seul grain conserve l'espèce. Aussi tous les princes qui ont été jaloux de leur mémoire ont-ils pris grand soin de faire éclore autour d'eux le plus qu'ils ont pu de poëtes, d'historiens, d'écrivains de toute espèce et de les tenir autant qu'il est possible à leur gage; car ce sont eux qui signent la feuille de route pour la postérité. Il faut ouvrir des cassettes à tout ce qui tient une plume, avoir un trésor caché où l'on arrive par mille portes secrètes, où l'on entre sans être vu. Toute la littérature haute et basse s'approchera du sanctuaire pour tendre la main au caissier.

On comprenait les choses de cette façon dans les deux derniers siècles et l'on s'en trouvait bien. Richelieu qui manœuvrait parfaitement en ceci comme en toute autre chose, fonda l'Académie française pour avoir une institution consacrée à son panégyrique d'abord et ensuite à celui de ses successeurs. Il pensionnait en même temps tous les écrivains de son époque, si bien que l'on ne trouve pas dans les écrivains du temps un seul ouvrage rebelle à sa louange.

Louis XIV fit les choses d'une bien autre façon encore; il enrégimenta toute la gent littéraire et les pensions allèrent leur train, de telle sorte qu'il n'y a pas un écrivain de profession, contemporain de cette époque, qui ne se pâme au seul nom du grand roi.

Rien n'empêche d'en faire autant aujourd'hui. Ces observations, en épuisant la première donnée du sujet, vont ramener presque exclusivement les pages qui suivent à l'objet unique de la célébrité littéraire et artistique, aspect nouveau du grand sujet dont on suit les contours, en traçant toujours des parallèles et des lignes de circonvallation.

CHAPITRE II.

DE LA VANITÉ DANS L'HISTOIRE.

Comment s'entretient dans les âmes le feu sacré de l'admiration pour ceux dont la postérité a une fois enregistré les noms? Ce serait intéressant à étudier en détail, ce que l'on ne peut pas faire dans un livre où l'étendue et la multiplicité des sujets oblige à des raccourcis dont la valeur ne sera peut-être appréciée que par quelques amateurs curieux des formes lapidaires.

Étant donnée l'éclosion d'une célébrité nouvelle, de quelque consistance, il y a un certain nombre de fervents qui, de jour en jour, d'année en année, et ainsi de suite jusqu'à l'édification complète de l'idole nouvelle se chargent de brûler de l'encens sur son autel, d'y déposer des couronnes, des *ex voto.* Il pullule des critiques, des glossateurs, des adeptes, apôtres, disciples et vulgarisateurs qui font leur affaire de relayer la renommée du nouveau venu *usque in æternum.*

Les morts célèbres sont, comme l'on sait, très-favorables à la vanité des vivants. Quand il s'agit de quelque forte individualité qui a fait gros bruit de son vivant, d'un grand homme, d'un homme de génie, comme on les appelle, on voit aussitôt deux ou trois mâtins s'élancer aux pans de la redingote du mort, sauter dessus, happer sa mémoire, rognonner à l'entour ; ils ont besoin de cette ombre illustre pour faire leur affaire, c'est-à-dire leur propre célébrité à eux. En se tenant accrochés des pieds et des mains à cette figure, ils espèrent être entraînés après elle dans son sillon lumineux.

Il y a de ces écrivains qui vous enveloppent un cycle historique. Ils ont dans leur poche une lime et un compas, le compas pour mesurer plus exactement, la lime pour raboter les surfaces qui ne sont pas exactement telles qu'ils les conçoivent. Ils vous narrent une bataille en comptant les cailloux qui se trouvaient dans le chemin, le nombre des coups de canon qu'on a tirés ; ils vous disent le numéro de chaque bataillon, le calibre du fusil, la couleur du pompon, le nombre des rations et des souliers. Ils vous font connaître que ce jour-là le général en chef avait pris une tasse de café au lait et qu'il avait des hémorrhoïdes. On sait que le terrain sur lequel s'est livrée la bataille se composait d'une couche jurassique et de deux sédiments calcaires. Le héros est d'une valeur étonnante, il fait respirer des bombes à son cheval ou franchit les Alpes au galop, à la montée comme à la descente. L'historien est dans les poches du héros, il lui voit tirer son mouchoir et prendre une prise de tabac. Les négociations sont racontées exactement et les événements aussi toutes les fois que les documents et les traditions ne contrarient pas la couleur historique qu'il s'agit de donner aux faits.

Si la bataille est perdue, l'auteur a la prétention de faire connaître comment on aurait pu la gagner; si elle est gagnée, il vous apprendra comment il eût été possible d'en tirer plus de fruit. On finit par se persuader, et non sans raison, que l'historien est un bien plus grand stratége que son héros; sa compétence en diplomatie, en administration, en finances, fait regretter vivement qu'un tel homme n'ait pas été appelé à tenir le timon des affaires, car il est évident qu'il y eût fait merveilles.

Sa pensée fixe à lui, sa fureur c'est de rendre son nom inséparable des événements qu'il raconte. Il ne veut pas qu'on les comprenne autrement que lui; ce serait lui faire injure. Il veut avoir dit le dernier mot, et si bien dit qu'après lui on ne trouve plus même à glaner. Il fera trente volumes pour un règne. A la fin de chaque volume il résumera trois fois ce qu'il a dit au commencement, puis il fera un résumé du résumé. On mâchera trois fois sa bouillie, on saura sa leçon par cœur. Voilà une des façons d'écrire l'histoire en vue de la célébrité et on y arrive.

L'histoire s'écrit de deux façons, ou en ramassant tous les préjugés, toutes les vulgarités qui traînent dans les ruisseaux, en faisant des commérages, des romans qui prennent le patenté, la femme de chambre et l'enfant, ou bien en saisissant à l'envers une époque, un homme, une révolution, en s'inscrivant en faux contre des jugements définitifs. Vous prenez Robespierre et vous en faites un mouton, Danton est présenté comme un incorruptible, vous faites de Marat un messie, vous prenez une poignée de coquins obscurs hurlant à sa suite, et vous les représentez comme les apôtres du droit et de la civilisation, etc.

C'est cette façon d'écrire l'histoire qui donne tant de portée aux appréciations des historiens modernes. Le procédé est toujours le même; il s'agit d'idéaliser et d'arranger si l'on veut peindre en beau; d'assombrir et de diffamer si l'on veut peindre en laid.

L'histoire n'est qu'un prétexte pour satisfaire les vanités effrénées d'écrivains ou d'hommes politiques qui espèrent étonner le monde par la hauteur de leur génie. Ceux qui sont les plus amusants, ce sont généralement ceux qui ont été mêlés aux événements qu'ils racontent.

Goëmon qui a eu une monarchie tuée sous lui, professe son infaillibilité en dix-huit volumes d'une imperturbable solennité; il contemple son image sans se lasser jamais et la montre du doigt au lecteur au bout de chaque paragraphe. Tout le monde s'est trompé sauf Goëmon; il n'a pas fait une faute, il ne regrette rien. Il n'y a pas un acte de sa vie politique qui ne soit entièrement justifié. Et comment croire qu'un homme puisse avoir tort quand sa prose s'aligne avec tant de majesté, quand froid, calme, digne, impassible, il prononce que son œuvre était bonne, pareille au Dieu de la Genèse. Voyez-le dans ce chapitre, il organise un ministère qui flottait alors comme le cahos sur les eaux de l'abîme; il en sépare les éléments, en distribue les parties, et le tout avec tant de justesse qu'il entend dans le silence le bruit harmonieux des sphères administratives. Plus loin, vous le voyez premier ministre, accoudé sur le marbre de sa cheminée et dictant à ses secrétaires des dépêches qui vont tenir en échec tous les cabinets de l'Europe. Quelques pages plus bas, sa voix retentit dans le sein d'une assemblée souveraine dont il domine les clameurs. Près du prince, il a le génie du conseil et les accents persuasifs de la raison. De l'est à l'ouest, du midi au septentrion, sa politique prévoyante a conjuré les périls, raffermi les alliances; il a sauvé son pays tant de fois que le reproche d'ingratitude est à chaque instant sur ses lèvres. Il se drape dans un manteau et il attend avec confiance le jugement de la postérité.

Marsyas improvisé pendant six semaines, arbitre d'une révolution avortée, exemple de l'inconstance des affections populaires, Marsyas, en descendant de la place publique, n'a rien eu de plus pressé que d'élever un autel à sa mémoire. Sa préface peut se traduire ainsi :

« Je chante, je vais chanter le héros qui, pendant deux mois, tint le monde en suspens. Muse donne-moi cent bouches, cent langues et cent poitrines d'airain, car je vais parler du plus grand mortel qui ait jamais paru sous le ciel. » Marsyas nous fait assister aux transports de son admiration. Il reproduit ses discours en les accompagnant de tous les commentaires passionnés qui peuvent aider à comprendre l'effet qu'ils ont produit. On lit à chaque instant : « Marsyas s'avance, Marsyas fait un geste, Marsyas parle, il va parler, et tel que le fougueux Aquilon s'apaise à la voix de Neptune, de même le peuple a la voix de Marsyas.... Etc. »

Et ainsi de suite pendant six mille pages.

Birbante a peut-être été plus étonnant encore. Né très-jeune à la vie politique, il a écrit deux ou trois histoires, en sept ou huit volumes chaque, pour démontrer que tout le mouvement des idées depuis l'origine de la monarchie française ne s'est fait que pour aboutir à ses doctrines. Pour lui la filiation est palpable; il voit ses précurseurs partout, dans Étienne Marcel, dans Jean Huss, dans Luther, dans

Calvin, et mille autres. Il est le dernier messie de cette race de prophètes. Les fortes convictions ne connaissent pas de ménagement. Aussi, il faut voir comment Birbante traite les gens qui ne sont pas de son bord. Il ne voit de toutes parts qu'incapacité, ineptie, pauvreté. Il traite les rois, les ministres, et Goëmon lui-même, d'ânes bâtés. Birbante sourit amèrement à tout ce qui n'est pas lui; et comment en serait-il d'autre sorte? il sent qu'il tient, lui, la panacée, qu'il a résolu le problème social, qu'il n'a qu'à ouvrir la main pour inonder le globe de lumière. Ah! qu'il est difficile de lui arracher une louange! Il ne connaît qu'un seul homme qui pourrait en recevoir légitimement, et volontiers il crierait aux populations : mais où donc allez-vous chercher le génie, la grandeur, les talents; mais vous avez tout cela à portée de la main, regardez un peu ici, regardez-moi.

Birbante, lui aussi, a passé par les affaires. Il y a laissé ses plumes et ses dents, et parfois il croit sentir qu'il en repousse quelque chose. Il n'est pas encore corrigé. Le premier livre qu'il écrira sera pour terrasser ses adversaires et démontrer que le mouvement social n'est pas sorti du cercle qu'il lui avait tracé dans ses premiers écrits.

L'auteur va faire un gros aveu. Il demande la liberté de déclarer qu'il ne croit pas plus à l'infaillibilité des jugements de l'histoire et de la postérité qu'à toute autre chose. Sans doute, on dit qu'au

DE LA VANITÉ DANS L'HISTOIRE.

bout de quinze, vingt ans, au bout d'un demi-siècle, les passions se refroidissent et que l'on ne cède plus alors qu'à l'ascendant de la vérité. Est-ce bien sûr ? Que l'on se donne seulement la peine de lire tout ce qui s'est écrit depuis dix ans ou quinze ans sur les événements qui se sont passés il y a quarante ou même cinquante ans. Si l'on y trouve de la vérité et de la justice, ce sera heureux. Rien n'a été jugé impartialement jusqu'à ce jour, ni les dernières années du règne de Louis XVI, ni la Révolution française, ni l'Empire, ni les deux Restaurations, ni le gouvernement de Louis-Philippe. Il importe peu que quelques tentatives isolées aient été faites pour percer çà et là la croûte d'opinion qui s'est formée autour de ces annales. Ces faibles lumières n'arrivent pas jusqu'à la grosse masse du public éclairée avec les lanternes fumeuses des tribuns de carrefours. Le peuple français de nos jours n'a pas le premier mot du sens moral de son histoire.

Dans quarante ans ce sera autre chose, on brûlera ce qu'on aura adoré, on écrasera, on piétinera sur les idoles devant lesquelles on s'est agenouillé, on leur crachera dessus. On chargera à fond de train dans tous les livres contre les mêmes systèmes, les mêmes hommes qu'on a si niaisement idéalisés. C'est-à-dire que l'histoire s'écrira en sens contraire ; ce ne sera pas encore la vérité.

L'histoire en France n'est guère autre chose qu'une plaidoierie ; l'auteur voit un système, il y ramène son œuvre entière, il met tout dans le même sac, il ne veut pas que le lecteur puisse supposer qu'il doute, qu'il hésite, qu'il fait des réserves. Non, il tranche, il tronque; c'est si facile, on tire des événements les conséquences que l'on veut. On prend ce qui plaît dans les sources que l'on consulte. On fait des citations incomplètes. On s'appuie sur des témoignages quelconques. Il y a là une cuisine dont le public ne se doute pas. Un lecteur qui passerait par la série de documents que traverse l'historien avant de faire sa toile pourrait être surpris de sa conclusion.

L'histoire moderne s'écrit avec des préjugés, l'histoire ancienne avec des ciseaux.

DE LA CÉLÉBRITÉ LITTÉRAIRE ET DE SES CAUSES.

La célébrité est comme le reste, elle n'échappe pas à la loi du savoir faire. C'est la seconde raison pour laquelle on se tient en doute ici contre les arrêts de la postérité. Il y a les préjugés de la réputation, les réputations surfaites, les admirations de convention.

Il y a une impression qui s'éprouve à peu près universellement quand on ouvre les livres qui se recommandent par une immense mémoire. On est altéré d'admiration, on est plein d'un enthousiasme avide, préconçu; on ne demande qu'à se pâmer. Malheureusement ces ardeurs sont généralement trompées. On lit, on reste froid, on s'étonne, on n'ose pas se l'avouer, surtout on n'ose pas l'avouer aux autres, mais on n'admire pas comme on pensait le faire, souvent on n'admire pas du tout. Quelquefois on baye respectueusement.

Quand on est assez bien doué pour pouvoir se dire à soi-même sans fatuité qu'on n'est pas un niais, et qu'on a d'ailleurs une faculté admirative suffisamment développée, il reste à faire une réflexion, il faut se demander si le savoir faire n'aurait pas passé par là. On le trouvera souvent, cela n'est pas douteux.

Le savoir faire se combine dans la célébrité avec un autre élément dont il a été question plus d'une fois, avec le hasard, son compère.

En matière de littérature, l'auteur recommande comme décisive une épreuve qu'il a faite personnellement sans se douter alors qu'il serait un jour si hardi que de mettre lui-même la main à la pâte : c'est de lire à l'aventure une centaine d'ouvrages dans la quantité innombrable de livres obscurs ou non signés qui ont paru dans les deux derniers siècles. A chaque instant on est tenté de s'écrier : mais ceci est bon, ceci est parfait, c'est meilleur que cet autre que l'on vante tant. Peut-être bien, mais le hasard n'a pas souri à ces inconnus. Leurs productions végètent sur les quais où vous les trouverez reliés en veau, échoués comme les épaves d'un siècle qui les a oubliés. Leurs auteurs n'ont pas eu de chance ; ils n'ont pas su *lancer* leurs productions ;

ils n'ont pas plu à Voltaire ou à d'Holbach; Rousseau les a mis à la porte de sa mansarde; et puis il a manqué quoi à ces livres? Ils n'ont pas touché la fibre du temps, ils n'ont pas plu aux dames, que sait-on?

Il faut bien un certain fond de candeur pour s'imaginer que les bonnes choses réussissent par elles-mêmes, que leur valeur les porte suffisamment, que le public entend par lui-même quelque chose aux bons écrits. Eh, mon Dieu si peu! On ne sait pas que les ouvrages qui peuvent affronter ouvertement la critique exigent des efforts affreux de volonté et de patience. Il y a des phrases qu'on ne fait que dans un mois, des mots que l'on ne trouve qu'un jour en s'endormant ou la nuit quand le cauchemar vous assiége, des idées qui mettent deux ans à pousser sous le crâne. Espérez donc qu'on ira vous comprendre cela! et puis enfin il y a des chefs-d'œuvre qui se font dans huit jours, quand l'esprit est plongé dans une douce ivresse. Mais un malôtru, sans y mettre tant de façon, touchera le but, il réussira par un geste indécent.

On se rappellera toujours avec une certaine satisfaction cette allocution qu'un poëte espagnol[1] adressait au public de son temps dans la préface d'une de ses pièces:

« Canaille! bête brute et féroce! c'est à toi que je

---

1. Caldéron.

m'adresse. Je ne dis rien aux gentilshommes qui me traitent mieux que je ne le mérite. Mais malheureusement ce n'est pas d'eux seulement que j'ai besoin, c'est de toi, de toi parce que tes gros sous, quand ils sont réunis, font plus d'argent qu'ils n'en peuvent donner. Je te livre ma pièce, je crois qu'elle vaut quelque chose, et j'en suis bien désolé. Je te la livre, fais-en ce que tu fais des bonnes choses. Sois injuste et stupide à ton ordinaire. Ma pièce te regarde et t'affronte, elle se donne à toi en te méprisant, comme font les belles dames avec les goujats bien bâtis. Si tu trouves mon œuvre mauvaise, tant mieux, c'est qu'elle sera bonne, et je suis consolé. Si tu la trouves bonne, si elle te plaît, c'est qu'elle ne vaut rien. Paye-la, je me réjouirai de t'avoir conté quelque chose. »

Cet auteur était bien dur, et même il était injuste, car il faut reconnaître que le succès ne dépend presque jamais directement du public, pas même aujourd'hui; la célébrité littéraire est un produit en partie factice, presque toujours élaboré du vivant de l'auteur par des minorités qui conspirent dans un intérêt ou dans un autre au succès des œuvres qui leur conviennent. *Le faire* et *le hasard* sont les deux inconnues qu'il faut suppléer chez les écrivains qui trompent un peu trop leur monde, encore cela ne suffit-il pas toujours pour expliquer l'éclat phénoménal de certains noms.

A quoi, par exemple, Jean-Jacques Rousseau a-t-il

dû en France son immense célébrité? On ne saurait pas dire vraiment que ce soit à la hauteur de son génie. Rousseau, dépouillé des faux prestiges de sa popularité et envisagé en lui-même, se réduit à peu de chose. Il est inférieur à Diderot, à d'Alembert, à Mably, soit par le niveau de l'intelligence, soit par l'étendue des connaissances positives. Son *Contrat Social* est une œuvre d'inexpérience complétement jugée aujourd'hui. Rousseau n'a même rien qui lui soit propre. Il a emprunté sa morale à Sénèque, sa philosophie à Locke, son romantisme à Richardson. Ses idées politiques, vieilles et usées, ne sont que des contrefaçons d'idées grecques et romaines. Il n'a qu'une originalité de convention. Il est froid jusqu'à la glace dans ses transports les plus véhéments. Élève de Sénèque et de Quintilien, il fait ses phrases durement et elles sentent l'huile de la lampe. L'énorme difficulté qu'il avait à manier la langue française se trahit dans ses lettres où l'on ne voit jamais un trait léger ni gracieux. Il cherche vainement l'expression propre, elle le fuit; il s'embarrasse, il construit sa période avec des moellons. Comme romancier, il n'est pas dans la nature; comme philosophe, il ne sort pas de l'enflure de l'école. Ce qu'il y a d'oratoire chez lui n'est que de la rhétorique. Comme doctrine, il n'a pas d'appoint personnel à fournir à la science; il sait ce que tout le monde savait de son temps, rien de plus. Quelques idées générales mises bout à bout et péniblement dans le *Contrat Social* ou dans l'*Émile*, n'en font pas un penseur de premier ordre. Ce rhétoricien n'est rien moins qu'un génie, c'est palpable : son seul titre de gloire consiste dans un livre qu'on lui a reproché comme une mauvaise action, dans ses *Confessions*, idée qu'il a empruntée à saint Augustin, comme il a emprunté tout, mais où l'on trouve de merveilleuses peintures; les ravissants épisodes qu'on y peut lire dans un style qui cette fois est bien celui de la nature, ne sont point des titres suffisants à l'immortalité; et pourtant Rousseau ne descendra probablement pas du Panthéon universel où il figure avec les plus grands génies de l'humanité. Qu'est-ce qui peut bien lui avoir valu cet excès d'honneur? On peut s'en rendre compte sans beaucoup de peine.

Rousseau avait décrit le lever et le coucher du soleil, à une époque où le style descriptif n'avait pas encore fait son apparition dans la prose, car en poésie on avait Delille.

Rousseau avait fait un discours sur l'inégalité des conditions, et il avait soutenu l'une et l'autre thèse, ce qui avait étonné comme tour de force.

Rousseau avait trouvé la note du sentimentalisme faux, de la sensiblerie ergoteuse et prétentieuse, effet immense parmi les femmes.

Rousseau avait dit qu'il ne fallait pas emmaillotter les enfants. — Révolution dans le système des layettes. — Il avait dit aussi qu'il fallait nourrir les enfants avec les mamelles. Il ne l'avait pas inventé évidemment, puisque la nature y avait pourvu; mais il l'avait dit; c'était une très-habile flatterie à l'adresse du peuple, et une de ces choses matérielles qui touchent la fibre des masses.

Rousseau avait fait le portrait d'un pédagogue raisonneur : encore une contrefaçon du Mentor de Télémaque avec un autre Télémaque, mais contrefaçon mise à la portée de raisonneurs et de sectaires de son temps.

Il avait dépeint un autre pédagogue amoureux de son élève et cherchant à la séduire; c'était là quelque chose d'étrange et de faux qui devait plaire par la lutte qui s'établissait entre un amour rhéteur et épilogueur, et les théories générales de l'auteur sur la vertu.

Rousseau avait dégagé la notion d'une religion de la nature, d'un Dieu simple, hypothèse rationnelle, idée vieille comme le monde, mais qui saisit vivement l'intelligence des classes moyennes dans la profession de foi banale du vicaire savoyard, un Jean Meslier plus sage.

Rousseau s'était représenté comme l'homme pur, comme l'homme sacrifié, comme le juste.

Il avait fait des peintures d'un libertinage excessif dans ses *Confessions* en les enveloppant de toutes sortes de sophismes et de feintes ingénuités.

Enfin il avait fait quelque chose de plus fort encore que tout cela; il avait dit qu'il était l'homme de la nature, l'homme des champs. Chez un peuple idéaliste et sentimental, dans une société corrompue, revenant au simple par l'abus d'une civilisation raffinée, cette pastorale bien plate était d'une habileté, nous dirions presque d'une rouerie consommée, si nous ne craignions de blesser quelques oreilles chastes.

Il y aurait bien d'autres choses encore à dire à propos de Rousseau et dans le même sens. On y reviendra plus loin.

Si la conduite du célèbre Génevois n'a pas été l'œuvre du calcul, et du calcul le mieux approprié au but qu'il voulait atteindre, il faut convenir qu'il a fait sans le savoir tout ce qu'il convenait de faire dans son temps pour piper ses contemporains.

CONTINUATION DU MÊME SUJET.

L'auteur ne cachera pas qu'il éprouve quelque embarras à poursuivre le sujet qui se trouve amorcé dans ce chapitre. On lui reprochera peut-être un esprit de dénigrement systématique (c'est un mot qui fait toujours bien), à l'égard des plus beaux génies, des plus hautes gloires. L'auteur n'a qu'un mot à répondre. Il n'y a pas de pays assez abandonné du ciel pour proscrire le libre essor de la critique individuelle en matière littéraire, même à l'encontre de tout ce qui a paru de plus lumineux dans la sphère des arts; s'il en existait, le progrès de la civilisation et de la pensée humaine dont on parle si souvent et à propos de tout, se trouverait bientôt enrayé. Laissez donc, messieurs les puritains, de grâce, renouveler les méthodes, comme vous dites, refaire les outillages (c'est encore une des expressions consacrées); et n'imposez pas l'admiration plus que toute autre chose. Et quand vous ne tenez ni à Dieu, ni à diable, comme vous avez peut-être raison de faire, il n'importe; quand vous n'admettez plus ni principes, ni règles, et que vous voulez l'indépendance en tout, même en morale, ne venez pas davantage vous raccrocher au *Classicisme*; du moment où l'on secoue la tradition, secouons tout. Il n'y a pas de prétexte pour rien garder.

Il ne s'agit pas de savoir d'ailleurs s'il y a plus ou moins de liberté dans ces pages, c'est l'essence même de la critique que l'indépendance; mais seulement si le sens commun y trouvera quelquefois son compte, et si de façon ou d'autre le but sera parfois touché.

Il est superflu d'ajouter qu'après avoir lu ce livre on n'admirera pas plus, pas moins qu'auparavant. Enfin l'auteur déclare qu'il ne tient pas à ses appréciations plus qu'à autre chose, et qu'il les croit très-réfutables. Est-ce assez ?

Un des genres de littérature qui s'admire le plus communément en France, c'est le genre façon morale, le style à facettes, des petits mots, de petites phrases qui s'enfilent et touchent à fond comme une botte. On a pu voir de ces échantillons dans diverses parties de cet ouvrage, où l'auteur s'est un peu maniéré lui aussi pour agréer aux écrivains qui font la bouche en cœur dans les *Varia*, à la troisième page des journaux. Ces messieurs seront-ils contents? Ce n'est pas probable; toujours est-il qu'on pousse des cris d'admiration aux seuls noms de la Bruyère, de Pascal, la Rochefoucauld, Vauvenargues et autres charmants diseurs, éclos dans le sein d'une société élégante et polie, comme n'est pas la nôtre assurément.

Le roturier français veut lui aussi passer pour amateur des jolis entrefilets de style. Il veut, comme les aristocrates, comme les nobles de ce temps-là, paraître entendre quelque chose à ces raffinements de langage, il affecte de lorgner avec amour, avec grâce ce qui est précieusement sculpté, joliment tourné. Eh bien! c'est encore ici un côté particulier du caractère français. Pourquoi admire-t-on plus spécialement ce genre de littérature? On est libre de n'en rien croire, si on veut, mais l'auteur pense qu'il entre là dedans un sentiment de vanité bourgeoise assez comique. Les Jourdains français devenus maîtres veulent avoir l'air d'admirer, de sentir plus encore que les gentilshommes du temps passé, les élégances de la forme, l'aimable parler, les choses de la gentilhommerie, du boudoir, de la cour; et ils crient comme des aveugles que c'est inimitable, étonnant; ils renchérissent par amour-propre, pour qu'on ne les prenne pas pour des vilains. En renchérissant ils exagèrent et faussent l'appréciation générale.

Il faut bien savoir une chose, c'est qu'à l'époque où la Rochefoucauld écrivait ses piquantes réflexions, où la Bruyère tournait ses délicieux alinéas qu'on admire, il y avait dans les boudoirs, à la cour, dans vingt salons de Paris des causeurs éblouissants qui disaient, en se jouant, d'aussi jolies choses, de plus vives, de plus étincelantes peut-être. Il est possible d'affirmer sans témérité que la Rochefoucaud et même la Bruyère n'ont reproduit que des côtés bien écourtés de ce qu'ils ont pu voir, apprécier, entendre. Une époque agitée comme celle de la Fronde, une vie d'intrigues, de camps, de plaisirs comme celle de la Rochefoucauld, pouvaient leur montrer la société française à une profondeur plus grande encore.

Il semble qu'il y ait trop de vérités générales, pas assez de vues spéciales dans ces livres d'ailleurs si courts. Enfin il faut bien convenir d'une chose, c'est que les vérités morales traînent depuis le commencement du monde, dans toutes les productions de l'esprit humain. C'est la première chose qu'on apprend en naissant et en vivant. Quand on décompose par exemple une pensée comme celle-ci, tant de fois admirée : « L'esprit est la dupe du cœur, » à moins d'un entêtement excessif, on est obligé de convenir, qu'à part une expression vive, heureuse, jaillissante, il n'y a rien qui vaille d'être noté, le cœur ayant égaré l'esprit depuis le commencement du monde, comme c'est manifestement sa fonction.

On ne peut pas faire à la Bruyère un grief de s'être inspiré de Théophraste. Il a laissé si loin derrière lui son modèle, que si Théophraste vit désormais il ne le devra qu'à la Bruyère; mais la Bruyère, pour avoir fait quelques peintures merveilleuses, pour avoir trouvé des traits, des mots, des images d'une vivacité sans exemple dans aucune langue, est-il donc ce génie, ce demi-dieu de la pensée humaine que la fable nous représente?

Ses admirateurs n'ont qu'un mot, qu'un cri : Quelle connaissance du cœur humain! C'est bien naïf. Ceux qui connaissent le cœur humain, sont-ce bien ceux-là qui font des livres? Ce n'est nullement probable. Le monde est plein de gens, même aujourd'hui, qui connaissent mieux le cœur humain que la Bruyère, qui le connaissent parce qu'ils le pratiquent et qu'ils en vivent, bien qu'ils fussent probablement incapables d'écrire une seule des jolies phrases qu'on peut compter à foison dans cet auteur.

Reste le point de vue de la forme, une forme divine, il est vrai; mais on serait heureux de trouver dans la Bruyère un peu plus d'haleine, la Bruyère n'a jamais pu aller au delà de l'alinéa. Son ouvrage se compose de deux ou trois mille phrases sans liaison et sans suite. Il n'a pu enchaîner toutes ces vérités morales; il n'a pu leur donner un corps, un lien.

un principe. Aurait-il dû le faire? Cela importe fort peu ; car c'est le propre des choses d'art de se produire en dehors de tout conventionnalisme ; mais quelle rage de surfaire et de vouloir tirer l'échelle après certains noms! Il pourrait naître des la Bruyère aujourd'hui, qu'avec cette sotte manie, on ne les verrait seulement pas. Enfin, pour que le lecteur n'en ignore, on l'engage à peser ce qu'il y a dans ce livre. Vivra-t-il autant que les alinéas de la Bruyère? Ce n'est pas probable, en vérité. *Ergo.*

QUELQUES JUGEMENTS DE LA POSTÉRITÉ QUE L'AUTEUR CROIT SUJETS A RÉVISION.

Oui, mais pour une autre édition.

CHAPITRE III.

DE L'ORIGINALITÉ.

On réussit avec les règles et sans les règles. C'est une observation que la Bruyère avait déjà faite[1]. Il y a des gens qui, avec le jeu le plus singulier, le plus imprévu, le plus scabreux, touchent le but. C'est vrai, en matière de célébrité comme en autre chose. On est en présence des excentriques, des irréguliers, ou, pour mieux dire, des originaux.

Pour peu que l'original ait un peu de *faire,* il est sauvé, il arrivera à tout.

---

1. Cet élégant écrivain s'exprime en ces termes : « Il y a des gens qui gagnent à être extraordinaires : ils voguent, ils cinglent dans une mer où les autres échouent et se brisent. Ils parviennent en blessant toutes les règles de parvenir. Ils tirent de leur irrégularité et de leur folie tous les fruits d'une sagesse raisonnée. »

L'originalité a cet avantage qu'elle étonne les gens, excite leur curiosité. On veut savoir ce qu'un original pense, ce qu'il dit, ce qu'il fait, ce qu'il a dans la tête; on veut le soumettre à l'analyse, avoir le mot de son caractère, de sa nature. Si l'original continue d'échapper par des bonds imprévus et des aspects nouveaux; s'il dérobe parfaitement son secret, il poussera la curiosité jusqu'au fanatisme, jusqu'à la fureur, on se l'arrachera.

L'original ne juge rien et ne fait rien comme le monde; l'opinion des autres ne le touche pas; il est étranger au respect humain et peut se placer même au-dessus des convenances, pourvu que son phlegme égale sa hardiesse. Il ne connaît de loi que ses caprices, il doit faire avec un sang-froid imperturbable les choses les plus bizarres. Il se promènera en chemise devant sa porte un jour qu'il gèle à pierre fendre, une autre fois il descendra sur la place publique en costume de bateleur, appellera la foule au son du tambour et fera des tours. Il sautera sur le dos d'un passant et le saluera ensuite respectueusement. Il doit pouvoir éternuer dans une solennité, cracher au nez des gens qui viennent lui souhaiter le bonjour, et autres choses semblables qui se recommandent par leur étrangeté. L'original n'est pas exact, il vient quand on ne l'attend pas, et n'arrive pas quand on l'attend. Il est avare de son temps. Il attache des prix fous à ses complaisances ou se donne pour rien. Un jour il se livre tout entier, le lendemain on ne le revoit plus. Il doit pouvoir être impertinent avec les personnages les plus qualifiés et leur tourner le dos, si bon lui semble, montrer des talents inconnus et s'en défendre ensuite comme des bagatelles les plus légères, repousser l'admiration comme une ironie, railler toujours si froidement qu'on ne sache jamais s'il est sérieux ou plaisant.

Que faire avec un homme dont on ne connaît pas les ressources d'esprit, qui se trouve partout à son aise, qui saisit le ridicule et qui lui échappe, qui possède la mesure et la dépasse s'il le veut, qui ose tout ce qu'il imagine? Un tel homme réussira en se jouant. Il obtiendra, en se moquant des hommes, ce que les autres n'obtiennent qu'avec des prières.

L'originalité combinée avec l'esprit et le savoir-vivre serait évidemment l'idéal; mais c'est trop rare. On peut heureusement, même sans les qualités de formes, se constituer une originalité suffisante pour saisir la curiosité.

Jean-Jacques Rousseau, qui ne savait pas dire deux mots de suite dans le monde, avait su faire servir à son originalité même les talents qui lui manquaient. Il disait bien haut qu'il n'avait ni manières, ni répartie; qu'il était borné, bouché, sot comme un panier en compagnie. Il se glorifiait de n'avoir ni naissance, ni fortune. Il acceptait les services qu'on lui rendait en disant qu'on l'insultait ou les repoussait durement, sous prétexte qu'il aimerait mieux voler que d'être l'obligé de quelqu'un. Il se montre, dans ses mémoires, menteur, délateur et vicieux. Il ne veut pas qu'on le vante, qu'on l'admire, quoique ce soit son principal objet. Il met en garde contre ses propres idées, ses propres théories. Il affecte de montrer un philosophe réduit pour vivre à copier de la musique; et, du reste, il malmène et rudoie les personnages importants qui viennent le rechercher, il les met à la porte.

Une fois que la notoriété est conquise, toutes ces choses-là font merveille. Elles excitent vivement le goût blasé du public.

Il y a donc, cela est certain, toute une classe de lettrés célèbres qui ont dû la plus grande partie de leur renommée à l'originalité naturelle ou feinte de leur caractère. La liste en serait longue. On compterait:

Chapelle, ce mystificateur exquis que son esprit et ses charges faisaient rechercher par les plus brillants gentilshommes de la cour, en ne se gênant jamais avec eux, en les plantant là et en les rossant au besoin, comme il fit un à jour un maréchal de France.

Waller, qui faisait hautement profession de servir de sa plume tous les partis qui le payaient (mais cela ne paraîtra pas étonnant), et qui, sans boire que de l'eau, se grisait avec son esprit, faisant la joie des banquets par sa gaieté folâtre et sa verve intarissable.

Swift, qui s'était fait une loi de ne pas parler plus d'une minute, mais qui entrait dans des transports de fureur si on l'interrompait par un mot, par un geste ou même par un éternument; le même qui avait fait vœu de chasteté pour conserver la lucidité de son cerveau, et laissa mourir de consomption sa maîtresse et ensuite sa femme, afin de conserver intacte sa virginité.

Chatterton, qui se moquait si plaisamment des bibliophiles de son temps, chez qui on trouva après sa mort le calcul suivant, qu'il avait fait après le décès de son protecteur dans une pièce de vers qui lui était destinée :

Perdu par sa mort sur cet essai, »	1.	1 sh.	11 p.
Gagné en éloges. . . . . :	2	2	»
En essais.	3	3	»
Total.	5 l.	5 sh.	» p.
Je me réjouis de sa mort pour	3	13	6

La Fontaine, qui oublia toute sa vie qu'il était marié et qu'il avait un fils.

Byron qui, avec une grande fortune, un beau nom, tous les dons de l'esprit et de la figure, ne put vivre dans son pays et alla mourir pour l'indépendance de la Grèce qui ne pouvait pas lui tenir tant à cœur que cela.

On en citerait bien d'autres, tant parmi les anciens que parmi les modernes, et même parmi les contemporains; et ces diversités de caractères feraient comprendre la variété d'aspects par lesquels on peut se rendre original.

Voltaire fut incomparablement l'un de ceux qui connurent le mieux la tactique de la célébrité, lui qui se serait cru perdu s'il s'était laissé oublier pendant huit jours ; mais il joignait à l'originalité du caractère une énergie de volonté indomptable. Insulté à ses débuts dans le monde par un homme de la plus haute qualité, il apprend immédiatement les armes pour se venger, poursuit et provoque son ennemi jusqu'à ce qu'on l'enferme à la Bastille. Il a pour principe de ne pas souffrir une offense, de rendre coup pour coup. Il se venge d'un protecteur qui n'a pas pris sa défense, en rayant de la Henriade l'un de ses ancêtres qu'il y avait fait figurer. Il raye le nom de Sully, rien que cela, et il le remplace par Mornay. Il lui passe par la tête de savoir les sciences comme il sait les lettres ; il s'ensevelit dans son cabinet pendant des mois entiers, et, au bout d'un an, il est en état de faire des expériences de chimie et de physique comme un homme de l'art. On refuse de seconder ses velléités d'ambition politique, il se met immédiatement à coup tiré avec le ministère. Le roi de Prusse blesse son amour-propre, il lui renvoie, sur l'heure, sa pension, sa clef de chambellan et sa croix. Il a besoin de signaler ses coups contre quelqu'un ou contre quelque chose pour immortaliser son nom ; il s'attaque au christianisme avec une audace que les temps rendaient inouïe ; il n'a de répit qu'il n'ait atteint son but qui est de saper les fondements d'une religion, il termine toutes ses lettres par un mot cabalistique qui lui rappelle sans cesse le dessein qu'il poursuit[1]. Il inonde l'Europe de pamphlets qu'il désavoue hardiment au besoin. Il laisse éclater sa colère jusqu'à la fureur contre ses adversaires ou ses ennemis. Il lance des invectives contre eux en prose, en vers et en paroles. Il tombe malade, il feint d'être moribond, se fait enfermer avec un prêtre et le force à lui administrer les sacrements et en dresse procès-verbal. Il affecte de mourir par contraste dans le sein de la religion qu'il a attaquée, et termine par le trait si fameux « que, s'il était sur les bords du Gange, il mourrait une queue de vache à la main. »

Toutes ces excentricités diaboliques ont été pour moitié dans sa réputation, ce n'est pas contestable.

En frappant vivement l'imagination des hommes de son temps, on produit sur les contemporains une commotion que ceux-ci transmettent telle qu'ils l'ont reçue. Tous ceux qui viennent après ne font plus que copier leurs devanciers.

REPRISE D'UNE DES IDÉES CI-DESSUS.

Nous avons émis plus haut cette proposition passablement scandaleuse que la célébrité littéraire était

---

1. Écrasons, écrasez l'infâme.

due autant à l'artifice qu'à l'éclat des talents, et à certaines circonstances particulières qui entourent la naissance d'un livre. Il y a deux choses qui font que la postérité ne revise pas ses arrêts ou les revise si rarement que ce sont des exceptions étonnantes. La première, c'est que le public tient aux gloires qu'on lui a faites ; il y tient comme l'antiquité tenait à ses héros, à ses demi-dieux. La seconde raison, c'est qu'il ne lit pas ce qu'il admire. Quant à ceux qui lisent, c'est autre chose. Une fois que le diapason de l'admiration a été donné, il y a un *crescendo* qui s'explique facilement. Admirer avec passion, avec enthousiasme, avec frénésie, c'est se donner à soi-même un brevet d'aptitude, de pénétration, de sagacité. On paraît avoir l'âme plus sensible, l'esprit plus élevé. Comprendre un auteur, sentir son génie, sa portée, n'est-ce pas laisser à penser au public qu'on est presqu'à son niveau ? C'est comme dans un concert où l'on entend de bonne musique, ceux qui paraissent le plus musiciens sont ceux qui poussent des cris ou sont près de s'évanouir dans les bras de leurs voisins. La bonne foi joue d'ailleurs son rôle dans ses émulations de l'admiration. A force de relire et de fouiller un passage, on s'éprendra très-sincèrement. On y découvrira des beautés nouvelles; et le commentateur, la bouche enfarinée, dira : Voici d'ailleurs comment s'exprime l'incomparable N*** dans ce style qui n'appartient qu'à lui, avec cette forme, ce mouvement, cet accent du génie, etc. —

suit la phrase ou le passage cité, on se frotte les yeux, on est obligé de se dire en conscience que vraiment cette phrase n'est pas si étonnante, que l'on en rencontre quelquefois de semblables chez des écrivains qui ne font pas des miracles, que soi-même un jour sans être sur le trépied, on a pu en tourner une pareille. Dans cette voie, on ne s'arrête plus, les fautes, les imperfections mêmes deviennent des traits de lumière, des effets cherchés. On rapporte au genre, au ton, à la manière, tout ce qui pourrait être critiquable même au point de vue de l'art, ou bien les fautes sont de celles qu'un grand esprit seul peut faire. Les mortels, aimés des dieux, peuvent se tromper, mais ils ne se trompent pas comme les autres hommes.

IMITATION DE DIVERS STYLES AFIN DE MONTRER AUX BADAUDS QUE LES STYLES LES PLUS DIVINS PEUVENT SE CONTREFAIRE COMME LE RESTE [1].

1. L'auteur n'a pas fait ce chapitre; c'est une de ces lacunes que nous l'avons entendu appeler des grains de beauté dans un ouvrage. (*Note de l'éditeur.*)

CHAPITRE IV.

DE LA PRESSE COMME INSTRUMENT DE LA CÉLÉBRITÉ CHEZ LES MODERNES.

Le succès, la célébrité, la notoriété ne dépendent pas du public; c'est là l'autre proposition qu'il s'agit de reprendre pour en faire le fil conducteur des développements qui vont suivre.

Le public joue le rôle du chœur antique dans l'admiration, il répète. Mais les renommées lui arrivent aujourd'hui par d'autres voies de transmission. La différence des temps sous ce rapport est facile à signaler.

Dans les deux derniers siècles, et même dans la première moitié de celui-ci, un écrivain, un philosophe, un artiste ne concevait point en vue du public. Il n'était pas en contact avec la masse, il n'attendait pas d'elle la gloire ou la fortune. Sa réputation se faisait dans les salons, par un public d'élite qui formait un véritable aréopage pour les choses d'art. Le talent était en outre apprécié par une aristocratie brillante, douée d'un sens exquis, dont le suffrage, en s'ébranlant avec celui des coteries littéraires, entraînait avec lui toute la nation. Il y avait là, il faut en convenir, des garanties d'appréciation qui ne se sont rencontrées nulle part au même degré, et c'est très-certainement à la haute influence de cette critique que la France a dû son éblouissante littérature. Ce grand jury de l'art a disparu depuis la Révolution, mais il n'a pas été transporté pour cela à la masse du public. Une autre oligarchie s'est emparée des fonctions de la critique. En un mot, le journalisme a pris la place des salons et des gentilshommes de l'ancienne cour. Il n'y a plus de renommée sans la presse.

Il y aurait bien à examiner quelle peut être, sur les arts et sur les lettres, l'influence de cette direction à peu près absolue de l'opinion par la presse. Mais ici l'auteur, qui ne peut pas être soupçonné de beaucoup de pusillanimité, s'interroge avant de passer outre, la prudence la plus vulgaire le lui recommande.

C'est qu'en effet il n'y a pas d'écrivain qui n'éprouve un certain frisson à la seule pensée de blesser, même sans le vouloir, cette redoutable puissance dont dépend, non-seulement sa renommée, mais encore son existence matérielle.

Et il n'y a pas que les écrivains qui ressentent cet effroi salutaire, il y a tous ceux qui vivent de la notoriété publique, hommes politiques, avocats, médecins, artistes, savants, inventeurs. Oui, oui, nous tremblons tous, il ne faut pas s'en cacher; et cet effroi n'a rien d'étonnant quand on réfléchit qu'en France l'institution est un monopole, et que la parole appartient exclusivement à un petit nombre de privilégiés ayant charge d'âme vis-à-vis la postérité.

Que peut donc faire la presse? quelque chose de bien simple, elle peut se taire. Elle peut vous envelopper dans un silence plus profond que celui du désert; elle peut vous jeter dans une nuit plus épaisse que la nuit d'Égypte. Et maintenant ayez du talent à revendre, travaillez pendant dix ans de votre vie pour laisser un nom, un livre, un souvenir, si vous avez eu le malheur de déplaire, le public ignorera votre existence, vous ne lui serez pas transmis; écrivain, vous mourrez de faim sur votre livre; inventeurs, sur vos brevets; savant, sur vos découvertes; vous serez jeté dans la fosse commune, on ne retrouvera même pas vos restes.

Non, non, l'auteur mettra de l'eau dans son vin, cela lui coûtera dans un livre où l'on secoue indifféremment toutes les poussières. Mais mieux vaudrait attaquer les lois, les institutions, le prince, Dieu et le diable que de désobliger un seul journal sous le régime du monopole.

Essayons même de réparer immédiatement l'impression qui peut résulter à première vue de cette entrée en matière. Il ne s'agit pas de ce que fait la presse française, mais de ce qu'elle peut faire dans l'état actuel de nos lois. Comme les puissances absolues, elle use modérément de l'étendue illimitée de son pouvoir dans le domaine de l'art et de la critique. Elle n'a jamais réduit aucun écrivain au désespoir, enseveli aucune découverte, refusé la lumière à aucune idée nouvelle, fermé l'oreille à aucune plainte, couvert aucune injustice criante......

Espérons que nous avons affranchi nos derrières.

DE LA CÉLÉBRITÉ DANS LA DÉMOCRATIE.

On peut remarquer dans ce siècle-ci une tendance dans laquelle pour sa part l'auteur est entré à pleine voile dès le commencement de ce chapitre. Cette tendance consiste à étendre à un autre ordre d'idées le mouvement général de cette époque, à s'affranchir de l'autorité et de la tradition. On veut, et non sans raison, en finir avec les anciens errements de la politique, renfermer l'office de la religion dans le domaine de la vie privée, enfin ramener purement et simplement la morale au dictame de la conscience. C'est déjà bien, mais ce n'est pas assez.

Si la négation ne fait pas le tour de la pensée humaine, le cercle n'est pas complet. Finissons-en avec l'art comme avec le reste, finissons avec l'admiration et l'enthousiasme qui sont des sentiments bien dangereux, car ils sont l'origine des croyances et même des cultes. On vient sonner ici un nouvel hallali. Brisons les images, soyons iconoclastes, ce n'est pas plus mal trouvé qu'autre chose.

L'idée peut paraître au premier abord marquée d'un certain cachet d'absurdité; pourtant, si on n'en a pas la conscience, il est certain qu'elle se produit en fait par un certain côté dans les vagues aspirations de ce qu'on appelle, faute d'un autre nom, la démocratie moderne.

Qu'on le remarque bien, la célébrité, elle aussi, est un privilége et un privilége assez révoltant même; car pour quelques noms qui surgissent à travers la masse des êtres, tout le reste est rejeté dans le néant; ce n'est qu'une vile poussière sur laquelle on marche. On se souvient de deux ou trois cents hommes tout au plus, dans toute une génération d'hommes; n'est-ce pas insultant pour la masse qui, de cette façon, n'est plus qu'un bétail humain, puisqu'elle n'a point d'âme. Belle affaire de manger du pain à la sueur de son front et de crever ensuite comme un chien! Il y a beaucoup de gens qui pensent que l'échafaud vaut mieux que cela; les assises nous le prouvent tous les jours, Poulmann, Lacenaire et d'autres scélérats plus modernes, mais d'une aussi jolie force, vivent dans la mémoire des hommes. Ces gens-là le savent, et ils en tirent une sorte de gloire. C'est une observation qu'il faut recommander en passant aux législateurs sans y insister.

La célébrité, envisagée comme une atteinte à l'égalité et même comme un outrage fait aux autres hommes, se révèle dans la démocratie moderne par un autre côté encore. On a posé en principe l'égalité des salaires, comme répondant à l'équivalence des services. C'était un premier pas, on en a fait un second. On est arrivé à dire que tout bien pesé les hommes se valaient, non pas en droit, ce qui ne serait rien, mais en utilité; finalement, que si on mettait dans un des plateaux d'une balance le cerveau d'Aristote ou de Newton, et dans l'autre plateau un homme quelconque avec ses facultés utiles, il y aurait équilibre. Ceux qui nieraient l'existence de cette proposition ne connaissent pas les travaux de la science moderne, ni n'entendent rien à l'économie politique.

La science sociale en est là, et c'est après ces divers ordres de considération que l'on peut revenir avec fruit à cette pensée que l'on a pu prendre pour un paradoxe dans l'introduction de cet ouvrage. « Les hommes ne tiennent tant à l'égalité que parce qu'elle est pour eux le premier titre de leurs prétentions et le moyen direct de s'élever au-dessus des autres. »

Il n'y a pas de démocrate assez chevelu pour nous faire connaître comment on pourra répandre la célébrité dans les classes pauvres.

Tout ce qu'on peut dire, c'est que la proposition est un excellent levier pour s'élever à son tour au-dessus des mortels.

Toujours est-il qu'il règne dans ce temps-ci une faim de notoriété extraordinaire; c'est évidemment une faim démocratique, en appliquant seulement le mot à ceux qui en prennent le nom et qui sollicitent avec tant de passion un billet de loterie pour la postérité.

La presse, c'est une justice qu'il faut lui rendre, sert, autant qu'il en est en elle, ce *prurigo* universel. Elle nomme autant qu'elle peut, elle donne à celui-ci une ligne, à cet autre un alinéa, devant, derrière, tout ce qui est compatible avec les autres fournitures.

Pour le Français de l'époque, avoir ses noms et prénoms sur un journal est une de ces jouissances sans nom qui dilatent l'âme. On se sent grand comme les pyramides. S'il arrive un sinistre, et que sur tous les points du pays on recueille des souscriptions pour soulager les victimes, quel est, à votre avis, lecteur, le plus grand véhicule de la bienfaisance? La notoriété, si minime qu'elle soit, qui résulte de l'insertion dans la feuille publique. Le nom du dernier des *cokney* français, confondu avec mille autres, est seul aperçu par lui, pour lui il flamboie comme le soleil; il le distingue, comme le vautour aperçoit, dit-on, du haut de la nue le vermisseau qui s'agite dans le sillon. Espacez les lignes si vous voulez augmenter le bonheur de ces braves gens; ils sont comme les bœufs, ils voient dix fois de grandeur naturelle.

Les anciens avaient l'amour du bien public, nous avons nous l'amour de la notoriété. C'est là ce qui tient lieu de vertu à nos hommes publics; mais ils ont soin de tirer l'échelle après eux, comme on verra bientôt; il est si doux d'être célèbre à soi tout seul, de se prélasser dans une tribune sans concurrents, et de pouvoir dire : Regarde-moi, peuple, comme j'en enfile ! de vivre dans un temps où l'on ne trouve ni libraires, ni imprimeurs, et de pouvoir éructer sur la tête du public une dizaine de volumes qui sentent la fausse digestion, d'être prôné, battu par la ville à coups de grosse caisse, et de faire rendre à des épluchures de théâtre cinq mille francs par soirée, cent mille francs au bout de l'année; de gagner quinze ou vingt mille francs dans un journal pour y rebattre du vieux, tandis qu'il existe dans les taudis de pauvres diables à bottes éculées qui ont plus de talent que vous, et auxquels on donne vingt-deux francs pour un article qui n'est pas payé au bout de six mois.

Laissons refroidir et passons à un autre sujet.

DE QUELQUES MONOMANES DE CÉLÉBRITÉ.

La monomanie de la notoriété, entrée comme elle l'est dans nos mœurs, a créé des ridicules qu'aucun autre temps n'a connu. Montesquieu disait que le principe des monarchies était l'honneur. Disons donc que le principe des démocraties ou des États, soit disant tels, c'est la *gloriole*.

Sur la place publique d'Athènes ou de Rome, il n'y avait pas moyen de se faire connaître si l'on n'avait du moins assez de souffle dans les poumons pour se mettre en contact avec les courants populaires; mais, dans la démocratie française où la presse tient lieu de la place publique et de toutes autres voies de communication entre les citoyens, on peut, si l'on veut, créer une notoriété en quarante-huit heures. La coalition de quelques entrefilets peut suffire pour cela; et vraiment il faudrait que les journaux fussent bien durs pour refuser cette satisfaction à leurs amis et connaissances. Ce n'est donc pas sans raison que l'on assiége ces vestibules de l'immortalité. La notoriété aujourd'hui, c'est de l'argent, et bien entendu cela se paye. Aussi, bien loin d'accuser la vénalité du journalisme, comme quelques-uns l'ont fait dans ces derniers temps, faudrait-il s'étonner plutôt de voir la presse conserver un niveau relatif de moralité à laquelle rien ne l'oblige. Il est singulier toutefois que, sous le régime de la centralisation et du monopole, il ne se soit pas encore rencontré un particulier assez avisé pour acheter la propriété de tous les grands journaux existants, douze ou quinze millions au plus. Il y a des financiers pour qui ce ne serait qu'une bouchée. Mais est-ce que cela n. p. d. s. u. p. g. é. ?

Les types de monomanes, engendrés par l'amour de la notoriété, sont nombreux. Les deux plus curieuses espèces sont le monomane politique et le monomane d'économie politique, les deux sciences qui sont le plus favorables au développement de la personnalité.

Le monomane politique ne croit pas que son pays puisse se passer de ses talents, s'il le croyait, il s'expatrierait. C'est un homme qui ne vit ni dans sa famille, ni dans ses affaires; car s'il s'occupe trop étroitement de ses intérêts, la monomanie politique n'est plus le caractère dominant. Le monomane ne sait au juste ni histoire, ni législation, ni géographie, ni politique surtout; car s'il savait bien quelqu'une des choses qui se rattachent à sa passion dominante, il cesserait d'avoir en lui cette grave confiance qui fait sa force. Il ne croit au talent, au savoir, à l'habileté d'homme qui vive; il se supposerait dans ce bas monde un émule ou un rival digne de lui, ce qu'il ne peut admettre; il n'a qu'un très-petit nombre d'idées, mais il y tient comme rage. Toute la politique étrangère se ramènera pour lui à l'envahissement de l'Europe par la Russie, d'après le testament de Pierre Ier, ou à la coalition des puissances du Nord contre la France. Il vous expliquera comme quoi les événements les plus indirects en apparence reviennent nécessairement à l'une de ces combinaisons. Quelque incident nouveau vient-il à se produire, il vous casse les bras par ces mots : Qu'est-ce que je vous avais dit ? Il avait tout prévu ; mais il est de si bonne foi que l'on ne pourrait même pas songer à le contredire ; et, du reste, ce serait en vain, car dans le courant de la journée, il répétera la même chose à dix autres personnes.

Le monomane politique fait nécessairement de l'opposition, et quelque gouvernement qui puisse survenir, il sera dans le camp de ses adversaires. Il est persuadé qu'on le considère comme un homme dangereux ; que les ministres et même les princes du sang, car il y a encore des princes du sang, ont contre lui des motifs personnels d'animosité ; qu'à la prochaine Révolution, il entrera en triomphe à l'hôtel de ville.

Le monomane politique peut être doué d'ailleurs d'une certaine instruction, avoir un certain nombre d'idées personnelles, mais il reste toujours à peu près dans le même cadre. Son idée fixe est toujours le renversement du gouvernement établi ; il motive mieux ses raisons et il les reproduit sans relâche. Il répète depuis des années que tout est au pis, que la débâcle est commencée, il assigne six mois de date à l'ordre de choses existant. Il est à l'affût des nouvelles et vous en apprend d'étonnantes, de très-précises, très-positives, qu'il tient de sources certaines, car sa prétention est encore d'avoir une certaine police qui le tient au courant des choses les plus secrètes. Le monomane politique, c'est d'ailleurs une justice à lui rendre, ne fait pas en général mystère de ses opinions, il parle tout haut et partout, dans les cafés, dans les restaurants, sur les omnibus. Il lie conversation afin de tâter les gens, de les mettre sur la question du moment, de savoir s'ils sont bien pensants, et de rectifier leurs idées. Il se pique d'avoir fait des conversions, d'avoir embarrassé des interlocuteurs. Il est évident qu'il obéit à une mission, qu'il croit remplir un devoir en faisant de la propagande.

S'il vient à écrire quelque chose, vous le rencontrerez épanoui, triomphant, affairé, il vous dira : Vous savez la grande nouvelle, je suis sous presse. Il est sous presse, le pays entier va s'émouvoir de son livre ou de sa brochure. Cela va faire un effet prodigieux, cependant on ne le lit pas, on ne l'achète pas, mais c'est par jalousie ; les partis sont intéressés à ce que l'on n'ébruite pas ce qu'il fait. Il irait jusqu'au bout du monde pour trouver un lecteur ; il vous fourre un de ses écrits dans la poche pendant que vous avez le dos tourné, il vous en met dans le dos, entre les aisselles. Il faudrait avoir des entrailles de tigre pour ne pas le louer ; si les journaux ont parlé de lui, sa vie est remplie pour trois mois, il reconnaîtra qu'il reste encore quelque pudeur à son pays.

Le monomane d'économie politique est pire encore, car il a la prétention de faire de la science. Il vous accroche, il vous mène dans des réunions où il y a six personnes y compris l'orateur; on a ménagé une demi-obscurité dans la salle pour que les vides ne soient pas trop sensibles à la vue. L'orateur gratte des questions dans lesquelles il fait la lumière comme une taupe dans son trou, les visages sont consternés; le monomane d'économie politique écoute avec attention, mais il prend rarement la parole, car il ne sait pas parler en public. A peine sorti, il discoure avec vous sur ce qu'il vient d'entendre, il vous mène au restaurant, vous espérez qu'on enterrera l'économie sociale, mais elle reparaît derrière une volaille froide. Il y aura une statistique de poulets ou de truffes. Il faudra en revenir à l'utilité, à la richesse, au capital.

Le monomane d'économie politique pur ne s'embarrasse pas généralement de la politique, ce n'est pour lui qu'une annexe insignifiante de la grande science qui doit régénérer le monde. Tout est à résoudre, salaires, impôts, institution, crédit, travail, propriété. On tourne dans une terminologie vertigineuse et assommante dont il est impossible de sortir.

Le monomane d'économie politique est comme le monomane politique, il n'est pas arrivé à la grande lumière de la publicité et n'y arrivera pas. Il ne peut attraper que des entrefilets. On ne lit pas non plus ses livres qui sont tout ce qu'il y a de plus ennuyeux au monde ; on serait mort avant d'arriver à la cinquième page ; mais on voit quelquefois son nom contre les murailles. Il affiche ses ouvrages sur des pans de murs réservés à côté des Rob-Laffecteur et autres préparations similaires. Le monomane d'économie politique est généralement riche ou aisé, autrement il mourrait de faim avec ses grimoires.

Il y a le monomane savant, dont le genre se divise en un nombre infini d'espèces : le naturaliste, espèce la plus commune, qui a découvert en France des gisements inconnus avant lui, le médecin spécialiste qui crible l'Académie de mémoires qui s'ensevelissent chaque année dans la poussière des archives, l'inventeur qui invente des choses inouïes, mais dont on ne parle pas.

Tous ces gens-là sont affamés de notoriété, ils en meurent.

Une nouvelle carrière de vanité s'est ouverte depuis quelque temps à Paris, ce sont les entretiens et lectures. Un monsieur quelconque se présente dans une salle dont l'accès a coûté 3 fr. 50 à de francs-bourgeois amis de l'éloquence et des lettres. Le discoureur s'approche les mains pleines de morceaux de papiers, il lit, il ânonne, il cherche dans ses notes, il boit, il ose boire l'eau sucrée qu'on lui a préparée, l'auditoire sue avec lui; il tousse, il crache, il assomme, il a des silences qui font frémir pour lui; on l'emporterait évanoui s'il avait l'épiderme moins coriace, mais sa vanité est satisfaite. Son nom est inscrit en grosses lettres à la porte du lieu où il bredouille, et le lendemain on dira dans le journal « l'éloquent N*** a ravi hier ses auditeurs par une délicieuse dissertation sur les pantoufles de maître Pierre. »

Cette manie universelle de notoriété ne peut évidemment être satisfaite que par le journalisme. Lui seul a le pouvoir de démocratiser cette jouissance en la mettant un peu à la portée de tout le monde. Ce sera comme les produits fabriqués, ça ne coûtera pas si cher qu'autrefois, il y aura rabais de cinquante du cent sur la main-d'œuvre.

Heureux, trois fois heureux l'homme qui possède un journal à lui tout seul en ces temps-ci! Il peut mettre son médaillon dans chaque colonne, à chaque entrefilet, en première page, dans les annonces. Il est comme le soleil, il se lève chaque jour pour éclairer la terre et des quatre points cardinaux du pays arrivent à lui comme des tributaires, poëtes, littérateurs, artistes, savants, les poches pleines de manuscrits et les mains suppliantes pour obtenir une bribe de compte rendu; oisifs, rentiers, commerçants et bourgeois, viennent grossir la foule des clients. L'un demande une rectification, l'autre l'insertion d'une lettre, celui-ci une réclame, cet autre une annonce.

Un monsieur se plaint que son nom a été écrit de travers, un second que l'on ne parle pas de sa pétition aux corps constitués, un troisième de ce qu'on a mal rendu compte de son procès, un quatrième de ce qu'on parle de lui, afin qu'on en parle un peu plus.

Une principauté vaut-elle la place directeur-gérant d'un journal? non, certes. Cet homme fera donner, s'il le veut, des emplois et des honneurs, il fera nommer celui-ci du conseil général, cet autre deviendra par lui législateur à dix-huit mille francs.

Directeur-propriétaire-gérant, il est infaillible dans ses vues, il a à sa disposition vingt ou trente collaborateurs pour prouver qu'il est toujours dans le vrai, sur toutes les questions intérieures et extérieures. Si, lui-même, il est dans les fonctions publiques, sénateur ou député, son éloge ruisselle dans ses colonnes, il se donne raison contre ses adversaires à la chambre. Vaincu dans l'enceinte législative, il serait vainqueur dans son journal, devant ses abonnés.

Qu'on est heureux aussi quand on est l'ami d'un tel homme, car il a la clef du vestibule sacré par lequel on arrive à la notoriété, et de là à tout, car la notoriété, c'est l'argent, c'est le reste.

Un journal en France, c'est un ministère. Évidemment, la hiérarchie administrative, ses formes, ses procédés ont déteint sur l'organisation de la presse, et certes, ce n'est pas un mauvais compliment à lui faire, puisque le mécanisme administratif français passe généralement pour une des œuvres les plus parfaites de l'esprit humain. La division du travail dans les journaux est aussi bien comprise que possible. Il y a le département du bulletin politique, le département de l'article de fonds, le département des variétés, de la chronique, du roman, de la bourse, de l'économie politique, des tribunaux, de la science, etc., etc., avec des hommes spéciaux dans chaque genre, des chefs d'emploi et des doublures, chacun avec ses engagements, ses appointements, tout y est, même les heures de bureau et la feuille de présence.

Il est impossible qu'avec une classification si complète, avec la hiérarchie administrative, financière, économique, qui enveloppe le système de la tête aux pieds, le journalisme français ne soit pas une institution accomplie.

Le public est comme cet empereur romain qui se faisait mâcher ses aliments pour s'en épargner la fatigue. Il a son jugement fait dans tous les genres et sur toutes les œuvres.

Cette observation mettrait aisément sur la trace d'une critique qui porterait, non pas sur la presse elle-même dont on est très-grand partisan, mais sur son organisation tout au plus.

. . . .
. . . .
. . . .

1. Retranchement d'une bien belle page, par l'auteur qui ne

Enfin, puisque le journal est une voie publique, pourquoi un personnel de rédaction enrégimenté? puisque c'est une voie publique que la presse, pourquoi le premier venu, lettré toutefois, il faut toujours l'être un peu, ne pourrait-il pas entrer au hasard dans un journal et dire : Pardon, vous êtes là à écrire beaucoup de choses.... passez-moi donc un peu votre plume, j'en voudrais dire aussi à ma façon. Je suis un abonné, voici mon bordereau, laissez-moi faire; pourvu que je parle français et que je n'attaque ni la police, ni la justice, ni la loi, que vous importe?

On ne trouvera pas cela pratique, c'est cependant bien simple; l'auteur pense qu'un journal ne devrait renfermer qu'un comité de lecture et une boîte aux lettres[1]; — supprimer le reste. Sauf la caisse, le gérant et les actionnaires.

On gagnerait à cela bien des choses, on verrait si un pays pense ou ne pense pas, si sans faire son état du journalisme on ne peut pas écrire passablement et en français; si toute la démocratie est dans le fond d'un carton vert, si M. un tel est *l'opinion publique*, M. Chose *la liberté*, M. Pierre *le travail*,

veut pas se faire d'ennemis dans la presse et qui exerce sur lui-même la censure préventive qui est dans nos mœurs.

1. Cette page est encore bien hardie : pourvu qu'on ne la fasse pas payer à l'auteur; pourvu que les journaux n'aillent pas plonger son ouvrage dans les ténèbres d'Égypte, dont il est parlé plus haut : ce ne serait pas à souhaiter pour l'éditeur.

(*Note de l'éd.*)

M. Paul *l'émancipation*. Pourquoi prendre des noms comme cela et vouloir parler pour tout le monde? La main sur la conscience, dix écrivains peuvent-ils représenter un pays, voire même une fraction de ce pays?

Parfaitement, et l'auteur en est convaincu après avoir posé la question.

La France a le génie de la méthode, il ne faut pas l'oublier, elle a donné le jour à Descartes. Les idées ne sont pas prises dans ce pays pour ce qu'elles valent, elles aboutissent toujours à des théories, à des systèmes. On a toujours la prétention d'inventer quelque chose de nouveau. Tout se produit sous forme de doctrine, de code, de pandectes, analyse, synthèse, division, subdivision, plan; de la logique, beaucoup, dans les livres seulement, des idées qui se coordonnent, qui se déduisent, qui s'enchaînent, etc. Ce livre lui-même en est la preuve, et renferme une armature complète sous ces formes légères; il y a des enchaînements, des théories qui ne sont pas plus vraies qu'autre chose.

Il faut qu'on se parque, qu'on s'étage, qu'on se distingue les uns des autres. On meurt si l'on ne classe ou si l'on n'est classé. Le journalisme français répond parfaitement à ces habitudes et à ces besoins. Il fait appel à l'idée de groupe, de catégorie, de système. Chacun peut dire, Voilà mon camp, voilà mon drapeau, mon principe est là, ma constitution là. Il n'y a donc rien d'arbitraire du tout dans les diverses opinions que représentent les journaux. Ce sont des cadres. Bien plus les grosses entreprises de journalisme ne peuvent guère s'établir que sur un gros d'idées encore en retard, puisqu'il est avéré que la masse est toujours en arrière de quarante ou cinquante ans sur les minorités qui sont à la tête des lumières. Aussi, peut-on dire avec raison que si la presse n'était pas libre en Europe, en moins de cent ans elle y ramènerait les ténèbres de la barbarie.

L'art de faire des journaux à succès, en France, consiste donc, au moins pour le moment, à ramasser un certain nombre d'idées en circulation, à se baser sur certains côtés du caractère national, sur certaines passions, certains préjugés qui donnent une forte prise sur la masse.

Faites provision, par exemple, de huit ou dix gros vulgarismes, cherchez de ces points de vue non définis, de ces généralités vagues, flottantes, qui échappent à la discussion. — Indépendance des peuples. — Progrès humain. — Droit des rois, droit des peuples. — Concert des races latines contre les Slaves. — Colosse du Nord. — Unité de l'Italie. Mêlez à tout cela de l'ur. de V..., quelques couplets sur le vieux drapeau. Voilà un type de journal, succès assuré. Combinez ces nuances dans des proportions différentes, vous ferez quatre ou cinq combinaisons de journaux.

Prenez un autre ton, affectez de vous porter pour

médiateur entre tous les partis, de n'être ni tout à fait contre celui-ci, ni complétement contre celui-là. Dites que la vérité n'est pas dans les extrêmes. Intervenez entre les contendants comme cet homme qui, voyant deux individus soutenir, l'un que deux et deux font cinq, l'autre trois seulement, leur dit : Vous êtes tous deux dans l'extrême; deux et deux font quatre et demi. Prêchez la modération aux vaincus, le calme et la confiance à ceux qui payent, glorifiez les satisfaits, divinisez la puissance. Faites du juste milieu en fait de vérité, de morale, de justice. Mentez avec douceur, avec majesté, déclarez-vous conservateur dynastique en faisant apercevoir au fond de vos louanges qu'au besoin vous tourneriez casaque. — Encore un type.

Il y en a bien d'autres. Posez-vous en frondeur des préjugés. Saisissez les questions à rebours, prenez le contre-pied de ce que soutiennent tous les autres. Cherchez le contraste, le paradoxe, les grands écarts. Cherchez des points de vue hors du centre de gravité de la politique. Imaginez des conceptions étourdissantes en finances, en guerre, en bâtiments. Dites que plus un peuple paye d'impôts, plus il s'enrichit. Proposez la suppression du numéraire, demandez la centralisation du crédit, la décentralisation politique. Dites à l'État, prenez tout, et dites-lui, ne prenez rien. Prêchez la liberté et la restriction. Brouillez les questions, changez les rapports, amalgamez, confondez tout. Rien n'est meilleur pour clarifier la vue.

Les abonnés accourront comme les alouettes au miroir.

Rien n'est favorable aussi comme de se poser en protecteur des classes pauvres, de prendre parti pour le travail contre le capital, d'exciter sous le voile des principes de secrètes convoitises dont le but se laisse percer; de dénoncer certaines classes à l'animosité populaire ou à la répression du pouvoir, de crier que les sociétés sont en travail d'enfantement, que tout est vieux, que tout est vermoulu, que les institutions anciennes craquent dans leurs fondements; cela n'empêche pas de faire sa cour au pouvoir, d'attraper un bon émolument, une bonne place, même d'avoir un pied dans les f..,. s.,.. Les généralités n'engagent à rien. Il est bon aussi de professer l'athéisme, tantôt indirectement, tantôt directement. Suivant le mot de Chesterfield, l'impiété brille par la puanteur comme la viande gâtée dans l'obscurité. Cela n'empêche pas d'avoir peur du diable et de l'enfer, de se confesser, de faire patte de velours à l'occasion aux cardinaux, aux prélats, et de mettre la main au bénitier, dans une grande cérémonie.

Heureusement grâce à la faiblesse humaine, la thèse contraire peut être exploitée avec un succès non moins puissant sinon aussi universel. Saisissez-vous du D.,... y,... et faites-le descendre dans votre officine; qu'il soit là pour tout expliquer, pour tout faire, comme dans l'Histoire universelle de Bossuet.

Lancez la f.... et l'.... au nom d'un D.... j.... qui n'a pas d'autre occupation que de demander compte de leurs actions à des marionnettes dont il tient les fils. C..., f.... en son nom. On se dit : Comment diable! ces gens-là ont donc le C.... dans leurs cartons, qu'ils le font parler comme ils veulent. De par l. g.... s..., soyez fatalistes comme les musulmans et les païens. Prêchez la liberté quand on vous réduit au silence, la réaction quand on vous protége; mettez s.... chr..., m.... et *T. D....* au service de la force victorieuse et bafouez le droit vaincu; mais revendiquez-le du haut de la conscience immortelle s'il est immolé dans la s.... Soyez pudique et voilez-vous la face à l'aspect de la luxure et de l'âpre soif de l'or; cela ne vous empêchera pas de pol.... en v.... et en pr..... et d'affermer vos .,..

Ah mon Dieu! je suis perdu, je viens de railler les d.... et j'ai ri de ceux qui veulent les pendre.

Le chœur antique. Mais à qui croyez-vous donc, si vous n'épargnez ni les uns ni les autres?

R. En ce temps-ci, — A RIEN !

CHAPITRE V.

DU JOURNALISME.

Nous ne croyons pas jusqu'à présent avoir été trop irrévérencieux envers les journaux, sans quoi nous découperions encore quelques pages. Étant admis dans les temps modernes que la critique peut s'exercer sur les rois, les princes, les ministres, les institutions et les lois, il doit être permis, au moins dans une certaine mesure, de gloser un peu sur les feuilles publiques. Cela doit être d'autant plus permis, qu'heureusement, en France, tous les organes s'accordent à demander la liberté de la presse.

Le journal étant un bureau de publicité et par suite de célébrité, l'institution a des côtés que l'on peut dire vulnérables, sans pour cela faire crier au sacrilége.

Le journalisme a un esprit de corps tout-puissant.

On sent très-bien, rien qu'au toucher, que c'est un être moral doué d'une sensibilité très-vive, très-chatouilleuse, exquise. Son omnipotence dans le domaine de la critique et des arts, lui a fait contracter quelques-uns des défauts que l'on reproche aux majestés. Ainsi, le journalisme n'a pas pour la vérité un goût excessif. Il aime à la dire, c'est son état, mais ce n'est pas tout à fait la même chose quand il s'agit d'en entendre.

Ce sentiment toutefois part d'un principe naturel et même légitime en soi. Toute critique contre la presse en général semble être un procès fait à l'institution elle-même. Les têtes couronnées ne sont pas autrement. En France, la discussion des actes ou de la personne du souverain fait toujours présager une révolution.

Ce qui achève de faire sentir tout ce qu'il y a de personnel, d'animé, de passionné, d'humain dans le journalisme, c'est qu'il est, en France du moins, peut-être plus sensible encore au ridicule qu'aux attaques directes. Ces choses sont fort extraordinaires, elles font réfléchir très-sérieusement.

La sensibilité extrême de l'esprit de corps se manifeste par plusieurs côtés. Dans quelques journaux, elle saute plus particulièrement aux yeux que dans d'autres. Si, par exemple, on touche un cheveu d'un des leurs, toute la couvée jette des cris de paon. On a fait grief à M. un tel, on l'a massacré, on l'a assassiné, tous les échos en retentiront. On n'en ferait pas pis s'il y avait péril public ou que les frontières fussent menacées. N'êtes-vous pas de la confrérie, on pourra vous écorcher, vous couper par petits morceaux, vous saler et vous faire cuire sans émouvoir un souffle. Ah! la bonne chose que d'avoir la protection spéciale d'une feuille publique qui se tire à vingt-cinq ou trente mille exemplaires! On ne vous touchera pas, votre tête est sacrée.

Mais, en vérité, cela est très-naturel, il en va de ceci comme de toutes les choses de ce monde, crédit, pouvoir, fortune. Vous en êtes ou vous n'en êtes pas.

Si le public, comme on sait, est tout porté à admirer, le journalisme, lui, n'admire que qui il veut et quand il veut. Il ne saurait en être autrement, puisque c'est son suffrage qui donne le signal des applaudissements, qui détermine la vogue, l'affluence au théâtre, chez le libraire, chez le fournisseur. Les écrivains en tous genres sont aujourd'hui dans la position où se trouvaient les auteurs, vis-à-vis des comédiens au temps de Gil Blas. Il faut venir bien humblement, et chapeau bas, solliciter un article, une mention, quelque critique un peu étoffée, un peu large, dont la mesure n'ait pas été épargnée. Heureux l'auteur qui voit son œuvre réfléchie dans vingt journaux, quatre colonnes sur le devant et autant sur le derrière! On ne peut se défendre d'une sorte de vénération pour ceux qui se font ouvrir les portes du Temple. Que font-ils et comment font-ils, ces mortels à qui la postérité sourie?

C'est ici le côté factice de la notoriété. On aimerait à croire que ces lignes abondantes, et pressées, sont le résultat d'une appréciation spontanée. Le plus souvent, à ce que l'on dit, l'auteur est allé se pendre à la redingote des rédacteurs, chroniqueurs, feuilletonistes pendant des mois entiers avant l'apparition de son livre. Il a chauffé son succès comme un four à cuire des pains. Il a, *proh pudor!* indiqué peut-être, comme il entendait la critique de son ouvrage, il s'est écrié: allez! frappez, *éreintez-moi*, on sait que c'est le mot, tirez, tuez, sabrez! Et enfin souvent il a fait lui-même les tartines, préparé le poivre et la gingembre. C'est de l'onanisme littéraire.

Il y a un certain critique, celui-là c'est un Dieu. Il faut passer sous les arceaux de ses triples colonnes pour être consacré. Il rend ses oracles sur une chaise curule. Chaque semaine, sous un titre familier dont l'enjouement couvre une sérénité olympienne, on voit émerger des ondes d'un grand journal, l'article ou l'astre qui va projeter un rhumb lumineux sur les pas de quelque écrivain aimé des dieux. La prose de Protagoras tombe en caractères compacts sur la surface interne du journal, elle en remplit les bords comme le métal en fusion jeté dans le moule de la statue. On sent de suite qu'il s'agit d'un publiciste abondant dont la plume coule sur du papier glacé-satiné, le soir après une tasse de thé savoureuse, ou le matin en foulant des tapis épais devant un âtre chargé de bois sec et petillant.

L'écrivain consulaire a les grâces qui peuvent se puiser dans une civilisation sèche et réduite en toutes choses à l'imitation.

Le bien-être et les dignités ont amorti chez Protagoras ces formes âpres, ces traits perçants ou enflammés qui sont l'amertume et la saveur de la critique. Il a le pléthore lymphatique. Sa phrase longue, mais non pas trop épaisse ni lourde, se construit par des hasards heureux sans trop heurter la syntaxe. Il y règne une simplicité assez rare dans un temps où l'on n'évite guère le plat sans tomber dans le maniéré. Ses formes sont ingénieuses, les traits s'y rencontrent çà et là comme de légers charbons sur une cendre tamisée. Cela réchauffe un peu. Les épigrammes ont des teintes douces et portent souvent à une petite distance.

Protagoras est cultivé, lettré, érudit, il procède du dix-huitième siècle; il a fait son bagage avec Grimm, avec Mme du Deffant, avec Helvétius, il a tiré très-avantageusement parti de ses petits moyens. Il côtoie le sentier facile du cours de littérature avec Laharpe, Villemain, Cousin, *non procul.* Citations, chroniques, anecdotes, on coud tout cela ensemble, la copie s'allonge, on gagne de la marge. Un fragment commenté donne dix pages. On s'amuse, on s'arrête, on revient sur ses pas. C'est de l'école buissonnière. On fait des portraits en pied, des profils, cela ressemble ou ne ressemble pas. Il y a toujours un peu de couleur, quelques citations, des réflexions mélancoliques çà et là. Mais enfin c'est un grand art que de contenter le lettré et de satisfaire le bourgeois. Protagoras a fait ce tour de force. Il prouve d'une manière éclatante ce que peut un filet de littérature bien ménagé.

SUITE.

Le journalisme loue très-difficilement ou très-facilement. Il donne de la publicité à pleine trompe ou un peu, à travers un tube de deux millimètres. Il répand des flots d'encre à propos de vos ouvrages, ou il en verse une goutte sur l'ongle. Cela dépend des gens.

En principe, le journal est essentiellement conservateur de notoriétés par deux raisons faciles à comprendre. D'abord le culte de ceux qui ont conquis leur place, c'est trop juste; ensuite le journal est tributaire du public, il est chargé d'entretenir sa curiosité, partant de lui parler de ce qui l'intéresse. Les hommes en vogue sont des sujets de conversation. Il en est question chaque jour, ce sont des personnages qui sont en scène, on les suit des yeux. Il court sur eux des anecdoctes, on leur prête des mots, on les déshabille du matin au soir. L'attention du journal est donc commandée par celle du public. Si on lui parle des gens qu'il connaît, il se sent tout de suite dans son monde. Il voudra lire leurs livres, voir leurs pièces. Mais si l'on vient à mettre sur le tapis un nom nouveau, le nouveau venu eût-il fait un chef-d'œuvre, cela fait froid de suite; c'est un nouveau visage, c'est une affaire.

Cependant le journalisme sait généralement faire des distinctions très-habiles parmi ceux qui briguent les suffrages de la notoriété. *Sinite ad me parvos venire.* C'est la continuation de l'idée démocratique dans les sphères de la célébrité. Si on flaire des talents trop neufs, trop nerveux, les feuilles publiques se ferment comme des belles de nuit. Le journalisme ne refuse pas son suffrage, mais il ne veut pas précisément le donner à ceux qui n'ont pas l'encolure ordinaire. On peut bien dire d'un banal et sot auteur que c'est un grand prosateur, qu'il a fait le tour de la pensée humaine; mais les véritables talents glacent tous les enthousiasmes.

Manifestement, c'est la chose la plus odieuse du monde que d'être obligé de louer à juste titre; et puis s'il en était ainsi, il y aurait moins de producteurs littéraires, moins d'artistes. Au lieu d'un régiment d'hommes de lettres, des peintres, des sculpteurs, des dramaturges et romanciers à foison, quinze ou vingt mille personnes qui font de l'art, on n'en aurait peut-être pas la vingtième partie, et que deviendraient les autres? Il faut que tout le monde vive, et un homme de talent, peintre, sculpteur ou n'importe quoi n'a pas le droit d'affamer à lui seul quarante ou cinquante médiocrités. Est-ce vrai ?

La louange ! la louange ! il en faut en France, il en faut pour tout le monde et il va de soi que, la justice distributive doit perdre son équilibre quand il s'agit des gros noms qui sont en possession de la notoriété. Seulement, il y a parfois des coalitions d'éloges vraiment étonnantes. On peut même avec de très-grandes renommées faire des livres bons à mettre au pilon, on l'a pu voir dans ces derniers temps ; chose inouïe, le livre est mauvais, chacun se le dit, c'est une platitude, une extravagance notoire. Cependant la trompette du jugement dernier ne saurait faire plus de bruit qu'il ne s'en fait à l'occasion de tels ou tels ouvrages. Il est convenu qu'on ne dira pas la vérité. Les journalistes, qui eux-mêmes ont eu des nausées à la lecture, poussent des cris d'admiration. La condescendance est poussée à ses dernières limites. C'est un succès, on l'avalera ; il faut qu'on l'avale. Les amitiés littéraires, la camaraderie, le prestige du nom, la popularité, le désir d'être agréable, tout conspire pour enlever un triomphe impossible !

Une réflexion seulement. On n'ose pas dire son fait à un écrivain, on ruse en matière littéraire, et on a la prétention de dire la vérité en politique !... Allons donc !...

Parmi les hommes célèbres dont le public s'occupe, il faut distinguer. Il y a une très-grande quantité de gens qui ont un nom dans les sciences, les lettres, les arts, la politique, mais leur notoriété sommeille, le public ne s'occupe d'eux qu'à l'occasion. Quelques-uns commencent à être oubliés, d'autres sont passés de mode. Il n'y a jamais qu'une dizaine d'hommes tout au plus sur lesquels l'attention est constamment éveillée. Les uns sont des jeunes, les autres sont des vieux, mais leur souvenir ne s'est point effacé; ils sont toujours en évidence quoique appartenant déjà à un autre âge.

Ainsi on parle toujours du célèbre octogénaire, Anténor, quoique sa voix ne se fasse plus entendre dans l'*Agora*. On parle encore du célèbre ultramontain Polyphonte, quoique Polyphonte n'ait plus ni église, ni crédit, ni tribune et n'écrive plus guère. On parle, plus que jamais, du fameux orateur septuagénaire Sosiphane. Mais il y a quarante ans qu'on en parle, cela va toujours, il n'y en a que pour lui. Les journaux annoncent ses voyages, ses promenades, ses dîners, ses mots; ils analysent par avance ses discours. On lit des phrases comme ceci : « Il paraît que cette année Sosiphane va faire un discours terrible sur les finances, il parlera pendant sept heures; à la chute du jour on allumera des flambeaux et les députés se feront apporter à manger de chez eux pour qu'on ne perde pas le fil de sa harangue. » Ou bien encore : « L'on dit que l'illustre Shehehazarde continuera demain son discours, que la semaine prochaine il aura terminé les développements généraux qui doivent l'introduire au cœur du sujet, » etc.

Généralement ces bonnes fortunes de renommée, outre ce qu'elles empruntent au talent, tiennent souvent aussi à ce que le personnage en renom s'est trouvé rattaché fortuitement à certaines circonstances politiques, à ce qu'on a fait un mot sur lui, à ce qu'on l'a pris pour point de mire de certaines attaques, de certains ridicules, de certaines opinions surannées, comme cela est arrivé à Théophante le polémiste.

Sans doute Polydamor est un héros, mais il a dû une grande partie de sa renommée à ce qu'il porte toujours une chemise rouge, et aussi à ce qu'il a trouvé une métaphore heureuse.

Polydamor a remporté des batailles, enlevé ou conquis des provinces. Cela n'eût point suffi pour en faire un demi-Dieu. Il a dit que les peuples étaient frères.

Polydamor sait comme on passe à l'état de légende ; il jette aux cent voix de la renommée des billets adressés à ses amis, à ses connaissances, dans lesquels il proteste de son respect pour les belles, où il dit à l'un des siens : « Vaillant compagnon d'armes, tu te souviens que nous avons dormi dans le même manteau. Le sol de l'Italie, cette mère féconde des grands hommes, nous a allaités. Nous avons été portés dans les flancs de la louve, nous avons comme elle des griffes et des dents et nos femmes ont de fortes mamelles. Salut. »

De semblables paroles font trépigner les populations ; il y a des femmes qui seraient aussi jalouses de recevoir le célèbre Owtlaw dans leur lit que s'il s'agissait du fameux s. d. c. Canopus.

Voilà les hommes dont la presse parle, dont elle parlera toujours, car un tel nom est une réclame vivante. C'est comme si on disait aux populations : Vous voyez que nous faisons fumer l'encens devant vos Dieux, mais n'oubliez pas les frais du culte.

Souvent aussi et par la même raison la notoriété du journalisme s'attache à des personnages reconnus grotesques et même odieux. Dorlomon est un magot de la Chine. Il porte des portefeuilles qui exagèrent sa petite taille. Il est attaché à ces portefeuilles, comme Auguste disait de Dolabella qu'il était attaché à son épée. Dorlomon parle dans les couloirs, il ecrit des articles de finances et de *sociétarisme* dans les journaux, Dorlomon est un puffiste, Dorlomon est un grotesque, et cependant on lit dans les journaux : « Nous apprenons que Dorlomon revient des eaux avec son ami Polipier. Polipier et Dorlomon étaient hier chez le comte de *** . » Ou bien : « Ces jours derniers on a conduit à sa dernière demeure le célèbre Rhotomagus, qui a joué un si grand rôle dans la dernière révolution; Polipier et Dorlomon tenaient les cordons du poêle », et ainsi des autres. Car Polipier est quelque chose de moins et de plus que grotesque, mais passons.

TOUJOURS LA SUITE.

Le journalisme vit surtout par une chose, nous voulons parler de la polémique; car après avoir traité des célébrités issues du journalisme, il peut être à propos de dire un mot de ceux qui le font, c'est-à-dire des journalistes.

La polémique met en relief les talents, comme la boxe met en relief les muscles et les horions. On ne se doute pas précisément de ce qu'il faut d'aptitude spéciale pour bien faire cette gymnastique-là. Il faut se figurer les combats de gladiateurs de l'ancienne Rome; il n'est pas à présumer qu'un gladiateur en ait jamais voulu à son adversaire victorieux, alors qu'il tombait sous ses coups dans le cirque, en présence de l'empereur et de la foule, sous les yeux des vestales, de belles demoiselles, comme il n'y en a pas beaucoup à présent, à ce qu'on dit. Irrité sur l'heure même, si le gladiateur vaincu mais guéri de ses blessures rencontrait quelques jours après son heureux camarade, il lui serrait la main en lui disant : « Par Hercule, vous avez un joli poignet! » L'autre répondait : « Et vous, merci, quel croc-en-jambe! Vous savez que vous avez plu à la courtisane Metella, elle me l'a dit hier; quand je vous renversais sur l'arène, vous avez levé le bras, et elle a remarqué que vous étiez poilu comme elle n'a vu personne. » Et les deux compères de rire et de s'en aller bras dessus, bras dessous au cabaret; car il y en avait aussi dans ce temps-là.

Bon nombre de journalistes sont comme ces deux gladiateurs; il y a bien çà et là une Phryné qui les regarde ou devant laquelle on dira : Comme Adamastor a rossé Polyctète! L'arène, c'est le journalisme; la plume, c'est l'épée romaine; l'encre, c'est.... ne poursuivons pas la figure.

Quand on réfléchit que la plupart des attaques, répliques, dupliques, tripliques, qui paraissent si chaudes, si violentes, se font sans passion réelle, sans haine, avec une conviction modérée, on comprendra quel stimulant c'est que le public, le spectateur, la galerie. Éreintez, éreintez, messieurs, vous serez célèbres au moins pendant quarante-huit heures, et ensuite une bonne poignée de main. L'auteur s'aperçoit qu'il éreinte aussi, que même il ne fait que cela, et cette réflexion le calme. Il est pardieu bien évident que nous sommes un peuple de vaniteux et que nous crevons de jalousie les uns pour les autres. Un polémiste mort à la peine, a dit : La démocratie, c'est l'envie; on le lui fit bien voir.

Tout n'est pas polémique dans le journalisme, quoique ce soit son plus grand aliment. Il y a les articles de fond, les appréciations, les critiques des actes du gouvernement. Il faut pour cela des qualités d'un autre ordre, d'un ordre contraire. Ah ! s'il ne s'agissait que de dire les choses comme elles sont, de parler net, franchement, simplement, ce ne serait pas difficile. Combien de gens n'en feraient pas autant ! Mais le talent requis ne consiste pas en cela.

Il y a un art, et un grand, qui consiste à parler à côté des questions, à passer sur les points délicats comme chat sur braise, à ne jamais toucher les sujets dans leurs parties vives, dans ce qui crève les yeux. C'est ce qu'on peut appeler le savoir-faire au bout de la plume, et vraiment il en faut beaucoup pour tourner sans se brûler autour d'un gros événement, d'une grosse affaire politique, pour écrire dix, vingt, trente colonnes à la suite, en ébribant à peine la matière, en ne faisant qu'effleurer du bout de la plume certains côtés scabreux ; pour faire un tableau renversé dans lequel les accessoires tiennent le milieu de la toile, et les principaux sujets se perdent aux trois quarts, en profils effacés, ou sont vus de dos.

Cela n'empêche pas que l'on ne parle toujours avec beaucoup d'éloge de la vérité, on n'a même que ce mot à la bouche; on le peut, nous l'avons enfouie à dix mille pieds sous terre, par delà les débris fossiles où on ne la retrouvera jamais, et grâce à Dieu, nous nous en trouvons bien tous tant que nous sommes.

Car. . . . .

. . . .

[rows of dots representing omitted text]

Écrire, faire des livres... ne serait-ce pas, sans qu'il y paraisse, un assez sot et fort outrecuidant métier? Oh! l'auteur ne parle pas pour ceux dont les épluchures rapportent autant que des mines de houille ou des cargaisons de guano, il n'a garde. Il s'en faut qu'il aille confondre les gens d'esprit qui vivent grassement de la badauderie avec les auteurs convaincus qui s'imaginent tenir de leur talent une certaine mission.

En conscience et pour les gens délicats, que dire, qu'inventer, que diable écrire qui en vaille la peine?

Conçoit-on quelque chose de plus mesquin qu'une tâche qui consiste à griffonner, à raturer seul à seul dans son cabinet, à la lueur d'une lampe, de méchantes phrases qui ne valent pas la plupart du temps ce que l'on dit au coin de son feu, en causant avec ses amis ou ce que l'on entend dire tous les jours par des gens qui n'ont pas la prétention d'être auteurs? Quelle misère que de parvenir, à force de tabac et de café, à se faire pousser une idée sous le cuir chevelu, que de distiller douloureusement son cerveau pour arriver à écrire en somme ce qui traîne à peu près partout, ce qu'on a lu par ici, pillé par là, ce que souvent on ne sait pas, car c'est ainsi que se font les livres. Tout cela est piteux, et même il est démontré, par l'exemple de la France, que les pays où l'on écrit le plus sont ceux où l'on fait le moins de progrès dans la pratique des choses, témoin encore une fois ce pays-ci où l'on est en retard de cent cinquante ans sur les peuples qui vivent sous les mêmes degrés de latitude.

C'est ceci le côté philosophique de la littérature, mais le point de vue pratique est plus radical encore. Non-seulement on fera toujours bien de ne pas se préoccuper du fond même des œuvres, mais il n'est seulement pas démontré qu'il y ait avantage ou profit à se préoccuper des conditions extérieures de l'art. Le succès en ce genre est trop chanceux. Il est meilleur d'en user comme en son temps Lope de Véga savait déjà le faire ; Mettre les règles de l'art sous clef, afin de ne pas mourir sans gloire et sans récompense.

Qu'on ne s'y trompe pas; il faut peut-être autant d'esprit, de finesse et même de talent pour employer avec discernement un tel procédé que pour produire des chefs-d'œuvre. Il faut, en effet, savoir faire un départ entre le bon et le mauvais, pouvoir se dire: Voici une belle donnée, une conception brillante, originale, mais je connais mon public, ce n'est pas l'affaire; ou si j'adopte tel thème, tel sujet parce qu'il s'adresse à l'imagination, je me garderai fort de le prendre par ses côtés élevés; non, pas si sot, j'aplatirai, je rapetisserai la matière, j'y mettrai le convenu et le banal qui assurent la vogue des ouvrages. Que l'on veuille bien remarquer tout ce que cela suppose de pénétration, de connaissance des idées, du caractère de son époque. Pouvoir faire mieux et faire médiocrement de parti pris dans l'intérêt du succès, cela vraiment a plus de mérite qu'on ne le croit. Il est vrai qu'il y a beaucoup d'écrivains qui ne raisonnent pas tant et qui sont médiocres naturellement, sans effort. Ils sont doués.

Les économistes ont fait des théories ingénieuses sur ce qu'ils ont appelé la *valeur*. Ces théories peuvent être transplantées dans le domaine des choses littéraires. Il fut peut-être un temps où les livres réussissaient par eux-mêmes, où ils cheminaient, se classaient par leurs propres forces, par la force d'ascension qui est dans le mérite des œuvres. Mais il ne peut pas se produire aujourd'hui quelque chose de semblable. En un mot, la valeur intrinsèque n'est plus rien. Mettez en tas tout ce qui s'écrit en France dans une année, le bon, le mauvais, le médiocre et le pire, *à priori* vous avez un tas de cailloux; maintenant triez : la matière calcaire, le métal grossier, le cuivre, le plomb vont se changer en lingots d'or et d'argent, suivant que les ouvrages seront signés de tel ou tel nom. Le nom seul approprie le produit, lui donne sa valeur d'échange.

Ce monstrueux et informe plagiat des mystères de Paris, des mystères d'Udolphe, ce capharnaüm sans nom, composé avec les détritus de Frédéric Soulié, d'Eugène Sue et de Balzac, signé du nom de Polastron, a soutiré au public deux cent mille pistoles bien trébuchantes. Renardo a vendu une de ses coquilles cinquante mille francs. Il a empaillé Jésus-Christ et les douze apôtres; Polycrote a écoulé trente mille rames de papier noirci. Son dernier roman était intitulé *le Mangeur d'enfants*. Les excréments sont devenus de l'or. Valeur de placement, valeur d'échange, le produit littéraire, *supervacuum genus*, chose nulle en elle-même, chose vaine et vague, indifférente quant à sa valeur intrinsèque, s'est trouvée utilisée, appropriée, sublimée par la demande. Les autres productions sont comme des huîtres gâtées dans un parc, on ne les ouvre seulement pas.

Les libraires en ce temps-ci savent bien qu'ils ne vendent pas de livres. Ils font ou ne font pas une affaire; et certes qui leur en voudrait aurait tort. Il faut de plus que l'affaire soit grosse, autrement ce n'est pas la peine. Les noms en évidence sont comme des cartes ou des quines à la loterie. On joue là-dessus cinq ou six cent mille francs. Il s'agit de savoir si on parviendra à enfourner dans la gueule du public trois cent mille exemplaires d'un ouvrage donné d'un auteur donné. C'est comme si on envoyait des ordres pour l'achat ou la vente sur les places de Paris et de Londres de trente ou quarante mille sacs de farine des quatre marques. Le public européen est empoisonné à la même heure des produits français. Le livre une fois lancé, il faut qu'on l'avale. Anglais, Allemands, Turcs, Italiens, Russes ou Tartares, il faut qu'on en crève. Et comment ne pas mordre à l'hameçon quand les journaux de Paris, en éclatant comme des bombes, donnent le signal des détonations dans toutes les parties du monde à des milliers d'organes étrangers qui vomissent à leur tour la rumeur d'échos en échos?

Cette habitude du public de ne plus s'ébranler que sous les coups de fouet d'une publicité furieuse conduit à un machinisme complet. Il n'y a point de goût, point de préférence qui tienne devant la force d'un succès imposé. Il y a même une sorte de fascination hébétée, abrutie, qui résulte du cynisme de la réclame. Quel sentiment pense-t-on, par exemple, que le public puisse éprouver quand on saisit son imagination par un appel comme celui-ci :

« Le bruit formidable qui se fait à propos de la prochaine publication DU CRIME DE SOMBREVAL a soulevé une curiosité inouïe. On cherche de tous côtés à prévoir, quelques-uns même affirment déjà dans quel lieu, dans quel temps, dans quel monde doit s'agiter ce récit aux allures saisissantes et mystérieuses. Mais personne n'a pu jusqu'à présent pénétrer ce secret. Le secret de cette histoire extraordinaire a été bien gardé. Personne, en France, ne pourra le dire avant d'avoir lu le fameux roman de M.... qui paraîtra lundi à midi. Épouvante!... »

Ou bien encore quand on lit ceci :

« On ne parle plus de la Vénétie, de l'Italie, de l'Allemagne. Le Richelieu prussien est oublié. Il n'y a qu'une pensée en ce moment, qu'une perspective, la publication promise par le journal le ***. Partout où l'on vit, où l'on pense, partout où l'on respire, on ne songe plus qu'à ce terrible, qu'à cet effroyable procès des Chattryas. La France entière attend avec une fébrile impatience cette publication d'un intérêt sans nom, sans exemple dans les annales criminelles du monde! »

Il y a un de ces *barnums* qui fit dernièrement quelque chose de plus. Au moment où paraissait l'une de ces publications, les murs de Paris se trouvaient couverts soudainement de grandes affiches où l'on pouvait lire d'un jour à l'autre :

Demain Shoupapa, le fameux accusé incestueux et fratricide, parlera peut-être ?

Shoupapa n'a pas parlé.

Le lendemain on disait : Rien encore !

Le surlendemain : Miracle ! Shoupapa a parlé !.. Shoupapa parle ! Et dans toutes les villes de province, sur tous les murs, ces phrases étaient écrites.

Ne voit-on pas le passant saisi d'idiotie, fasciné, hérissé, transporté à la vue de ces choses ? Dans son hallucination, il entrera chez le libraire ; s'il a un écu, il le changera. Ces amorces grossières ne sont guère plus grossières que celles qui font acheter les livres de Polycrote. Et quand on peut lire sans haut le cœur le grand Polastron, on n'est guère plus délicat que celui qui fait ripaille des romans arrangés à la sauce de cour d'assises.

QUESTIONS D'UN INTÉRÊT ASSEZ VIF.

Peut-il arriver qu'un livre réussisse aujourd'hui par sa valeur propre ?

Si ce livre n'est pas précisément une ordure ?

S'il ne flatte pas les intérêts ou les passions d'une coterie ?

S'il n'est pas commandé ou inspiré par un parti ?

Si dans la critique il ne descend pas jusqu'à l'injure ?

Si dans la flatterie il ne descend pas jusqu'à la bassesse ?

S'il n'émeut pas de petites passions de cabaret?

S'il dit la vérité sans fard, ou si, disant une certaine somme de vérités, il n'y mêle pas cent fois plus de mensonge?

S'il s'affranchit de certaines formes de convention?

Si le succès du livre n'est pas entrepris par deux ou trois libraires et sous-entrepris par cinq ou six journaux?

S'il n'a pas été crié par-dessus les toits pendant cinq ou six mois à l'avance?

Si l'auteur n'est pas allé se pendre à la sonnette des journalistes en vogue et pleurer sur les genoux du directeur? S'il n'a pas fait de scandale pour attirer l'attention, reçu une claque dans la rue ou une éraflure sur le nez dans un duel de convention?

Si la réclame n'a pas fait jouer ses batteries, crocheté, forcé les oreilles et les yeux par des exhibitions?

Y a-t-il un public qui juge et apprécie en dehors de la claque organisée?

Quel est ce public auquel dans les préfaces on a encore la naïveté de faire appel?

Combien vendrait-on d'exemplaires d'un ouvrage qui ne serait fait que pour des gens de goût?

Parmi les gens instruits bien élevés, combien y en a-t-il qui s'entendent à juger les choses d'art?

Parmi ceux qui s'y entendent, combien y en a-t-il qui ne refuseraient pas leur suffrage par envie?

Parmi ceux qui ne le refuseraient pas par envie, combien y en aurait-il qui ne le refuseraient pas par intérêt?

Parmi ceux qui ne refuseraient pas leur suffrage, ni par intérêt ni par envie, combien y en a-t-il qui iraient jusqu'à soutenir ou a patronner le talent? etc., etc.

On pourra, si l'on veut, tirer les conclusions. Elles sont friandes.

DES IDOLES.

En France, l'admiration ne perd jamais ses droits, par bonheur. Il faut qu'il y ait toujours en scène trois ou quatre personnages de lettres ou de théâtre sur lesquels se concentrent l'enthousiasme, la vogue.

Il y a des personnifications indispensables à la vie morale du peuple parisien, un danseur de corde, une fille lancée, des célébrités passionnantes qui résument l'art, la civilisation, le succès, l'argent.

Dans un ordre supérieur, on trouve un certain nombre d'idoles littéraires auxquelles le public a commis l'intendance de ses menus plaisirs. Voyez plutôt le jeune poëte Gamellon. La faim lui faisait autrefois trouver agréable les caresses d'une vieille qui n'avait qu'une dent, il a aujourd'hui pignon sur rue. Nous l'attendons à l'Académie. Brasidas a eu une fortune pareille, il a ému le cœur des Français en leur représentant sur le théâtre des filles qui mouraient de chagrin de n'être pas assez entretenues. Il a plu à toutes ces dames, il a été sauvé, car on se sauve aussi par le cœur. Polémon est encore une idole, il a, lui, un talent vrai, et même trop de talent pour être longtemps en vogue, mais il a su se servir de ses premiers succès pour flatter immédiatement la puissance.

Le genre féminin, dans la littérature moderne, est une des grandes cordes du succès. On sent tout de suite quand il coule dans les veines d'un écrivain du sirop d'orgeat. S'il passe à travers les phrases un peigne qui sente la poudre de riz; si la forme du style est molle, si on sent quelque chose de laiteux, de moelleux, cela prévient favorablement. L'écrivain est bénin, il détergera doucement. C'est ce même genre qui a assuré le succès d'Octavule, de Lémon, de Camille, même école que Brasidas, des vagissements, un peu de libertinage, pas trop pourtant. Au surplus, l'école se divise. Octavule est le Platon de la chose, chez Brasidas, Polémon et les autres, il y a quelques signes de virilité plus marqués; ils sont conformés, mais il y a de l'étisie dans la constitution. Ce sont des talents poitrinaires. Le public sent qu'ils ne vivront pas. On s'intéresse à eux; ils ressemblent un peu à leurs héroïnes. Ils sont malades du même mal, l'argent, et ils ont comme elles de l'économie.

C'est au surplus une très-grosse affaire pour ces fleurs des pois de la célébrité que d'entretenir leur renommée dans sa fraîcheur. Brasidas s'est fait une loi de ne pondre qu'une chose tous les ans. Mais quelle chose, comme c'est élaboré! Le public est préparé à ces accouchements, on ébruite discrètement les mystères de l'enfantement, et l'on se répète de temps en temps : Ah! le moment est venu, voilà Brasidas qui va pondre, il couve encore pour l'instant. Enfin on vient voir l'enfant; il est blanc, il est propre, on l'a bien lavé, il est mort-né.

Gamellon, lui, est plus expéditif, il refait toutes les pièces du répertoire; il refait Scribe, il refait Picard, il refait Brasidas lui-même, il n'y a qu'à ajouter des jupons, beaucoup de jupons et de corsages décolletés. Gamellon est un homme d'esprit, il a su comprendre que la poésie des sens suffit à sauver une pièce.

Quel homme encore, dans un autre genre, que le grand Polastron! Polastron eût vieilli s'il fût resté dans sa patrie. Son instinct le lui a dit sinon son orgueil.

Il eût vu tomber de ses vers le fatras gigantesque. Ses antithèses, ses métaphores auraient fini par ne plus ressembler qu'à un jeu de casse-tête, à des trésors de pierres fausses. Polastron serait devenu *perruque*. Mais Polastron s'en est allé camper de l'autre côté de la mer, en face de sa patrie comme un remords; il s'est fait là un piédestal de carton. Il ne daigne pas débarquer, mais ses volumes débarquent pour lui; Prométhée à trois cent mille exemplaires, les marchés de l'Europe s'ouvrent à ses ballots. Polastron croit remuer des mondes par les épithètes qu'il secoue dans le chaos. Il se dit qu'il n'est pas seulement un poëte, mais un penseur, un savant, un philosophe, un homme d'État, l'*alpha* et l'*oméga* de tout, et il fait de la langue une cuisine dans laquelle il entre de la physique, de la chimie, de la scolastique, de l'algèbre, de la genèse, de l'astrologie judiciaire, du grec, de l'hébreu, du latin et pas un mot de français. Mais ces amphigouris sans nom produisent beaucoup d'effet dans le public. L'admiration est tellement convenue avec lui qu'on l'écrase de louanges en éclatant de rire. Polastron superbe continue sa carrière, il mourra avec la conviction qu'il a fait le tour de la pensée humaine. La vérité n'arrive pas à Polastron, la vérité arrive-t-elle aux rois?

Mais que de finesse, que d'habileté cousues à cette inconscience de lui-même! Polastron entend l'industrie comme un marchand de la rue Quincampoix. Comme il sait tenir la curiosité en éveil, comme il soigne la situation, comme il sait se faire des prôneurs! Polastron prononce des *speeches* dans une langue qui eût bien étonné Molière, des *speeches* qui font sauter les pavés en l'air. Il jette au tiers et au quart des billets qui marient la terre et l'onde, l'eau et le feu. Voltaire adressait des compliments au plus chétif écrivain qui lui envoyait des vers. Mais Voltaire n'est rien auprès de Polastron. Il compare à des dieux, à des Titans, à des colosses, le moindre des mirmidons qui lui fait hommage d'un volume. Il le met dans son panthéon. Mais, trait caractéristique, si Polastron recevait par impossible quelque ouvrage de mérite, Polastron serait muet[1].

RÊVERIE.

Il peut bien se faire en définitive que les facultés qui font les grands écrivains, les grands artistes, ne soient pas plus rares aujourd'hui qu'elles l'étaient il y a cent cinquante ou deux cents ans. On peut

---

[1]. Ici l'auteur voulait placer une nouvelle série de portraits plus ou moins ressemblants. Il s'arrête court en voyant qu'un certain Théophante fait la chasse en ce moment sur ce terrain; et ce n'est pas seulement l'horreur de l'imitation, qui lui fait quitter la partie. N'aimant à s'en prendre qu'aux forts, on réfléchit que dans un pays d'aussi féroce vanité, c'est vouloir se casser bras et jambes que de dire un mot de plus sur les parvenus gros et gras qui sont en possession de la célébrité. La critique purement littéraire et sans aucune acception de la personne privée n'est même plus dans les mœurs.

Et l'on a un grand besoin, à ce qu'on dit, de la liberté de la presse. Pour quoi faire*?

* Cette note de l'auteur a été écrite à la date du mois de mai 1867.
(*Note de l'éditeur*).

soutenir que si les lettres et les arts sont tombés au-dessous de zéro en France, depuis quinze ou vingt ans, ce ne sont pas les organisations qui ont manqué, mais le sentiment public qui a fait défaut.

Il n'y a que d'immenses espérances et d'immenses émulations qui fassent tenter les grandes œuvres. Les prix Gobert n'y suffisent pas. Si quelqu'un des ouvrages tant admirés que les deux derniers siècles ont produits, venait à paraître aujourd'hui, est-il seulement certain qu'on s'en apercevrait? La nécessité d'amuser le public est devenue d'ailleurs une loi si absolue, que les plus grands lettrés du dix-huitième siècle ne trouveraient peut-être pas de nos jours un tour de main assez habile pour faire passer une œuvre sérieuse.

Il ne faudrait donc plus qu'on nous ennuyât avec les doléances convenues sur les talents inconnus ou ignorés dans des temps où la célébrité artistique, poétique et littéraire n'est plus qu'un produit factice de journalisme et de librairie. S'il naissait aujourd'hui un grand écrivain, un prosateur puissant et original, on lui creuserait une fosse de six pouces pour qu'on n'en entendît plus parler.

COMMENT S'ORGANISE LA CONSPIRATION DU SILENCE. — ÉTRANGLEURS, ÉTOUFFEURS ET COMPAGNONS DU SILENCE.

A moins de se faire égorger il n'y a pas moyen non plus de faire ce chapitre; ce sera pour une autre fois, quand toute espérance sera perdue.

LIVRE V.

DE LA FORTUNE ET DES AFFAIRES.

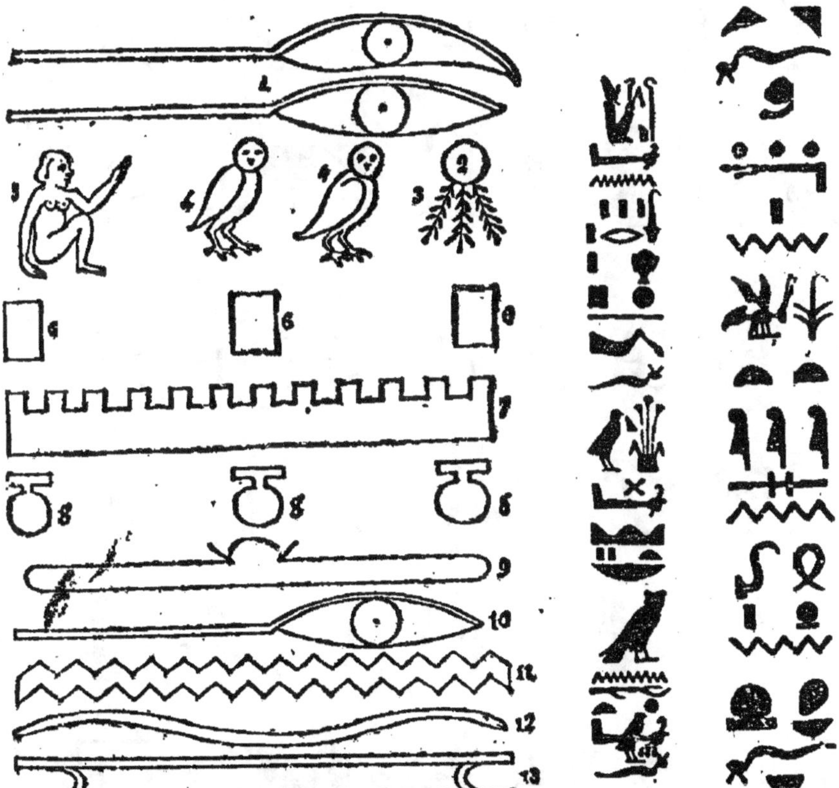

DE LA FORTUNE ET DES AFFAIRES. 295

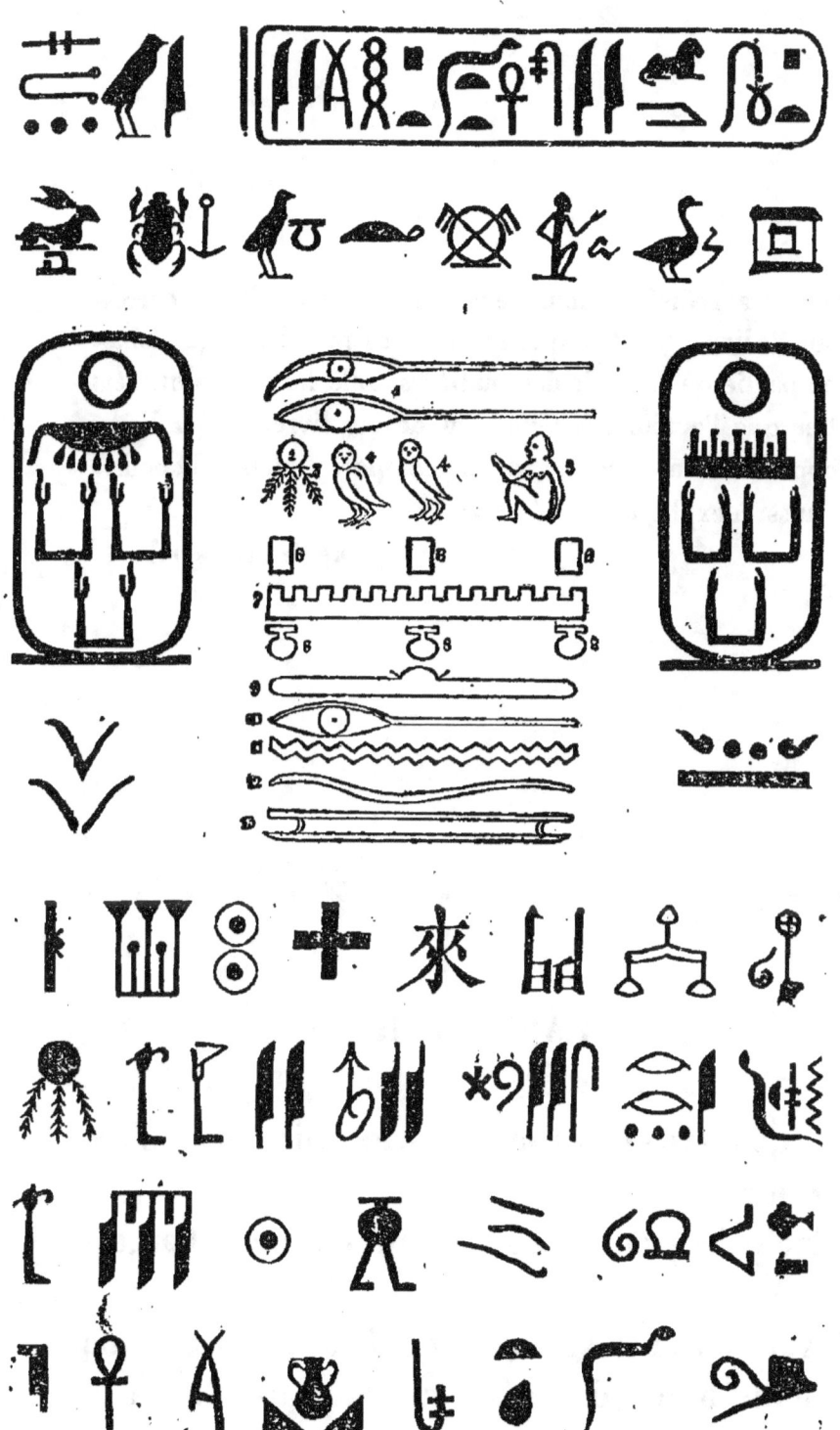

L'auteur a refusé de nous remettre le manuscrit qui correspond au Ve livre. Tout ce que nous avons pu faire a été d'obtenir une partie de la table des matières. Elle fera probablement regretter que l'auteur n'ait pas cru devoir livrer au public les développements intéressants qu'elle comporte. Mais elle pourra servir aussi à expliquer sa réserve.

(*Note de l'éditeur.*)

CHAPITRE III.

Des qualités et des talents nécessaires pour faire sa fortune.

Principales professions au point de vue de l'argent à gagner.

Des moyens bêtes, mais sûrs, de se procurer cinq cent mille francs de crédit sur la place de Paris.

Moyen de gagner cent mille francs d'un coup sans avoir un sou à débourser.

CHAPITRE IV.

Rapports frappants entre la politique et la finance.

De la science des affaires au dix-neuvième siècle.

Affaires de politique, de banque, de bourse et d'expropriation de la maison V*** et Ce.

De l'escroquerie dans les mœurs. Organisation, formes sociales.

Des limites du Code pénal. Aléa et calcul des probabilités.

Dolus bonus et *Dolus malus*.

CHAPITRE V.

Que les plus mauvaises affaires sont les meilleures et que tout dépend du tour de main.

Des principales affaires ténébreuses, mais lucratives. Artifices et combinaisons, fonds et tréfonds.

Affaires manquées ou revue rétrospective des principaux procès en police correctionnelle depuis un certain nombre d'années, avec indications sommaires des procédés au moyen desquels on aurait pu éviter ces catastrophes.

Principales combinaisons toujours sûres en matière de bourse, de banque et d'industrie.

Démonstration des procédés par des calculs différentiels. Éléments moraux qui doivent entrer dans les combinaisons mathématiques.

Procédure de la spéculation; qu'elle doit s'étudier dans les comptes rendus des administrateurs des grandes compagnies.

CHAPITRE VI.

De la fibre publique au point de vue des affaires. Que quand tout le monde veut voler, personne ne peut se plaindre de l'être.

Gens organiquement faits pour être volés, que ce serait les désobliger que de ne pas le faire.

Physiologie de l'actionnaire. Ses idées, ses procédés, ses calculs.

Gens avec qui on peut faire des affaires et qui ne défendent pas leur argent. Principaux signes auxquels on les reconnaît. Pierres de touche à cet égard.

Que l'argent à perdre est le seul qu'on donne facilement, et pourquoi.

. . . .
. . . .

CHAPITRE VII.

Démonstrations sur le vif. Principales figures de financiers *Primus, Secundus* et *Tertius*.

Du point de départ et du résultat. Où commence la capacité en affaires ; qu'elle se mesure réellement au nombre des millions gagnés, et pourquoi.

. . . .

Le grand Paudarus.
Le trop célèbre Dévalisador.

. . . .

CHAPITRE VIII.

De l'annonce et de la réclame industrielles. Considérations morales d'un grand intérêt pratique.

Union financière et syndicat de la pensée. Colonnes d'écus qui servent de base à la pensée.

Le dessus et le dessous des cartes du.... Fantasmagorie de....

. . . .
. . . .

Raisonnement spécieux qu'un malfaiteur peu favorisé de la chance pourrait faire devant ses juges et qu'heureusement il ne fait pas.

. . . .

CHAPITRE COMPLÉMENTAIRE ET RÉCAPITULATIF DE TOUT CE QUI PRÉCÈDE.

DU DEGRÉ DE PETITESSE, DE PLATITUDE, D'IMPROBITÉ ET D'INCAPACITÉ NÉCESSAIRES POUR FAIRE SON CHEMIN PAR LE TEMPS QUI COURT.

Un beau chapitre, on le jure, mais que l'auteur est encore obligé de réserver jusqu'à nouvel ordre.

LIVRE VI.

DE L'AUTRE SEXE.

CHAPITRE I.

A cette dernière subdivision, on peut voir que la figure du sujet est complétement décrite, puisque les cinq mobiles de l'ambition humaine rayonnent autour de la conception principale. Quoique l'auteur se soucie moins que personne de la méthode dans les œuvres de fantaisie, il lui plaît cependant de faire remarquer l'architecture du temple et la simplicité de son ordonnance, de peur que le lecteur ne s'en aperçoive pas.

On va essayer de passer d'un sexe à l'autre. Les hommes ont été envisagés comme moyens; les femmes seront envisagées comme but. Le positivisme moderne et la méthode scientifique ne permettent pas de s'exprimer avec moins de roideur; mais que dire, grand Dieu ! sur un sujet dont tous les côtés sont usés comme les points d'une vieille tapisserie. Le meilleur moyen est de ne pas s'en tourmenter. L'auteur en dira toujours bien autant là-dessus que MM. Legouvé père et fils, qui sont ou qui ont été de l'Académie pour avoir célébré le beau sexe. On comprend déjà que la conception rachète le sujet, puisque le sujet lui-même n'est qu'un point de vue accessoire d'une théorie générale. Ici plus que jamais les ellipses sont nécessaires, puisqu'il s'agit de superposer une centième ou une millième couche sur un terrain fossile.

Une des conditions de l'art littéraire est de ne pas peindre directement ; il faut commencer par un côté quelconque et s'en remettre au hasard pour tout le reste.

Ce fut une question controversée autrefois de savoir si les femmes avaient une âme ; c'en est une aujourd'hui de savoir si elles ont un caractère. L'auteur résout galamment ces deux questions par l'affirmative. Puisse cette condescendance lui rendre favorable un sexe avec lequel il est si doux de parvenir !

Une femme qui a écrit avec grâce sur des sujets sérieux, quoiqu'elle ait donné le jour à l'homme le plus pédant de France[1], a eu à cœur de venger les femmes du reproche qu'on leur adresse souvent d'être toutes les mêmes.

---

1. On ne peut pas nommer.

« Quoi d'étonnant! dit-elle; les hommes ne nous jugent toutes que par rapport à eux, *et toutes sous le même rapport.* »

Le mot est plein de charmes, quoiqu'il tende à établir que toutes les femmes se ressemblent, au moins sous ce rapport-là, ce dont la femme la plus puritaine du monde ne voudrait peut-être pas convenir. En général, si vous êtes auteur et surtout moraliste, pour Dieu! que votre femme ne le soit pas. On ne saurait se représenter sans disgrâce l'homme et la femme écrivant chacun de leur côté dans leur cabinet, se montrant leur copie le matin, se lisant l'un à l'autre des fragments au milieu de la nuit, méditant l'un et l'autre sur la chute des empires. Une femme mariée qui médite sur l'homme en général m'épouvante, et le mari qui écrit sur les femmes en regardant la sienne mérite bien ce que vous savez.

Malgré tout ce qu'on dit sur le caractère incompréhensible des femmes, il est posé en principe ici que les femmes sont plus faciles à analyser que les hommes, et voici la raison que l'on se permet d'en donner.

Il y a, cela n'est pas douteux, dans la manière de se conduire avec les femmes, une série d'artifices, de menus manéges et de petits procédés dont l'effet peut se calculer avec la dernière précision. Or (ceci est un syllogisme), si l'on connaît à ce point les moyens qui agissent sur les femmes, c'est donc que leur caractère est parfaitement défini.

Ce qui est fort clair seulement c'est que cette connaissance-là ne sert à rien. Un Dieu y a pourvu. En dépit de l'art, l'amour ramène toujours chaque homme à sa nature; et au diable alors la tactique.

Vraisemblablement, cette réputation d'incompréhensibles qu'on a faite aux femmes, n'a pu venir que des amants malheureux; et voici sans doute où est le vice de la conclusion.

On aborde une femme aimée avec la théorie générale, puis on s'aperçoit qu'en l'appliquant les choses vont au rebours. Les dames échappent par des tangentes imprévues, une première observation ne se confirme pas, une seconde est en déroute, les nœuds, les filets, les appeaux, les collets, tout le système casse; on a complétement perdu le fil conducteur qui permet d'assigner les causes réelles de ces changements imprévus. Sans doute : les femmes ne sont pas des horloges dont on peut examiner à loisir les ressorts. Savoir ce qu'elles sont en général, ce n'est pas savoir comment les éléments de leur caractère se combinent individuellement chez l'une quelconque d'entre elles. Ce n'est pas surtout être en état de suivre le mouvement rapide de leurs impressions, de déterminer ce qu'elles pensent ou ce qu'elles éprouvent dans le moment même. Si l'on aime c'est une affaire faite, on a perdu le poids, la mesure, le coup d'œil, on se trompe en procédant mal sur une observation juste, comme en procédant bien sur une observation fausse.

Il y a, et il y aura sans doute toujours sous le ciel, un très-grand nombre d'infortunés qui se perdront en voulant étudier les femmes. La considération des difficultés produit la mélancolie.

A l'encontre, il y a un beaucoup plus grand nombre de gens qui ne se mettent pas l'esprit à la torture pour analyser ce sexe, qui ne cherchent pas à définir le caractère des belles, qui ne s'en embarrassent pas et réussissent rondement. Quatre-vingt-dix-neuf fois sur cent le succès est dans cette insouciance. D'où l'on peut conclure que rien n'est peut-être plus périlleux que d'analyser les règles du jeu. Quand on n'est pas de première force, mieux vaut aimer à tout rompre que de jouer au fin.

Pour connaître les femmes il faut d'ailleurs pouvoir les éprouver, or, à moins d'être prince ou millionnaire il n'y a pas moyen.

CHAPITRE II.

ANALYSE PHILOSOPHIQUE DE L'AMOUR.

Stendhal est le dernier lettré qui ait écrit en de bons termes sur l'amour. L'auteur regrette fort d'avoir été devancé par cet écrivain. Un livre comme celui de Stendhal, bien poli, bien coupé par de jolies histoires, avec une classification des divers genres d'amour ; l'amour goût, l'amour passion, l'amour à querelles, c'était tout à fait ce qui convenait ici pour terminer. Mais Stendhal a très-proprement, très-ingénieusement fait place nette en un coin fort intéressant du sujet. Stendhal, toutefois, et les autres dont on peut décemment parler, parce qu'ils ont écrit avec grâce, sont des spiritualistes, tandis que l'auteur ne l'est pas plus que ne le comporte le temps présent. On n'entend point idéaliser les dames ni faire de la chevalerie errante. On ne demande point l'émancipation de la femme ni la promiscuité des sexes, ces deux choses existant déjà d'ailleurs dans une certaine mesure; on ne tonne pas contre le luxe des femmes, car il faut bien laisser aux millionnaires, aux gens bien dotés, rentés et appointés le soin de l'entretenir. On ne demande pas trop de vertu dans les classes pauvres, parce qu'il faut bien fournir aux exigences de l'Opéra et aux diverses entreprises de chant, de danse et de pantomime; on ne demande pas trop de vertu non plus dans les classes bourgeoises, parce que les temps sont durs et l'argent rare, excepté chez les millionnaires. Mais on n'est pas non plus ennemi de la pudeur; on veut qu'il en reste un peu, parce qu'elle ajoute au plaisir. On veut que les femmes aient des principes, de la religion, des scrupules, parce que c'est une jouissance suprême que d'en obtenir ou d'en dicter le sacrifice, parce qu'enfin l'amour, pour être ce qu'il est, doit se composer de ce qu'il y a de plus délicat comme de ce qu'il y a de plus fangeux dans l'âme humaine. Non, quoi qu'on en dise, ni le vice ni la vertu ne sont inutiles. On n'est pas artiste si l'on ne sent cela.

Il y aurait deux choses à examiner dans l'amour : ses effets et ses principes. Il n'y a certes pas de sentiment qui remue la société plus terriblement que l'amour, et le spectacle de ses manifestations intérieures est presque tout le côté dramatique de la vie. La volupté en est évidemment le but suprême. Les ambitions, les passions, les plaisirs viennent aboutir à ce grand réceptacle; c'est pour satisfaire cette passion qu'on travaille, qu'on accepte une vie de forçat pendant de longues années. C'est pour porter cette coupe à ses lèvres qu'on veut de l'or, qu'on fait de la politique et de la finance, qu'on se ruine, qu'on se vole, qu'on se tue. L'atmosphère est sillonnée des éclats de foudre de cette passion, et le sol est jonché de ses débris.

« Embrasé de tes feux, tout est entraîné vers toi, ô Vénus! Au fond des mers, sur les montagnes, dans les fleuves profonds, sous la feuillée naissante, dans les vertes campagnes, tous les êtres brûlent d'épancher l'amour qui repeuple la terre[1]. »

Sauf qu'on ne cherche pas à repeupler, voilà bien le délire dont on aperçoit le frémissement universel à la surface de la société. Mais, dira-t-on, ce n'est pas là ce qu'on appelle l'amour; c'est un sensualisme grossier qui n'a rien de commun avec ce sentiment délicat qu'on appelle l'amour, avec cet idéal divin. . . . . Nous sommes tentés de dire avec un comédien du dix-septième siècle[2] :

Plus scenæ quam vitæ podest.

Et puis il n'y aurait pas moyen de tenir sur un ton lyrique.

1. Lucrèce.
2. Baron.

Le sentiment excessif des réalités a d'ailleurs une poésie qui lui est propre : il conduit au culte de la forme. L'art antique, c'est-à-dire l'art suprême, est né de cette concupiscence tout à fait étrangère, certainement, au sentimentalisme moderne.

Le rôle du sentiment artistique dans l'amour n'a pas été assez remarqué. C'est presque toujours par là qu'il prend son origine chez les hommes d'une nature un peu délicate. L'amour commence par l'admiration des œuvres du créateur. La première impression est une sorte d'étonnement, l'étonnement se change en admiration, puis l'admiration réfléchie en amour. Évidemment, la nature nous a doués d'un sens tout particulier pour apprécier chez les femmes les moindres détails de la beauté.

Il y a un suffrage qui se rend immédiatement, spontanément et comme malgré soi quand on aperçoit chez une femme le plus léger attrait. La nuance du regard, la forme du cou, une jolie bouche, le dessin gracieux d'un sourcil se révèlent instantanément aux yeux comme une lumière. On voit ces charmes, on les compte, on les détache par la pensée, même sur un visage ordinaire. L'investigation se poursuit sur toutes les surfaces visibles. Partout où l'on constate un fragment de beauté, on enregistre, c'est instinctif. De là vient assurément que les femmes prennent tant de soins d'exposer à cet examen les moindres choses qui se peuvent montrer honnêtement ; car elles ont de la beauté artistique une perception au moins aussi sûre que celle des hommes. Elles savent, admirablement, ce qu'elles peuvent posséder de charmes appréciables. Elles connaissent leur personne physique à un point qui passe l'imagination; la forme d'un doigt, d'une cheville, un trait, un linéament, elles savent si cela est joli ou non; c'est la plus grande intuition artistique du monde, et c'est cette intuition même qui est le fondement de leur coquetterie. Quand tous ces traits épars de beauté que les hommes recherchent avec tant de passion chez les femmes, se réunissent en grand nombre chez l'une d'elles; quand ils se coordonnent, quand ils s'harmonisent, quand une femme peut sortir victorieuse de l'examen minutieux dont elle est l'objet, alors une curiosité plus profonde commence à naître, un rien déterminera l'amour; car les hommes ont une vocation naturelle à aimer toutes les belles femmes qui ne seront pas trop cruelles.

Mais il semble que la nature, en nous donnant un sentiment si vif de la beauté, se soit plu à nous étonner toujours par la variété des types qu'elle a créés et par leur inconcevable splendeur. On ne peut pas voir une femme belle, qu'on en voie bientôt une plus belle encore. Le plus merveilleux spectacle qu'on puisse envier, dans le domaine de la fantaisie, serait de voir passer devant ses yeux les plus beaux types que la nature s'est ingéniée à créer depuis le commencement des âges, de voir ressusciter dans l'épanouissement de leur jeunesse toutes les belles qui sont mortes depuis six mille ans, de les comparer avec celles qui existent en ce moment sur la terre et avec celles qui naîtront jusqu'à la consommation des siècles.

La preuve que nous avons une sorte de sentiment surnaturel de la beauté des femmes, c'est que l'on classe dans son souvenir même celles qu'on n'a point aimées, celles qu'on n'a fait qu'entrevoir, toutes les fois qu'elles ont apparu avec le signe supérieur des créations de premier ordre. Ces types merveilleux laissent leurs reflets dans l'imagination; on les y retrouve; ils servent de point de comparaison et de modèles pour juger les autres femmes. Et combien de fois n'arrive-t-il pas que l'amour s'éveille en saisissant de lointaines ressemblances avec ces images gracieuses dont l'imagination est peuplée !

Ce qui impressionne le plus chez les femmes, c'est la nuance du regard, cette nuance que nous n'apercevons pas chez les hommes, mais qui chez elles se révèle à nos sens d'une manière si parfaitement distincte. C'est la nuance de ce regard qui nous atteste que les femmes ne sont pas toutes les mêmes.

A quel moment cette vocation générale à aimer toutes les femmes dont la beauté fait impression se change-t-elle en une préoccupation exclusive pour une seule d'entre elles, c'est-à-dire en amour ?

C'est là-dessus qu'on fausse compagnie pour ne

pas marcher dans les souliers des confrères. On croit seulement que toutes les belles femmes seront aimées par qui elles voudront. Il y a certainement un moment où la femme aimée passe dans le sang et où c'est celle-là même que l'on veut et non pas une autre; mais il n'y a pas non plus de raison pour que si une autre se fût trouvée à la place de la première, et dans les mêmes conditions, le travail de l'âme appelé par Stendhal *Cristallisation*, ne se fût pas de la même manière opéré sur la seconde.

On ne compte peut-être pas assez le nombre de passions échouées, qui viennent se résoudre en une passion unique. La dernière porte qui s'ouvre est souvent celle du sanctuaire. La plupart des hommes sont amoureux du jour où ils trouvent leur placement. Il est vrai que ceci gâte un peu la théorie des sympathies au moins en ce qui concerne les hommes.

A l'égard des dames il se pourrait que le problème fût plus compliqué. Autant qu'on peut l'avancer sans outrecuidance, l'amour ne naît pas chez elle de la même manière. Quelle est la différence? Question ingénieuse que l'on soumet à une cour d'amour composée des dames les plus vertueuses de la seconde série. La belle Mme H*** dont les mollets valent, dit-on, mieux que la figure, serait présidente du bataillon sacré.

On ne craint pas de soutenir qu'il y a des différences tout à fait à l'avantage de l'autre sexe.

Ainsi ce que les femmes apprécient essentiellement chez les hommes c'est la beauté intellectuelle et morale. C'est feu M. Cousin qui l'affirme [1]; et si cela n'arrive pas quant à présent, c'est que les sujets manquent. Mais mettons que leurs inclinations n'aient rien à démêler du tout avec des sentiments de cet ordre; elles ont cela de commun avec les hommes. La différence s'arrête à tous les autres rapports.

Chose singulière, les femmes qui ont pour elles-mêmes un sentiment si vif et si exquis de la beauté physique dont l'œil démêle chez leur rivale le moindre signe de perfection, les femmes encore un coup perdent tout à fait le sens artistique à l'égard des hommes. Il est très-décidé dans tous les cas que ni la beauté, ni l'élégance, ni même les manières ne sont le principe de leurs penchants. Ceci est très-heureux, ceci est providentiel, car il y a de par le monde une très-grande quantité d'hommes laids, qui sans cela ne seraient pas aimés pour eux-mêmes comme il arrive à tant de magots.

Alors que l'amour chez les hommes est presqu'immédiatement précédé ou suivi chez les hommes d'une espèce de lésion des sens, jusqu'à quel point les sens sont-ils intéressés chez les femmes dans les premières atteintes de l'amour? N'est-il pas charmant de penser que ces êtres si richement doués pour le plaisir, n'ont point la soudaineté d'appétit qui se révèle

---

[1]. M. Cousin n'a pas que nous sachions affirmé cela. (*Note de l'éditeur.*)

chez les hommes. Muse, laisse nous croire que la concupiscence sommeille doucement chez les jeunes filles quand elles commencent à aimer et même en aimant; qu'elles pensent à autre chose qu'à ce que nous pensons, aux champs, aux bois, aux marguerites, à leurs anges gardiens, au bon Dieu. Laisse nous croire que les épouses à la veille d'être infidèles, ne songent qu'à l'union de deux âmes avec un autre que leur mari !

On ne sait d'ailleurs pas au juste quel est en général le degré d'instruction des jeunes personnes les mieux élevées, avant de transformer en réalité les timides aspirations du premier amour.

Mais il y a dans leur organisation une délicatesse qui les soustrait aux impressions grossières, qui agissent incessamment chez les hommes. Pour elles les hommes n'ont point de sexe tant qu'elles n'en ont pas distingué un. Une femme bien née a même naturellement une sorte d'horreur des désirs qu'elle ne veut point satisfaire. Leurs sens ne s'éveillent qu'avec leur imagination, à moins pourtant d'une de ces surprises comme celle qui est racontée d'une manière si charmante dans les lignes que voici :

« J'ai connu une femme qui, quoiqu'aimable, n'avait jamais été soupçonnée d'aucune affaire de cœur. Quinze ans de ménage n'avaient point altéré sa tendresse pour son mari. On pouvait citer leur exemple. Un jour à sa campagne, ses amis s'amusèrent assez avant dans la nuit, pour être contraints de coucher chez elle. Le matin ses femmes s'occupèrent à servir les dames qui étaient restées. Elle était seule dans son appartement, lorsqu'un homme qu'elle voyait très-familièrement et cependant sans conséquence, passa chez elle pour lui faire le compliment d'usage en pareil cas. Il s'offrit à lui rendre quelques services au moment de sa toilette. Le négligé où elle se trouvait lui fournit une occasion de lui dire quelques galanteries sur des charmes qui n'avaient rien perdu de leur fraîcheur. Elle s'en défendit en riant comme d'un compliment. Cependant de propos en propos ils s'émurent; quelques maladresses dont on ne fit pas semblant de s'apercevoir devinrent des entreprises très-décidées. On se troubla, on s'attendrit de part et d'autre, et la femme était déjà bien coupable qu'elle ne croyait encore faire que badiner. Quel fut leur étonnement et leur embarras après un tel écart? Jamais ils n'ont pu comprendre depuis comment ils s'étaient engagés si loin, sans en avoir eu tout d'abord le moindre pressentiment. »

CHAPITRE III.

CONJECTURES DÉLICATES QUI NE SERONT PAS COMPRISES.

On doit répéter que c'est une loi providentielle et faite à l'avantage du plus grand nombre que les inclinations des femmes ne dépendent d'aucun des dons de l'esprit et de la figure; que l'on voie ce qui pourrait en arriver à divers points de vue si comme le désireraient quelques victimes de l'amour, les femmes se portaient avec une préférence décidée vers les hommes de choix, si la nature les avait douées d'un discernement excessif à cet égard. Ce serait effrayant pour quelques-uns et désolant pour le plus grand nombre. On peut placer là des considérations économiques et anthropologiques assez importantes. Les femmes obéissent sans le savoir à une loi d'en haut, à une loi sage qui a voulu réparer par leurs mains l'inégalité des conditions, des talents et des avantages extérieurs. C'est ainsi qu'un auteur avisé peut, comme on le fait ici, rattacher les raisons de la galanterie aux principes supérieurs de la science.

Les femmes étant des êtres moraux essentiellement irréguliers, les sources de leur sensibilité s'ouvrent ou se ferment selon des lois mystérieuses dont la physiologie donnerait peut-être le secret. C'est une étude à tenter; mais sans sortir quant à présent des bornes de la physiologie morale, il appert suffisamment que l'irrégularité de leur âme, de leur imagination et de leurs sens explique pour une part les caprices de leurs inclinations. Qui nous garantit que pour être aimé d'une femme, il ne suffit pas d'être en vue d'elle précisément à l'heure où leur âme est disposée à recevoir et à retenir une impression, à l'heure où descend quelqu'un des démons familiers du logis? Qui peut dire le rôle que joue dans l'amour le moment de la rupture d'une des vésicules de Graaff...[1]

CONSIDÉRATION D'UNE MORALITÉ DOUTEUSE.

Une femme incomprise est certainement une femme qui cherche à se faire comprendre. Aussi la société est-elle coupable quand elle se montre trop

---

1. L'auteur n'aurait pas dû écrire ceci parce que les dames peuvent demander une explication à leur médecin. (*Note de l'éditeur*).

sévère envers certaines infractions qui attestent un sentiment très-vif de l'idéal, quelque chose comme une recherche de l'infini dont elle sent en elle-même le principe. Mais les hommes qui font tant d'épreuves avant de se fixer à une femme légitime, et qui néanmoins ne s'y fixent pas, se montrent implacables pour ce qu'ils appellent l'honneur conjugal. Heureusement, cette sévérité de principes, ce sentiment exclusif de la propriété tend à s'affaiblir de plus en plus; et quand la science économique aura dit son dernier mot sur l'amortissement du capital, il faudra bien transporter quelques-unes de ces idées dans le mariage.

L'amour, le véritable amour, ne se comprend sans doute en général que d'un sentiment exclusif pour une seule personne; mais puisque d'après les théories les plus modernes il tient essentiellement à la perfection entrevue chez la personne aimée, il y a bien quelques difficultés. Ne peut-on aimer sincèrement deux et même trois personnes à la fois? Les Orientaux comprenaient plusieurs épouses. C'est que si ce système pouvait être admis de bonne foi, il tendrait à disculper du reproche de noirceur et de perfidie, un certain nombre de dames honnêtes dont on pourrait croire que le cœur est pervers, parce qu'elles ont eu le sentiment de la pluralité en amour. Beaucoup d'hommes pensent aussi sincèrement de cette façon. Leur impression peut se traduire ainsi : J'aime Julie, mais je ne pourrais me passer d'Henriette. J'adore Augustine, mais que Suzanne est séduisante ! Il est si difficile de trouver dans une seule personne la réunion des perfections qui assurent la durée de l'amour. Il doit arriver quelquefois sans doute qu'une femme qui a deux amants et qui les garde tous les deux à l'insu l'un de l'autre, les aime tous les deux à des titres divers. Ce sont deux égoïstes qu'elle réconcilie dans son cœur. Ce sont deux moitiés de perfection que l'on rapproche. La pauvre femme est justifiée, car être infidèle, qu'est-ce bien souvent, sinon compléter son idéal ?

Nous donnerons l'histoire suivante, parce qu'elle nous fait un peu plus de copie et qu'elle vient d'ailleurs à l'appui du sujet.

Deux capitaines, deux officiers, qui s'aimaient tendrement, allaient souvent chez un vieux gentilhomme veuf, qui n'avait qu'un seul enfant. C'était une jeune fille âgée de dix-huit ans, fort jolie. La demoiselle devint enceinte. Le père furieux s'apaisa, car il faut tôt ou tard s'apaiser, et après les questions ordinaires en pareil cas, il lui demanda qui l'avait mise dans cet état. Elle répondit sans s'émouvoir que c'était le capitaine, à moins que ce ne fût le lieutenant. Ils sont mandés tous les deux par le père ; il leur fait part de la situation de sa fille, leur déclare que l'un d'eux doit se résoudre à l'épouser, ou qu'il se sent encore assez de force et de courage pour se venger de l'un ou de l'autre.

Les jeunes officiers étaient rivaux sans s'en être jamais doutés : tous deux déclarèrent qu'ils étaient également disposés à faire ce que désirait le père outragé, mais aucun d'eux ne voulut céder à l'autre l'honneur de la réparation demandée. Le père proposa de s'en rapporter à la demoiselle. Autre embarras : elle répondit qu'elle les aimait également tous deux, qu'elle l'avait prouvé du reste, qu'elle ne pourrait jamais se résigner à sacrifier l'un à l'autre ; qu'on arrangeât cette affaire comme on voudrait, qu'elle se soumettrait à tout, que c'était assez faire pour elle.

On adopta, pour en finir, le seul moyen qu'il y avait à prendre ; le sort en décida.

Le traité fut exécuté avec la plus scrupuleuse fidélité. Le rival exclu resta l'ami des jeunes époux. Le sort avait prononcé en faveur du capitaine, qui mourut quelques années après ; sa veuve épousa le lieutenant, et ils n'éprouvèrent d'autre chagrin que d'avoir perdu un ami dont la mémoire leur fut toujours chère.

CHAPITRE IV.

OBSERVATION.

Il y a un aveu qu'on ne doit pas différer plus longtemps et par lequel on aurait dû commencer, c'est que c'est réellement la marque d'une impertinence achevée que de se permettre d'écrire sur le sujet dont on s'occupe ici. On s'empresse de le dire par prudence, pour enlever au besoin ce pavé de la main des railleurs.

Quand on songe que l'on voit paraître chaque année, deux ou trois ouvrages pour le moins qui s'intitulent : *Des femmes* ou *De la femme*. — On regarde au nez de ces auteurs et l'on se dit en voyant les espèces qu'il leur faut un terrible aplomb. C'est comme si l'on montrait son mollet ou ses cuisses, ou que l'on concourût pour le prix de senteur. On se donne l'air d'un connaisseur, d'un lascar qui connaît les sentiers de la vie, qui a vécu dans les ruelles et qui sort à peine boutonné d'un dernier boudoir. Cela donne un air Richelieu, un air Valmont, un air à claques.

L'auteur est généralement un cornac de donzelles qui connaît les tarifs, mais qui par faveur spéciale en est affranchi; ou bien c'est un vieux barbon de lettres qui a épousé une femme trop jeune, et fait l'office de sage-femme, chauffe la couche, bassine le lit et fait des yeux blancs sous son garde-vue.

L'auteur glissera entre ces écueils, en déclarant qu'il n'a pas eu pour sa part de succès auprès des dames, son principe étant d'ailleurs que quand on en a ce serait tout à fait perdre son temps que d'écrire là-dessus, les moments sont trop précieux.

Au point de vue littéraire, l'entreprise est bel et bien injustifiable; car on doit commencer par se mettre ceci dans la tête, c'est qu'il n'y a pas sur ce sujet le plus pauvre petit mot neuf à dire, non pas un mot, pas un *iota*. Les paradoxes, les réflexions les larmes, les plaintes, les soupirs, les colères, les formules, sont étiquetés et catalogués comme la nomenclature des produits médicinaux dans le *codex*.

Essayez de dire quelque chose sur les femmes, ce que vous voudrez, cherchez, combinez, ingéniez-vous, et l'on se charge de vous montrer le certificat d'origine, la marque de fabrique, l'original de la copie. Vous avez lancé un mot que vous croyez d'une saveur nouvelle, votre mot sort du magasin où il porte le numéro 2. Ce paragraphe-ci : numéro 4 du répertoire et ainsi des autres. Mettre au jour une pensée, une impression nouvelle sort du domaine du possible. Quand on sait qu'on ne fait que des *rhabillages*, il faut du courage pour s'y mettre, mais il faut au moins le savoir, ne pas s'imaginer aisément que l'on chante des airs nouveaux.

Il y a plus embarrassant encore que cela, et ce n'est pas peu dire. Quand on parle des femmes, il n'est que deux alternatives, en dire du bien ou en dire du mal, deux partis également dangereux, car ils sont d'un ridicule égal.

Allez donc vous déclarer le champion du beau sexe. Les dames elles-mêmes en riraient derrière leurs éventails. Allez donc marcher sur les traces de MM. Legouvé, père et fils, peindre la jeune fille, la mère et l'amante, tomber au pied d'un sexe auquel....

Proclamerez-vous le culte de la femme, son essence divine, son rôle dans la civilisation à la suite d'un brèche-dents du collége de France ? Ferez-vous du mysticisme matrimonial comme certains auteurs en s'occupant des couches et des infirmités de la femme, de ses périodes lunaires, enveloppant le tout d'un parfum de cabinet de toilette et de linge taché ?

Comment tomber dans l'extase de la croyance

sans paraître un niais, et comment se poser en sceptique sans paraître un cuistre?

On tourne ici la difficulté en médisant de l'amour et non des femmes, c'est un peu moins impertinent.

CHAPITRE V.

S'IL Y A DES IDÉES OU SEULEMENT DES SENSATIONS EN AMOUR.

Ce n'est pas trop la tendance de ce siècle de mettre l'amour hors de la poésie des sens pour le faire entrer dans le domaine de l'idéal.

Il est vrai que la doctrine de l'idéalisme sentimental rencontre de graves objections.

L'amour ne survit pas chez les hommes à la perte de la beauté. — Un. On ne voit pas s'aimer entre eux les laiderons qui ont de belles âmes. — Deux. Les mariages d'amour sont rarement heureux. — Trois. Hors le mariage on se brouille presque toujours avec la femme que l'on a aimée. — Quatre.

Il est vrai que les deux premiers exemples ne prouvent pas grand'chose, et que les deux derniers ne prouvent rien.

On ne hait les femmes que l'on a aimées que

parce que l'on a appris à les connaître. Lorsque deux amants brisent violemment leurs chaînes, ce n'est que la rupture de deux âmes qui n'étaient pas faites l'une pour l'autre.

Mais, d'un autre côté, les femmes qui attachent le plus les hommes ne sont pas celles qui ont le plus de vertu.

Et, d'autre part, les femmes ne s'attachent pas aux hommes en raison de leurs qualités.

Cependant, dans l'amour malheureux on éprouve une souffrance de l'âme qui le distingue absolument des sens, et qui atteste l'essence immatérielle de l'amour.

Mais l'âme est malade aussi, quand on a perdu sa fortune ou que l'on se trouve sans argent.

Cependant, on peut aimer assez une femme dans la première jeunesse, pour que l'image même du plaisir blesse la pensée.

Oui, mais cela ne dure pas, et cette délicatesse exquise n'est que la crainte du vertige à la pensée du bonheur.

Mais la pudeur, qui fait monter un sang si frais aux joues des jeunes filles, n'est-elle pas une protestation de la chasteté qui désarme la concupiscence?

Oui, mais la pudeur des jeunes femmes n'est qu'une expression détournée du désir; et qu'est-ce que l'amour de la femme la plus pure, quand il arrive un jour, une heure où elle s'humilie dans le plaisir Est-ce que le plaisir est chaste?

Toutes les héroïnes devraient mourir avant d'aborder au lit nuptial et même avant de se délacer.

On peut si l'on veut rétablir la balance au profit du spiritualisme, quelques mots de plus, ce serait fait, mais l'art ne le souffre pas.

On sent, à vrai dire, qu'il peut y avoir quelque chose de surfait dans l'amour, quand on en parle comme de l'essence des choses divines, comme de la contemplation du monde intellectuel et moral. Les idées générales de l'amour ne sont pas aussi riches que ses sensations, qui sont elles-mêmes fort au-dessous de ce qu'on désirerait. Le langage de l'amour n'a guère plus de variété que le chant des oiseaux; on ne saurait, quoi qu'on fasse, sortir d'un certain *convenu*, que l'amour exalte jusqu'au délire, mais dont les termes ne changent pas.

Que l'on suppose l'homme le mieux conformé moralement, aux genoux de la femme la plus intelligente et la plus belle, le dialogue ne sortira pas de ceci :

Je vous aime !

Je vous aime passionnément !

Je vous aime furieusement !

Reste la preuve à faire à un moment donné, c'est autre chose.

Il n'en est pas moins vrai que c'est avec ces trois notes qui n'en font qu'une, que se composent toutes les mélodies de la parole écrite ou parlée. Les hommes ont tous une vanité qui leur est propre. Ils s'imaginent que s'ils sont admis aux genoux d'une femme ils lui feront entendre des accents tout à fait nouveaux, mais les femmes qui ont de l'expérience déclarent que les hommes ne font jamais en pareil cas que répéter la même chose.

Si, par un beau clair de lune, vous êtes assis avec votre amante, sur la lisière d'un bois ou sur le bord d'un ruisseau, vous n'avez qu'à vous taire; ou si vous voulez parler qu'avez-vous à lui dire, sinon que la lune est brillante?

Et si vous êtes érudit vous ajouterez : « Que ce fut dans une nuit semblable, tandis qu'un doux zéphyr caressait légèrement le feuillage, sans y exciter le plus léger frémissement, que Troïle escalada les murs de Troie, et adressa les soupirs de son âme vers les tentes des Grecs, où reposait Cressida. Que ce fut dans une pareille nuit que Thisbé, craintive, et foulant d'un pied léger la rosée du gazon, aperçut l'ombre d'un lion avant de le voir lui-même, et s'enfuit éperdue de frayeur. Que ce fut dans une nuit semblable que Didon, seule sur le rivage d'une mer en furie, une branche de saule à la main, rappela son amant vers Carthage. » Etc.

Depuis le commencement du monde, tous les dialogues d'amoureux se ressemblent et sont copiés les uns sur les autres. Aussi les poëtes, les savants, ne se sont-ils jamais avisés de faire parler deux amants dont l'amour n'est traversé par aucun obstacle, qui peuvent se dire qu'ils s'aiment et qui peuvent se le prouver, sans craindre un mari jaloux ou la vengeance d'un rival.

A part ce que la passion prête à une foule de petites choses insignifiantes par elles-mêmes, il n'y a point de pensées au fond de l'amour, il n'y a que des sensations déguisées.

Mais la peinture de ces sensations, qui est la poésie des sens, comporte les tableaux les plus charmants et les plus variés. La manière d'exprimer le désir emprunte le monde des images. Tout ici consiste dans cette grâce de langage dont l'antiquité nous donne tant d'exemples; car les anciens ont été nos maîtres dans l'art d'exprimer les passions.

« Laisse-moi, dit Harmonie à Vénus, en parlant de Cadmus, Laisse-moi du moins près de lui. Je toucherai peut-être sa main ou le bord de sa tunique, et ce serait un remède au mal qui me consume. Je verrais son cou sans voile, et comme par mégarde je serrerais son corps pendant qu'il est assis. Ah! si par hasard sa main s'étendait jusqu'à moi et venait à toucher mon sein, il me semble que je mourrais. Oui, pour presser de mes lèvres, ses lèvres entr'ouvertes et les effleurer de mes baisers, pour l'entourer de mes bras un moment, je consentirais volontiers à passer les ondes de l'Achéron. Alors, sur les rives du Léthé, qui voit couler tant de larmes, je raconterais aux morts ma douce destinée et je ferais à la fois envie et pitié à la triste Proserpine. Là, j'enseignerais l'art de ces baisers pleins de charmes, aux amantes malheureuses qu'à consumées le feu du désir, et j'exciterais leur envie, s'il est vrai qu'après la mort les femmes gardent encore de jalouses passions aux bords du fleuve de l'oubli.... »

Et ceci que l'Arioste lui-même n'a pu imiter (une jeune amazone blessée en combattant[1].)

« Une vierge est tombée, à demi nue sur le sol poudreux. Sous ses vêtements relevés, sa beauté s'arme encore. Blessée, elle blesse son meurtrier séduit.... Ses charmes nus lancent contre lui les traits de l'amour; et, comme Achille à la vue d'une autre Penthésilée, l'Indien eût baisé les lèvres refroidies de la nymphe étendue sur la poussière, s'il n'eût redouté la colère des dieux. Alors il considère cette beauté qui se révèle et lui est refusée; il voit la blancheur de ses pieds, ses formes que rien ne voile. Il la touche, approche sa main de cette poitrine de rose, qui n'a pas encore perdu la grâce de ses contours. — Il fait entendre d'une voix éperdue ces paroles insensées : « Ah! malheur à ma lance, malheur à mon bras téméraire! Quand je presse la blessure de ton corps charmant, quel hymne magique, quels enchantements constellés pourront, à ma voix inspirée, endormir tes angoisses et arrêter ton sang! Que n'ai-je

1. Nous ne saurions dire au juste si le passage qui suit, de même que celui qui précède, sont tirés de quelque poëte, ou seulement imaginés par l'auteur. Nous croyons cependant que ce sont deux morceaux extraits des Dionysiaques de Nonnos.

(*Note de l'éditeur.*)

là, près de moi, une source vivifiante pour baigner ton corps dans les eaux qui calment la douleur, j'adoucirais ta gracieuse plaie jusqu'à ce que j'eusse vu revenir ton âme errante. Où trouverai-je les remèdes mystérieux de Péan et son art salutaire. Que n'ai-je cette plante que l'on appelle centaurée, j'en presserais sur toi le suc de sa fleur, qui apaise les souffrances et je te sauverais vivante de l'enfer, d'où l'on ne revient pas. »

CONSIDÉRATION ÉCONOMIQUE.

Le dernier recensement officiel porte :
Que le nombre des femmes est de. . 19 052 985
Et celui des hommes de. 19 014 109
Excédant du nombre des femmes sur
    les hommes. 38 876

On voit par là combien la nature est sage. Car voici pour l'exercice de 1867, à l'actif du sexe masculin, un solde créditeur de 38 876, destiné à pourvoir aux exigences de la demande.

Si non-seulement ces 38 876 femmes venaient à manquer, mais encore que leur nombre total se trouvât réduit de cette différence, ce serait une calamité pire qu'une disette, car la demande dépasserait l'offre, ce qui enchérirait l'amour dans la proportion de $^1/_4$ p. $^0/^0$.

Mais aussi les amants aimeraient plus ardemment leurs maîtresses, et les maris feraient meilleure garde autour de leurs femmes.

Donc, etc.

D'UN PROCÈS TOUJOURS PENDANT ENTRE LES DEUX SEXES.

Il y a une sorte de procès qui existe depuis le commencement entre les deux sexes. Le grief se traduit du côté des hommes par ces mots : *Oh! les femmes!...* Et il se traduit du côté des femmes par cet autre mot : *Oh! les hommes!...*

Cela équivaut des deux parts à une accusation en règle. La question toujours pendante serait donc de savoir quel est le sexe qui a le plus de torts en général vis-à-vis de l'autre.

Comme le conflit ne s'élève que sur le terrain de l'amour, il y aurait, à ce qu'il semble, un moyen assez simple de le vider, ce serait d'examiner quels sont les procédés des hommes, quand ils aiment et quels sont dans le même cas les procédés des femmes. On reconnaîtrait peut-être qu'il faut une étrange audace de la part des hommes pour se poser en victimes; mais peut-être reconnaîtrait-on aussi que les femmes ont tort de se plaindre. On refuse de faciliter la solution de cette question.

Une princesse de ce temps-ci, une princesse encore vivante, qui a été belle et qui *ne s'en est pas fait faute*, a écrit ceci :

« Il y a deux choses dont un homme ne convient jamais avec une femme, qu'il en ait aimé une autre et qu'il lui soit resté fidèle. Il jouerait tout son bonheur pour cette vanité d'avoir possédé sans aimer.

« Jamais on ne pardonnera à une femme libre d'être la première à rompre ses liens. Il y a dans cet acte un renversement de l'usage, un dédain de sa colère dont un homme sera toujours profondément blessé. Il ne se souviendra pas des mille méfaits qui ont fait prendre cette détermination. Il en sera étourdi. Tant qu'on l'aime il se pardonne aisément ses petites infamies. Quand il n'est plus aimé il veut encore être craint…. Et c'est en affectant un dédain qui ne trompe personne qu'il cherche à reprendre contenance. »

Un trait aussi pris sur le vif méritait d'être sauvé de l'oubli, et la dame qui a écrit ces lignes enverra sans doute ses remercîments à l'auteur, qui lui baise respectueusement les mains.

CHAPITRE VI.

DE LA POSSESSION UNIVERSELLE.

On ne saurait admettre que ceux qui se sont élevés à un degré éminent dans la vie galante, n'aient recherché que des jouissances grossières dans la séduction. Sans doute l'amour des femmes est une passion qui résiste à l'âge et à la caducité, sans doute encore il y a tant de variété dans la beauté des femmes qu'on court toujours le risque d'en rencontrer une plus belle ou plus séduisante que toutes celles que l'on peut avoir aimées; mais il est possible que le plaisir des sens n'ait joué qu'un rôle secondaire dans la vie des Grammont, des Bolimbroke, des Chesterfield et autres. Pourtant on ne trouve dans les impressions de tous ces privilégiés de l'amour rien que de fort plat, ce qui traîne de côté et d'autre. Les plus spirituels se sont gardés d'écrire. C'est peut-être que l'analyse de l'art ou de la science n'appartient pas à ceux à qui leur talent assigne le rôle de l'action.

A-t-on vu beaucoup de grands peintres écrire sur la peinture, de grands généraux sur l'art de la guerre, de grands poëtes sur la poésie? Certainement non. Les hommes puissants par l'art savent assez tout ce qu'il y a de vain dans ces théories; et à quoi leur serviraient-elles? Faire mieux que personne, n'est-ce pas savoir mieux que personne. Serait-ce pour le profit des autres qu'ils consentiraient à écrire, mais les procédés intimes de l'art ne s'enseignent pas. Tout au plus consentiraient-ils à écrire par distraction ou par vanité, mais le plaisir d'étonner quelques lecteurs par des révélations surprenantes ne vaudrait pas l'ennui qu'il faudrait prendre à les écrire. Ainsi doit sans doute s'expliquer le silence des maîtres de l'art sur le fonds de leurs procédés. Il y a d'autres raisons encore. La science de la vie ne sert à rien à ceux qui ne l'ont pas apprise à leurs dépens. En pareille matière on ne croit que ce qu'on voit, on ne sait que ce qu'on a expérimenté. Les secrets qu'on apprend, les procédés, les manières certaines d'agir, les principes, les systèmes que l'on se fait ou que l'on se formule à soi-même comme règles d'actions, on ne saurait trop les cacher; car c'est les perdre que de les faire connaître, c'est perdre la puissance que donne leur vertu secrète.

Ceux qui écrivent sont ceux qui ne savent pas,

qui cherchent ou qui se sont trompés; ce qu'ils ignorent, ils l'apprennent aux autres. C'est une manière assez spirituelle de se moquer du monde quand on a la conscience de ce qu'on fait.

Quand on a le bonheur de naître avec deux ou trois cent mille livres de rente, une tournure passable et quelque peu de naissance même frélatée, la galanterie devient un jeu tellement attrayant que beaucoup d'hommes bien doués dont il est fait mention dans le passé ont pu dédaigner d'autre gloire que celle d'être universellement aimés.

Il y a peu ou point d'amitié, mais il y a de l'amour. C'est tout ce que le ciel a donné aux hommes sur la terre pour la leur faire regretter. Pour se réconcilier avec l'humanité un homme à tournure n'a qu'à passer dans le camp de l'autre sexe. Là il peut dire qu'il est abandonné par tous les mauvais sentiments qui lui font cortége au milieu des hommes. Là il ne sera plus haï ou envié ni pour sa place, ni pour son argent ni pour son esprit, ni pour ses talents. Tous ses avantages lui serviront sans qu'aucun lui nuise. Le charme incomparable de la société des femmes pour les héros de la galanterie c'est qu'ils s'y sentent toujours observés, toujours regardés et généralement désirés. Il n'y a point là de supériorité qui gêne, point de contradicteurs embarrassants. On n'y peut avoir d'ennemis, car avec les femmes il n'y a qu'un intérêt : l'amour, et les choses sont si bien réglées en ceci que ce qu'on leur demande toujours est toujours ce

qu'elles veulent donner (¹). . . . .
. . . .
. . . .
. . . .

.... L'amour ainsi compris fait une aussi grande place aux combinaisons de l'esprit qu'aux plaisirs des sens. Il a l'attrait de la guerre, de la politique et du jeu. Il n'est pas même dépourvu à ce qu'on peut croire d'une certaine dose de philosophie comme l'a su concevoir une femme tout à fait extraordinaire dont on parlera tout à l'heure ; car on parle pour les deux sexes.

On a déjà tenté plus d'une fois d'analyser les attraits profonds et irrésistibles de la possession universelle.

Molière a écrit dans le Festin de pierre un passage qui paraît avoir servi à accommoder tous les restes de don Juan qu'on nous a servis depuis. « Quoi! fait-il dire à son héros dans le Festin de pierre, tu veux qu'on se lie à demeurer au premier objet qui nous prend, qu'on renonce au monde pour lui, et qu'on n'ait plus d'yeux pour personne? La belle chose de vouloir se piquer d'un faux honneur d'être fidèle, de s'ensevelir pour toujours dans une passion, et d'être mort dès sa jeunesse à toutes les

---

1. Le mauvais goût de cette phrase a été un avertissement pour l'auteur qui supprime vingt pages à la suite. O Athéniens, devenus le peuple le plus sot de l'univers, saurez-vous ce qu'on a fait pour vous plaire?

autres beautés qui nous peuvent frapper les yeux! Non, non, la constance n'est bonne que pour des ridicules; toutes les belles ont droit de nous charmer et l'avantage d'être rencontrée la première, ne doit pas dérober aux autres les justes prétentions qu'elles ont toutes sur nos cœurs. Pour moi, la beauté me ravit partout où je la trouve, et je cède facilement à cette douce violence dont elle nous entraîne. J'ai beau être engagé, l'amour que j'ai pour une belle n'engage point mon âme à faire injustice aux autres; je conserve des yeux pour voir le mérite de toutes, et rends à chacune les hommages et les tributs où la nature nous oblige. Quoi qu'il en soit, je ne puis refuser mon cœur à tout ce que je vois d'aimable; et dès qu'un beau visage me le demande, si j'en avais dix mille, je les donnerais tous. Les inclinations naissantes, après tout, ont des charmes inexplicables, et tout le plaisir de l'amour est dans le changement. On goûte une douceur extrême à réduire, par cent hommages, le cœur d'une jeune beauté, à voir de jour en jour, les petits progrès qu'on y fait, à combattre, par des transports, par des larmes et des soupirs, l'innocente pudeur d'une âme qui a peine à rendre les armes; à forcer pied à pied toutes les petites résistances qu'elle nous oppose, à vaincre les scrupules dont elle se fait un honneur, et la mener doucement où nous avons envie de la faire venir. Mais lorsqu'on en est maître une fois, il n'y a plus rien à dire, ni rien à souhaiter; tout le beau de la passion est fini et nous nous endormons dans la tranquillité d'un tel amour, si quelque objet nouveau ne vient réveiller nos désirs, et présenter à notre cœur les charmes attrayants d'une conquête à faire. Enfin il n'est rien de si doux que de triompher de la résistance d'une belle personne; et j'ai, sur ce sujet, l'ambition des conquérants, qui volent perpétuellement de victoire en victoire, et ne peuvent se résoudre à borner leurs souhaits. Il n'est rien qui puisse arrêter l'impétuosité de mes désirs; je me sens un cœur à aimer toute la terre; et comme Alexandre, je souhaiterais qu'il y eût d'autres mondes, pour y pouvoir étendre mes conquêtes amoureuses. »

Ce passage ne fait qu'esquisser la théorie de la possession universelle; mais son mot : « J'ai sur ce sujet l'ambition des conquérants » est la grande note. Un don Juan plus sensualiste encore plus philosophe, pourrait s'exprimer comme suit : (On donne le pendant pour servir aux romanciers et dramaturges qui fournissent des types de Lovelace en français d'Auvergne, et n'ont qu'une connaissance incomplète des théories de la comédie humaine.)

— « Ouvre donc les oreilles, Sganarelle, mon ami. L'amour est chez moi une passion aussi forte que la politique, tu ne peux comprendre ceci, mais tu comprends que c'est moins cruel. Il me semble que toutes les femmes sont faites pour moi. C'est à ce point que je voudrais anéantir par la pensée toutes les belles femmes qui ne peuvent m'appartenir. Oui, je voudrais, je te le jure, pouvoir les faire disparaître du monde. J'ai une passion maladive et furieuse qui me fait envier celles que je ne possède pas. Je me sens outragé par le bonheur de leurs maris ou de leurs amants. Conçois-tu que la nature qui a mis des bornes à nos facultés, n'en a pas mis à nos désirs, et sais-tu ce qu'il en coûte parfois pour voir passer et repasser devant ses yeux tant de beautés auxquelles on ne peut toucher! Que de fois n'ai-je pas rêvé d'être roi, non pour la royauté en elle-même, mais parce qu'il n'y a que la souveraine puissance qui puisse donner la possession universelle. Si j'étais roi d'un grand royaume je ferais tenir bonne note de toutes les belles femmes qui se trouveraient dans mes États, depuis la ville la plus populeuse jusqu'à la plus simple bourgade; j'aurais leurs portraits, je saurais leurs noms, je saurais le nom de mes sujettes. Je parcourrais sans cesse mon royaume, sous les déguisements les plus divers, pour aller voir de près ces beautés et pour leur rendre des hommages qui seraient rarement repoussés. Mais non, je sens que ma condition est meilleure que ne pourrait l'être celle d'un prince, car il est honteux d'avoir des succès qui ne sont commandés que par la puissance; et puis les femmes se contraignent trop avec les princes; elles ne se montrent pas ce qu'elles sont. N'ai-je pas la royauté naturelle? la seule qui puisse flatter en pareil cas, car on se doit tout à soi-même; et ne me suffit-il pas de triompher partout où je suis et près de tout ce que je vois. C'est ce que j'appelle l'universalité de la possession ; Sganarelle, je veux m'en contenter. Je cherche dans les femmes l'infini, l'absolu ; on croit que la possession de beaucoup de femmes éteint les désirs, j'ai reconnu que la soif s'accroissait avec les moyens de l'apaiser. On dit que les femmes sont toutes les mêmes, c'est un détestable et outrageant mensonge ; et puis la curiosité ne s'éteint pas, non jamais. Toute femme nouvelle pose pour moi une question qui me trouble jusqu'au fond de l'âme : Comment est-elle cette belle que je ne connais pas ? Ah ! cette curiosité maudite, cette diabolique tentation de l'inconnu, cette concupiscence sans frein, pourquoi Dieu l'a-t-il mise dans notre âme ? Ne pouvait-il pourvoir à la conservation de l'espèce par des moyens moins terribles ? Nous sommes de par le monde quelques monstres qui détruiraient le genre humain pour en avoir seulement la moitié. La moitié, Sganarelle, est-ce trop ? Comprends-tu quel ravissement de passer sans cesse des bras d'une femme dans ceux d'une autre, à travers les effluves incessantes de la jeunesse et de la beauté ? Quel attrait de comparer sans cesse des charmes divers, d'analyser les divers modes d'impression du plaisir, d'étudier les lois de cette harmonie ! car je raisonne l'amour comme je le sens, c'est ce qui fait ma supériorité sur des êtres de ton espèce. Quel art ! quels trésors inconnus dans les rapports changeants de la galanterie !

« Et je ne t'ai pas même parlé du plaisir purement idéal que l'on trouve dans l'observation du caractère des femmes. Je suis un moraliste qui me joue de ce que je vois écrit là-dessus dans les livres. Quelle occupation charmante et quel jeu facile c'est que d'étudier leurs mœurs, leurs idées et leurs sentiments, d'analyser le fond de leurs scrupules, de chercher jusqu'où va leur vertu, de les observer dans leur résistance et dans leur chute ; de comparer ce qu'elles disent *avant* avec ce qu'elles disent *après;* d'être le principe de leurs actions ; d'imprimer sur leur âme comme sur une cire légère ce qui cause la douleur ou le plaisir, de modifier le fond de leurs idées et même de leur caractère ; de pouvoir mesurer à la fois jusqu'où va leur dévouement et jusqu'où peut aller leur perfidie ; de les surprendre dans la nudité de leur trahison ou dans l'entraînement de leurs sacrifices ! Quel bonheur de s'associer à leurs jeux d'enfants, à leurs petites passions, comme un camarade ! quelle jouissance de pouvoir se faire assez petit pour entrer dans tous leurs caprices ! je vivrais ma vie parmi des chiffons, dans le fond d'un sachet ou au fond d'un dé ! Un homme comme moi, après tout, remplit une mission parmi les femmes, car il donne à quelques-unes ce qu'elles désirent toutes, une notion supérieure du plaisir. »

COUP DE BOUTOIR.

Plus d'un pied plat du temps présent s'accommoderait assurément de cette théorie. Quelques gens de bande noire échappés de la hart ont même paru de nos jours à qui les crocs ne manquaient pas. Mais la brutale concupiscence de nos jours n'a pas même ce qu'il faut pour créer des vices élégants. Une certaine grandeur native puisée dans des mœurs d'une originalité profonde a seule pu idéaliser quelques types achevés qu'on vit aux deux derniers siècles. Mais le sensualisme des verrats n'y suffit pas.

Il paraîtrait que dans ce temps-ci, on n'a plus même le sentiment de ce qui peut constituer la grâce dans la corruption. Il a surgi des hommes à la mode à renvoyer aux écuries. N'a-t-on pas vu citer comme un type de gentilhommerie achevé, ce nazillard court sur patté de M...., ce malôtru de Z..., un Rufus, un Vertumnus, un Méla, des Gitons, une race de Ruffians!...

CHAPITRE VII.

DES JOUISSANCES DE LA COQUETTERIE.

Il est certaines choses de la vie des femmes que les hommes ne peuvent tout au plus que se figurer. Qui peut dire au juste, par exemple, ce que sont pour elles les jouissances de la coquetterie? Les législateurs de l'hôtel de Rambouillet ont oublié de nous le dire; et si Voiture ou Balzac l'avaient fait, ils se seraient probablement exprimés ainsi :

« Si *douce viande*[1] que soient les biens de fortune et la grandeur, il n'est point que l'on puisse les comparer au triomphe d'une belle; car il n'est rien que de fort emprunté dans les hommages et dans le respect dont les grands postes sont parés. Les grands ne sont ni flattés ni aimés pour eux-mêmes.

---

1. Mot très-usité en ce temps-là.

Ils ne sauraient se garantir à eux-mêmes qu'un seul de ceux qui les entoure ne les haïsse ou ne soit prêt à les trahir. Ils n'ont que des amis envieux et des esclaves révoltés. »

C'est bien là la note, maintenant l'auteur continue :

Quelle différence avec le pouvoir que donne la beauté tant qu'elle dure, et elle dure de compte fait encore plus que la plupart des grandeurs ! Tout est libre, tout est spontané, tout est vrai dans les hommages que les hommes rendent aux belles femmes. Ils ne se contraignent ni par nécessité, ni par crainte, mais par leur seul désir de leur plaire. Ils courent au-devant de la servitude avec un entraînement réel et toujours passionné. On se dispute un de leurs sourires, un de leurs regards, d'adorables misères qui ne leur coûtent rien et auxquelles on attache un prix fou. Chacun de leurs gestes, chacune de leurs beautés visibles fait naître une admiration secrète et contemplative. Elles triomphent dès qu'elles apparaissent. Elles voient fleurir sur les lèvres de ceux qui les entourent un éternel sourire, ce sourire que les princes eux-mêmes ne peuvent obtenir, car il est comme une émanation naturelle de tout ce que l'âme peut souhaiter de bienvenue[1].

Certes la vie d'une femme est remplie quand elle a

1. Il est visible que l'auteur a encore des illusions. (*Note de l'éditeur*).

joui pendant dix ou quinze ans de pareils triomphes; et l'on peut faire à quarante ou quarante-cinq ans une magnifique retraite sans se couper complétement les vivres.

Mais pour jouer ces rôles avec succès il faut aimer les hommes au même titre que les hommes à succès aiment les femmes. Il faut aimer le genre et non pas l'espèce. Il faut tenir un peu plus à l'admiration qu'à l'amour; c'est la preuve d'une âme délicate de ne prendre des passions que la fleur. La coquetterie, et c'est là son mérite, ramène d'elle-même à une certaine vertu relative.

La période de la résistance est incontestablement la plus favorable aux jouissances de la coquetterie. On peut croire que c'est pour cela que les femmes au-dessus du commun la font durer. Il leur est loisible de se donner à elles-mêmes les comédies les plus piquantes au milieu des hommages intéressés qui les environnent. C'est un spectacle fécond en surprises, en observations, en curiosités et en friandises de toute espèce.

Si elles connaissent un peu les hommes, elles peuvent voir de quelle façon ils se grimacent pour être agréables, les niaiseries qu'ils débitent sous prétexte de galanterie, leur superbe confiance dans la nullité des femmes et les formes innombrables de leur vanité.

Et quel intérêt piquant à observer leur manége; comment celui-ci s'y prendra-t-il? Jusqu'où ira celui-là? Quel est celui-là qui montrera le plus d'art, qui couvrira le mieux ses batteries?

Là-dessus toute une gymnastique à laquelle succède le recueillement des impressions reçues et des impressions produites. Passer mentalement en revue la série des adorateurs, compter les soupirs, se rappeler les regards, les serrements de mains involontaires, songer à tout cela le soir en se couchant, ou le matin en se réveillant d'un léger sommeil. Préparer ses mots, ses réponses et tant d'innocents détours, contempler en secret des charmes dont le mystère est si palpitant. Songer à sa toilette, combiner des effets de lumière et de couleur, une certaine manière de se peigner qui désespère et ravisse. C'est un art qui participe de tous les arts, un calcul, une intuition vive et profonde de certaines passions, de certains sentiments des hommes, un jeu intérieur sur leur imagination et même sur leurs sens; quelque chose comme un libertinage d'esprit raffiné et décent qui dédommage en quelque sorte les femmes de la réserve que leur sexe leur impose.

Mais l'honnêteté admet heureusement pour les femmes du monde assez de satisfactions discrètes pour qu'à moins d'un tempérament excessif, il soit possible de s'en contenter. C'est un compte qui varie. Il y a une réflexion qui contient toujours une femme : *je peux*, si *je veux*. Il y a bien des plaisirs secrets attachés à la modestie. Une femme peut se consoler de sa chasteté relative en songeant combien d'hommes elle possède en imagination, dans combien de cœurs son souvenir entrera, combien en l'apercevant se diront : Oh! que celui qui possède cette femme est heureux! et que ce bonheur désespérera; car la coquetterie ne fait-elle pas jouir autant de ceux qui souffrent que de ceux que l'on rend heureux.

C'est peut-être à ce sentiment qu'il faut rapporter ce phénomène de cœur assez souvent observé chez certaines femmes qui se refusent à un homme qu'elles aiment pour se donner à un homme qu'elles n'aiment pas. Il peut y avoir dans la souffrance d'un homme qui aime une jouissance que ne donnerait pas le plaisir de le rendre heureux. C'est un plaisir cruel sans doute, mais une revanche légitime prise au nom du sexe tout entier en expiation des victimes de l'autre.

On dit que ces choses-là arrivent aux amants qui ont une trop haute opinion de leur maîtresse. Une femme fait peut-être, en pareil cas, la réflexion que voici : De celui qui me met à si haut prix, je retiens l'estime en ne me donnant pas et de celui qui ne m'estime pas trop, je retiens l'amour. Il arrive alors quelquefois que le plus avantageusement partagé des deux surprend des soupirs, des pleurs en désarmant des refus qui ne sont pas de résistance. Elle pense à lui, à l'*autre* ! Elle se dit comme il m'aime, et combien il est malheureux ! Dans ce cas les femmes cachent, à ce qu'il paraît, avec un soin jaloux, passionné, profond, le sacrifice qu'elles font à un autre. Car les femmes jouissent de la confiance que l'on a dans leur vertu comme si elles étaient réellement vertueuses, et tout aussi pacifiquement. Elles sont capables d'efforts surhumains, de prodiges pour cacher l'erreur. C'est un coin de poésie qui reste dans leur âme, le sentiment à côté de la réalité, une fleur qu'elles cultivent en secret, la fleur de l'idéal !

Et certes, la franchise serait mille fois plus inhumaine.

CHAPITRE VIII.

NINON DE L'ENCLOS ET SON ÉCOLE.

La galanterie tient, incontestablement, une très-grande place dans la civilisation française. L'Académie devrait instituer un prix pour la meilleure exécution d'un ouvrage dont on peut fournir ici le plan.

Dans un premier volume, on ferait la théorie de l'amour et l'on pousserait l'étude du sujet jusqu'aux bornes de la métaphysique.

Dans un second volume, on prendrait pour point de départ historique l'époque où les tribus Franques franchirent les bords du Rhin pour venir s'établir avec leurs épouses dans les provinces Gallo-Romaines. On chercherait à distinguer les trois races de femmes qui ont fini par constituer l'unité de la femme Française, la femme Germaine, la femme Gauloise et la femme Romaine. Les trois types seraient esquissés, puis on arriverait par une marche progressive, jusqu'au moment où l'on peut dire que la femme Française est constituée. On conclurait que la candeur et la virginité ont été apportées des forêts de la Germanie, que la passion du luxe et des plaisirs est venue de Rome, l'enjouement et la gaieté des piquantes Gauloises que les peuplades conquérantes trouvèrent çà et là sur le sol indigène; et que, quant à l'amour du changement dans les deux sexes, il a dû venir de l'Orient par le contact originaire de la race Celtique avec les races Sémitiques.

Ensuite on distinguerait l'amour en âges. L'âge patriarcal où les leudes d'Austrasie et de Neustrie prenaient autant de concubines qu'Abraham et parmi leurs plus humbles sujettes. L'âge chrétien, c'est-à-dire la conversion au christianisme expliquée par l'influence des femmes. L'âge féodal ou de la chevalerie, l'affranchissement des communes, coïncidant avec de nouveaux rapports dans la condition des femmes afin d'indiquer la solidarité des agents généraux de la civilisation : cela ferait bien trois ou quatre volumes.

On arriverait successivement à travers la transformation des mœurs et des institutions jusqu'à la renaissance des lettres et des arts sous l'influence de la galanterie, jusqu'aux amours à coups de poignard et à fioles de poison des derniers Valois, jusqu'aux amours politiques de la Fronde et aux séances académiques de l'hôtel de Rambouillet, jusqu'au règne des favorites au temps de Louis XV et de la Régence et de là enfin, à l'*Étairisme* contemporain.

Quoi qu'il en soit, et pour sauter par-dessus les quinze ou vingt volumes que l'on fera quelque jour là-dessus, la théorie du sensualisme ne pouvait naître qu'au sein d'une société élégante et polie arrivée au dernier degré de sa civilisation, à un certain point où le sentiment de la forme, le culte de l'esprit et des manières atteignaient à la perfection.

C'est ce qui arriva dans la première moitié du dix-septième siècle. Il s'est rencontré une femme douée de tous les attraits et de tous les dons de l'intelligence, une femme qui a traité l'amour comme une science, comme la politique. Ses idées, ses vues, ses observations morales paraissent s'être résumées dans un livre qu'elle n'a pas écrit, mais qui a été fait sur ses méditations, comme ce que l'on sait des doctrines de Socrate d'après ceux qui les ont recueillies; livre après lequel on peut jeter par la fenêtre tout ce qui s'est écrit sur les femmes et sur l'amour, y compris bien entendu ce que l'on peut trouver ici.

Chose singulière, ce petit volume qui contient en substance et dans une langue merveilleuse ce qu'ont écrit les Larochefoucauld et les Labruyère est à peine connu; il ne l'est guère que des lettrés. Il ne serait peut-être pas excessivement téméraire de présumer que dès le temps où il a paru on a pu avoir quelque intérêt à le cacher à cause des grandes réputations littéraires auxquelles il eût fait ombrage. Il s'est rencontré une femme qui a parlé de l'amour mieux qu'aucun homme n'a su le faire, qui a professé l'amour en le pratiquant, qui a fait des élèves des deux sexes, dont les amants s'appelaient Condé, Larochefoucauld, Longueville, Coligny, de Villarceaux, de Sévigné, d'Albret, d'Estrées, d'Effiat, de Clerembault, Lachâtre et mille autres, pour le moins.

Sa meilleure élève fut Mme de Maintenon; il s'agit en un mot de Mlle de Lenclos.

Ce n'est pas qu'il n'y ait quelque chose qui blesse jusqu'à un certain point la délicatesse de l'esprit et même des sens, dans le sensualisme raisonneur d'une femme qui cause si sciemment sur de tels sujets, qui parle d'amour à ses amants comme Platon parlait de l'immortalité de l'âme au milieu de ses disciples; mais il faut bien avouer qu'on n'a rien vu de cette force. Ovide ne s'est plus trouvé qu'un écolier. Ninon a professé l'amour comme un art; depuis plus d'un siècle c'est là que les écrivains moralistes vont faire leurs provisions d'idées sur les femmes, sur l'amour; la source des larcins est ignorée. Tous les frelons doivent la connaître. Voici quelques citations. On renvoie pour le surplus à l'ouvrage[1].

1. Les citations qui suivent sont tirées des lettres de Ninon de l'Enclos au marquis de Sévigné, ouvrage dont l'auteur est in-

Veut-on savoir, par exemple, de quelle manière et dans quel langage un amant trop respectueux est conseillé :

« Une femme se persuade beaucoup mieux qu'elle est aimée, par ce qu'elle devine, que par ce qu'on lui dit. Agissez comme s'il était fait cet aveu, qui vous coûte tant, ou bien imitez le chevalier, prenez son air aisé. La conduite que la comtesse tient avec lui devant vous semble vous en faire une loi. Avec votre air circonspect et presque respectueux, vous avez celui d'un homme qui médite un dessein considérable, d'un homme, en un mot, qui veut faire un mauvais coup. Vos dehors sont inquiétants pour une femme, qui connaît les conséquences d'une passion telle que la vôtre. Songez que tant que vous lui laisserez apercevoir les préparatifs d'une attaque, vous la trouverez toujours sous les armes. Avez-vous jamais vu un général habile, rempli du dessein de surprendre une place, annoncer à l'ennemi par tous ses mouvements sur qui l'orage alloit tomber? En amour comme en guerre demande-t-on jamais au vainqueur s'il doit ses succès à la force ou à l'adresse. Il a vaincu il reçoit la couronne, ses vœux sont comblés, il est heureux ; suivez son exemple et vous éprouverez le même sort. Dérobez votre marche, ne

connu et que l'on suppose avoir été écrit soit par Bussy Rabutin ou le marquis de Sévigné en collaboration avec Ninon.
(*Note de l'éditeur.*)

découvrez l'étendue de vos desseins que quand on ne pourra plus s'opposer à leur succès, que le combat soit rendu et la victoire assurée avant que vous ayez déclaré la guerre; en un mot, imitez ces peuples guerriers dont on n'apprend les desseins et les entreprises que par les ravages qu'ils ont laissés. »

Entendez cette simple phrase :

« ....Il est écrit dans le cœur de tous les hommes, *à la plus facile.* »

Voici maintenant ce que Ninon pense des airs détachés et des théories platoniciennes professées par les personnes de son sexe.

« Écoutez les femmes mariées et toutes celles qui, ne l'étant pas, se permettent les mêmes prérogatives, écoutez-les, dis-je, dans leurs plaintes secrètes contre des maris infidèles, ou des amans refroidis. C'est qu'ils les méprisent; voilà l'unique raison qu'elles imaginent; cependant, entre nous, ce qu'elles regardent comme une marque d'estime et d'honnêteté, qu'est-ce autre chose que le contraire de tout cela? Je vous le disois, il y a quelque temps, les femmes elles-mêmes quand elles veulent être de bonne foi, font encore plus que vous consister l'amour dans l'effervescence du sang. Examinez une amante dans le commencement d'une passion : l'amour est un sentiment purement métaphysique, auquel les sens n'ont pas le moindre rapport. Semblable à ces philosophes, qui, au milieu des tourmens, ne vouloient pas convenir qu'ils ressentoient de la douleur, elle sera longtemps martyre de son propre système, mais enfin, tout en combattant pour sa chimère, la pauvre femme se sera-t-elle laissé toucher : son amant aura beau lui répéter que l'amour est un sentiment métaphysique et divin ; qu'il vit de belles phrases, de discours spirituels ; que ce seroit le dégrader que d'y mêler quelque chose de matériel et d'humain ; il aura beau vanter son respect et sa délicatesse, je vous réponds de la part de toutes les femmes, sans exception, que l'orateur ne fera pas fortune. On prendra son respect pour une insulte, sa délicatesse pour une dérision, et ses beaux discours pour des prétextes ridicules. »

Sur les compliments des femmes entre elles :

« Aussi, comme elles se parlent sans sincérité ; s'écoutent-elles sans beaucoup de reconnoissance ; et quand celle qui parle, en louant la beauté d'une autre le feroit de la meilleure foi du monde, celle qui reçoit l'éloge pour sçavoir s'il est sincère, examine bien moins ce que l'autre lui dit que la figure qu'elle porte. Est-elle laide ? on la croit et on l'aime ; aussi jolie que nous, on la remercie froidement, on la dédaigne ; plus jolie, on la hait seulement encore un peu plus qu'on ne faisoit avant qu'elle eût parlé. Il faut donc être bien persuadé que tant que deux figures ont quelque chose à démêler entr'elles, il est impossible qu'entre les femmes qui les portent il se forme une solide amitié. »

Sur les scrupules et les causes morales de résistance :

« Ainsi, marquis, pensez que toute femme qui vous tient le langage de la comtesse, vous dit, j'imagine bien toutes les délices de l'amour : l'idée que je m'en forme est tout à fait séduisante. Croyez-vous qu'au fond je désire moins que vous de jouir de ses charmes ? Mais plus l'image que mon imagination s'en fait est ravissante, plus je crains que ce ne soit une belle chimère, et je ne refuse de m'y livrer que dans la crainte de voir finir trop tôt ma félicité. Ah! si je pouvois espérer que mon bonheur fût durable, que ma résistance seroit faible.... Mais n'abuserez-vous point de ma crédulité? Ne me punirez-vous pas quelque jour d'avoir eu trop de confiance en vous? Ce jour du moins est-il bien éloigné? Ah! si je pouvois espérer de recueillir longtemps les fruits du sacrifice que je vous ferai de mon repos, je vous l'avoue franchement, nous serions bientôt d'accord. »

Et ceci :

« Que les femmes sont peu d'accord avec elles-mêmes! Elles s'efforcent de paroître mépriser les filles de spectacles; elles les craignent trop pour n'avoir pour elles que du mépris. Mais après tout, ont-elles tort de les redouter? N'êtes-vous pas plus sensible à l'aisance de leur commerce qu'à celui d'une femme raisonnable, qui n'offre que de l'ordre, de la décence et de l'uniformité? Avec les premières, les hommes sont à leur aise; il semble qu'ils soient dans leur état naturel. »

Et cela :

« Que de contradictions entre leurs vrais sentiments et ceux dont elles font parade !

« Regardez-les, vous serez persuadé qu'elles n'ont dessein de se faire valoir que par les attraits sensibles et qu'elles comptent tout le reste pour rien. »

Et encore ceci :

« Nous autres femmes, nous entrons dans le monde avec un besoin d'aimer indéterminé, et si nous prenons l'un plutôt que l'autre, disons-le de bonne foi, nous cédons moins à la connoissance du mérite qu'à un instinct machinal, et presque toujours aveugle. Je ne veux pour preuve de cela que les passions folles, dont nous nous enivrons quelquefois pour des inconnus, ou du moins pour des hommes que nous ne connoissons point assez à fond pour que notre choix ne soit pas toujours imprudent dans son origine; si nous rencontrons bien, c'est un pur hasard. Nous nous attachons donc toujours sans un examen suffisant : et je n'ai pas tort de comparer l'amour à un appétit qu'on se sent quelquefois pour un mets plutôt que pour un autre, sans en pouvoir rendre la raison.

« Le hasard nous présente l'un plutôt que l'autre, on l'accepte mais on ne le choisit pas.

« Il faut cependant leur rendre justice, ce n'est pas

que vous soyez tout cela de leur aveu. Les sentiments que je développe ici ne sont pas bien éclaircis dans leur tête ; au contraire, de la meilleure foi du monde elles imaginent n'être déterminées et conduites que par les grandes idées dont leur vanité et la vôtre se nourrissent, et ce seroit une injustice criante de les taxer de fausseté à cet égard ; mais, sans le sçavoir, elles se trompent et vous trompent également. »

Et encore cela :

« Vous voyez tous les jours des femmes (même parmi celles qu'on méprise avec le plus de raison) régner avec un sceptre de fer, traiter en esclaves les hommes qui leur sont attachés, les avilir à force de les maîtriser. Eh bien ! ce sont ces femmes qui sont aimées le plus longtemps. »

Et quand on pense que tout est écrit de cette façon d'un bout à l'autre ; qu'il n'y pas une ligne, pas un mot à retrancher ; que ce ne sont pas des tronçons de phrases péniblement assemblés, mais une œuvre coordonnée dans ses proportions. Que toutes les conditions de l'art y sont remplies jusqu'à l'absolu ; que l'enjouement et la grâce y sont égaux à la profondeur ; que cela s'est écrit avant la Bruyère et avant Molière ; que c'était pour le temps un ouvrage nouveau et que c'est frais aujourd'hui comme la rose qui vient d'éclore, cela gâte bien des admirations.

CHAPITRE IX.

DE LA DIPLOMATIE.

A quoi tient-il qu'on ne dise que la tactique du jeu qu'on appelle l'amour est la démonstration finale de l'art de parvenir; qu'elle contient presque toutes les règles générales du savoir-faire ?

La diplomatie est incontestablement un des procédés de l'amour qui, lui-même, est l'école de la diplomatie par exellence, et certainement l'auteur du *Traité de l'Ambassadeur et de ses fonctions*[1], a eu tort de ne pas nous faire un chapitre là-dessus. Mais ce qui se lit dans les livres n'est généralement pas ce qu'il faut apprendre. Chesterfield, dans ses lettres intimes à son fils, avait soin de lui recommander les jupons comme l'académie par excellence pour un

[1] Wickefort.

homme de son état. On ne saurait trouver le mot exagéré quand on réfléchit à toutes les qualités acquises qu'il faut avoir pour prendre quelque empire sur les femmes.

Mais il serait ennuyeux de développer cette pensée en premier lieu, parce que ce serait facile, secondement, parce que cela ne prouverait pas excessivement de choses.

En passant, c'est la raison pour laquelle on n'a jamais essayé d'enchaîner les vérités morales qui touchent à l'art de l'existence; quand on a énoncé le problème on est dispensé de le démontrer. Sur de pareilles vieilleries repassées au laminoir sans cesse, il n'y a jamais que la forme qui importe et le reflet particulier du temps.

Cependant dans le chapitre qui suit on va rentrer dans le sujet comme certaines gens que l'on renvoie par la porte et qui rentrent par la fenêtre.

SUITE.

L'axiome que le plus court chemin d'un point à un autre est la ligne courbe, est réellement une loi si féconde, notamment dans les jeux de la vie galante, qu'à bien entendre cette règle, il n'y a plus après que des corollaires. C'est comme le mètre, unité de mesures appliquée à toutes les profondeurs et à toutes les surfaces.

Les femmes, et par là l'on entend ce que la nature et la civilisation peuvent produire de plus délicat, ont horreur de ce qui est direct. Sans aller plus avant dans la métaphysique d'un sentiment qui se défend assez par lui-même des termes barbares, il est assez aisé de comprendre que l'ordre des passions comme celui des plaisirs est fondé sur la loi des contraires.

C'est l'horreur de la ligne directe chez les femmes qui fait de l'amour un jeu, un art; qui lui donne le charme, l'imprévu, la délicatesse, la grâce. Supprimez dans le langage les détours, les réticences, les rapports éloignés, les déguisements, les artifices de forme, il n'y a plus d'esprit. Supprimez tout cela dans l'amour, et encore les fictions, les légers mensonges, les subterfuges, tout ce qui éloigne du but et de la fin, l'amour civilisé disparaît pour faire place à l'amour libre.

De dire jusqu'à quel point cette stratégie sentimentale vient en concours avec les principes de la morale pour sauvegarder la vertu, c'est ce qui n'échet ici.

Montesquieu nous raconte qu'à Patane les femmes ont le tempérament si vif, « que les hommes sont contraints de se faire des garnitures pour se mettre à l'abri de leurs entreprises. »

Cet auteur sérieux aurait pu faire les réflexions que l'on fait ici, sur l'utilité de la diplomatie féminine, car si ces femmes, au lieu d'être si hardies, s'étaient, comme les nymphes de Virgile, bornées à courir vers les saules à la vue des hommes, il est plus que probable que ces derniers non-seulement n'auraient pas eu besoin de garnitures, mais encore se seraient empressés de les jeter bien vite pour courir après les belles Indiennes qui même, quant à elles, auraient fini par se garnir.

CONTINUATION DU MÊME SUJET.

Ce que l'on se veut réciproquement dans l'amour c'est bien simple, trop simple pour qu'on en puisse convenir *de plano*.

Si, pour en arriver là, il n'y a pas mille sentiers tortueux par lesquels on peut se perdre en se cherchant, encore une fois c'est l'amour libre des peuplades primitives sans garnitures.

Nul doute que les femmes françaises ne doivent leur grande renommée dans le monde qu'aux artifices captieux dont elles ont été douées sous les latitudes tempérées de notre climat. Aussi c'est certes en France que l'amour a été le plus curieusement étudié, qu'il y fournit les spectacles les plus variés et les traits de mœurs les plus piquants.

Tout l'art de l'amour consisterait donc à fournir des prétextes. Il est apparent qu'une femme un peu vivement poursuivie pense généralement à son insu: je sais bien ce que vous voulez; mais fournissez un prétexte. On rentre dans l'invention des moyens, dans l'exécution des moyens et dans le talent suprême de la tentation, puis de la direction de l'intention.

UNE APPLICATION SPÉCIALE DE LA THÉORIE.

Celui qui aime le moins joue le mieux son jeu : c'est une belle règle, parce qu'elle est sans exception. Le problème pour les hommes consiste à acquérir et à se dégager, pour les femmes à se défendre avant pour conserver après, et puis aussi à se débarrasser dans un grand nombre de cas.

Les bouderies entre amants, sujet intéressant qu'on ne peut qu'effleurer, sont les états de crise qui précèdent, quoiqu'à des intervalles fort longs parfois, une scission définitive.

Mais il y a aussi les brouilleries feintes qui sont des preuves d'amour et qui sont fréquemment employées de l'une des deux parts pour provoquer les avances de l'autre, essayer son caractère et connaître le degré d'attachement qu'on inspire. Mais entre deux amants qui jouent à ce jeu, l'avantage est presque toujours de son côté à ELLE. Les femmes savent mieux se couvrir, mieux patienter, mieux attendre. D'un autre côté, elles calculent mieux les effets de la passion ou du repentir chez le partenaire. Sous les apparences d'une résolution forte, elles devinent une faiblesse réelle. La délicatesse infinie de leur perception la leur fait sentir, et elles devinent presque toujours ce que fera l'esclave à un moment donné. C'est par instinct que cela se fait, excepté chez les grandes coquettes, mais c'est un instinct sûr qui les tient au repos. L'amant au contraire se sent affaibli presque aussitôt après avoir pris une résolution forte contre la femme qu'il aime. Il ne peut attendre jusqu'au lendemain pour en connaître les effets sur la victime. Si les effets commencent à se produire, il ne les laisse pas se développer, il les rend nuls et non avenus par sa précipitation. Il capitule au moment où on allait lui demander ses conditions, les rôles sont renversés. Alors tout le prestige de la révolte est perdu quand on a affaire à une bonne petite tête. L'entreprise a été funeste, on ne ménage plus celui qui s'est replacé de lui-même sous le joug. On ne croit plus à sa fermeté et s'il s'avise de recommencer une autre fois, toutes les défaites sont certaines. On n'estimera pas que celui qui s'est montré faible une fois vaille la peine qu'on humilie pour lui son amour-propre. Tous les hommes bien nés s'aplatissent devant un caprice comme devant un arrêt; et plus le caprice est étrange plus il s'impose.

Évidemment c'est de la politique.

PHRASES A JETER AU PANIER OU A METTRE DANS UN ALBUM.

Il y a comme une procédure de convention dont l'éloquence de Bélial ne dispenserait pas....

De l'esprit, oui si l'on veut, pas trop, ni du meilleur ni du pire....

.... La difficulté gîrait en général dans la proportion, dans la mesure, dans le discernement de certaines petites choses difficiles à distinguer, à ventiler.

Le chapitre des considérations. — Grande affaire. C'est la série d'idées sur lesquelles on peut agir, un clavier très-restreint dans les notes graves. Or ce qu'il y a de plus difficile c'est de bien jouer avec un instrument imparfait.

JOLIE HISTORIETTE PRISE DANS UN ANA[1].

W*** était un poëte comme on n'en voit pas beaucoup aujourd'hui. Il était propre et soigné et il avait de l'esprit. Il fit une comédie qui fit parler. La belle princesse de C***, maîtresse du R***, désira connaître l'auteur et chercha l'occasion de le rencontrer à

---

1. L'auteur a dû disposer beaucoup d'appâts grossiers en forme d'histoires pour faire goûter des charmes moins vulgaires. Mais ces histoires mêmes (on le craint du moins) ne seront pas assez écœurantes pour captiver le gros public

la promenade de P*** M**, alors le rendez-vous de la haute société. L'entretien commença, suivant une anecdote contemporaine, par des paroles difficiles à traduire. W*** fit paraître sa comédie avec une dédicace à la princesse; il la félicita en termes pompeux de son crédit et de sa beauté. Admis dans la familiarité de cette R.... favorite, dont la cour effaçait de beaucoup celle de la R..., le poëte, par la faveur dont il jouissait et celle dont il fut soupçonné, ne tarda pas à exciter de redoutables jalousies.

Le duc de B***, parent de la belle C.... et qui depuis longtemps voulait devenir près d'elle le rival du R..., trouva fort mauvais qu'on osât lui préférer un petit gentilhomme de province qu'il croyait moins bon poëte que lui : sa colère s'exhala en termes menaçants, dont les amis de W*** s'inquiétèrent, car le duc était habitué à tout se permettre. Roc*** le scandale et le héros de cette époque, fort ami de W***, alla trouver le duc, excusa du mieux qu'il put l'audace du jeune poëte, vanta les agréments de son esprit et proposa de l'amener souper chez le duc. W*** y vint et prodigua tellement les saillies et les bons mots que le duc enchanté, laissant là son amour-propre et sa colère, répéta, dit-on, plus d'une fois : Ma cousine a raison vraiment

CHAPITRE X.

DE LA FAUSSE SENSIBILITÉ.

Quia absurdum.

« L'erreur commune est d'en user avec les femmes comme avec des espèces d'hommes plus généreux et plus mobiles. »

Qui donc a écrit cette phrase ? il n'y a pas mieux [1].

PLAINTE D'UN CŒUR BLESSÉ. Je voudrais que l'on me démontrât, qu'aimer les femmes c'est le moyen de s'en faire aimer; qu'elles apprécient une sensibilité délicate et vive; qu'elles n'ont point une sorte d'aversion pour les hommes qui ont l'âme de leur sexe. Je voudrais que l'on pût voir quelque Grandisson adoré des belles. Je le voudrais pour l'exemple. Non les femmes n'aiment pas la sensibilité vraie; elles n'aiment point les passions vraies. Leur oreille n'a

---

1. Cette phrase est de Stendhal, seulement elle est arrangée.
(*Note de l'éditeur.*)

pas même le sens de l'harmonie. Avec elles il faut *chanter faux ;* c'est une expression vive que j'ai notée comme répondant à ce que j'ai vu. Ah ! comme l'a dit Pope, toute femme n'est pas seulement au fond du cœur un mauvais sujet, mais......

MM. Legouvé père et fils. Jeunes gens, songez à vos sœurs, et vous, époux, songez à celles avec qui vous avez allumé le chaste flambeau de l'hymen !

Mme R*** ci-devant de S***. Je voudrais que l'on me démontrât que les hommes ont assez d'esprit pour nous comprendre, assez de cœur pour nous pardonner et assez de raison pour se juger. On nous querelle de ne pas aimer les hommes supérieurs, comme s'il y en avait à revendre ! Et puis pourquoi nos sympathies ne seraient-elles pas comme les leurs guidées par un sentiment instinctif de l'égalité ? L'amour n'est-il pas tout entier dans la grâce des signes extérieurs ? Et quand nous voyons un homme assez bien fait, porter avec constance une couleur, un ruban, s'habiller de noir ou porter une tête de mort sur son cachet dans le temps où nous le faisons souffrir, pourquoi ne serions-nous pas convaincues ? Pourquoi notre sensibilité ne serait-elle pas la vraie ? Et si nous n'aimons pas les Grandisson, c'est que les Grandisson (s'il en était) et nous, formeraient deux lignes parallèles qui ne pourraient se rencontrer.

Cependant, ce diable de maréchal[1] qui eut tant de

---

[1]. Sans doute le maréchal de Richelieu.

succès, sentait que l'égoïsme est un excellent principe avec les femmes ; qu'elles aiment réellement les hommes égoïstes. Il s'était fait un système là-dessus et il fut aimé de toutes les femmes sans en aimer particulièrement aucune.

Il est vrai que les femmes ont pu changer depuis.

POINT DE VUE NUAGEUX.

.... On pourrait par des transitions graduées arriver à quelque point de vue ; mais il faudrait qu'un courant électro-magnétique vînt à passer sur un certain nombre d'idées, encore assez vaguement entrevues ici. Essayons de procéder :

On se met d'abord en contradiction formelle avec ce qui a été avancé plus haut, sur la connaissance parfaite que l'on aurait communément du caractère des femmes.

Il est à peu près impossible que nous nous formions des idées justes touchant certains côtés de leur nature et de leur organisation morale.

Comment pourrions-nous être instruits à cet égard ? Par nos idées et nos sentiments ? Mais si nos idées et nos sentiments diffèrent des leurs sous une foule de rapports, à quoi l'analogie peut-elle nous servir là où cesse la conformité ?

Sont-ce les femmes qui pourraient nous renseigner

là-dessus ? mais la nature qui a donné aux hommes sur eux-mêmes une très-grande puissance d'analyse, paraît avoir refusé aux femmes la faculté de se connaître et de se peindre, ce qui est fort heureux, car rien n'est plus contraire à la grâce que toutes ces méditations pédantesques. Il n'est pas de question plus insipide, plus déplaisante à faire à une jolie femme, que de lui dire : Mais quelle idée avez-vous ? pourquoi ceci, pourquoi cela ? quel est donc votre caractère ?

Si l'on pouvait prouver quelque chose aux femmes, ce serait pour elles, non pas une force, mais une faiblesse. L'affranchissement des règles de la logique assure l'indépendance de leurs sentiments.

Et d'ailleurs le langage dont se servent les hommes a été créé par eux ; il reflète presque exclusivement leurs idées, leurs passions, les formes de leur esprit ; qui nous dit qu'il peut suffire pour traduire les idées et les sentiments de l'autre sexe. Leur génie propre est comme étouffé sous les miasmes de l'atmosphère masculine. Pour que l'on pût bien le connaître il faudrait qu'elles créassent une langue et une civilisation. L'existence d'un peuple d'amazones dans quelque lieu du monde avancerait la question.

LE POINT DE VUE A ÉTÉ OUBLIÉ.

On sait en général pourquoi une femme plaît, on ne sait pas pourquoi on plaît à une femme. Il paraît que l'analyse ne dispose pas d'instruments d'une précision suffisante pour le déterminer avec quelque certitude.

Moins encore est-il possible de savoir pourquoi l'on déplaît.

Les femmes vous prennent en grippe parce que vous les aimez, parce que vous ne les aimez pas.

Parce que vous les louez, parce que vous ne les louez pas.

Parce que vous les avez trop regardées dans tel moment et pas assez dans tel autre.

Parce que vous portez votre chapeau d'une certaine façon.

Parce que vous avez les cheveux d'une certaine couleur.

Parce que vous avez été incivil, parce que vous avez été poli.

Parce que vous avez dit un certain mot qu'elles n'ont pas compris.

Parce que vous avez parlé, parce que vous vous êtes tu.

Parce que vous êtes trop grand, parce que vous êtes trop petit.

Parce que....

Un auteur contemporain qui parle des femmes avec le pronom possessif, narre, en ces termes, une anecdote dont on ne peut sauver que le fond :

« Il y a quelques années je rencontrais parfois dans le monde *une charmante jeune femme ;* je l'avais connue « enfant » *pour me servir d'un mot consacré, lorsque j'étais en rhétorique.* J'avais toujours gardé de bonnes relations avec plusieurs personnes de sa famille ; *je la retrouvai avec plaisir,* mais je ne tardai pas à m'apercevoir que ma personne était loin de lui être agréable.

« Un jour *que notre rencontre se fit à la campagne,* chez des amis communs, on proposa une promenade et je lui offris mon bras qu'elle accepta d'assez mauvaise grâce. « Ma foi, lui dis-je, puisque vous m'accueillez si mal, *j'aurais bien tort de me priver de vous dire* ce que j'ai sur le cœur ; je n'ai rien à perdre avec vous : vous ne serez pas pour moi, si ce que je vous dis vous déplaît, plus malveillante *que vous ne l'êtes d'avance.* Et je lui demandai la raison du mauvais accueil qu'elle me faisait. — Elle commença par nier la malveillance dont je l'accusais pour m'affirmer que je me trompais, puis tout à coup :

« *Ça m'ennuie* de mentir, dit-elle. — Eh bien, c'est vrai, j'ai remarqué comme vous que je vous faisais un accueil très-médiocre, et je me suis demandé pourquoi ; je ne le sais pas plus que vous. Quand vous n'êtes pas là, je me fais des reproches ; mais quand je vous revois, je sens à votre égard une répulsion involontaire *dont je ne suis pas la maîtresse.* Pourquoi? Cherchons-*le* ensemble si ça vous intéresse.

« *Ça m'intéressait,* et nous cherchâmes.

« La dernière fois que je l'avais vue, dans la première phase de notre connaissance, elle avait sept ans. (Remarquez lecteurs? Sept ans!) Depuis elle avait été mise au couvent d'où elle n'était sortie que pour se marier. Dans les courts séjours qu'elle avait faits dans la maison paternelle, *où par des circonstances inutiles à dire, j'avais cessé mes visites,* elle n'avait que rarement entendu parler de moi; mais quand on en parlait *c'était avec toutes sortes de bons souvenirs* d'amitié.

« Enfin après avoir *fouillé de bonne foi ses souvenirs,* la jolie Aline me dit : « *j'y suis!* La dernière fois que vous êtes venu, vous avez enlevé ma poupée d'un fauteuil sur lequel vous vouliez vous asseoir, et vous l'avez posée sans précaution ou plutôt jetée brusquement sur la cheminée dont le marbre lui a fortement éraillé le nez.

« La haine que cet attentat m'inspira alors contre vous s'est réveillée à votre aspect sans que je m'en rappelasse la cause. »

« Nous rîmes beaucoup de cette découverte, mais Aline ne fut pas tout à fait guérie pour cela, et il arrivait très-souvent depuis, qu'elle m'accueillait assez froidement lorsque je l'abordais, ce qui ne manquait pas de nous faire rire l'un et l'autre sans que cela fût une raison pour que la chose ne se renouvelât pas à la première occasion. »

De meilleure prose, une meilleure sauce, et le dernier trait était charmant. Mais quelle prose !

L'on croit pouvoir d'ailleurs conjecturer que l'écrivain est généralement heureux auprès des dames.

LE POINT DE VUE REPARAÎTRA.

Si le sexe exerce une grande influence sur le caractère et la formation des idées, s'il y a des idées femelles.... etc., etc., nous ne savons pas davantage comment les choses se passent dans l'imagination des femmes, comment les impressions y sont reçues.

Chez les hommes, par exemple, l'imagination ou le sentiment de l'idéal est directement ébranlé par ce que les philosophes appellent les rapports de convenance entre un objet et les parties qui le constituent, expression heureusement assez obscure pour échapper à l'examen; — tandis que chez les femmes.... on va raconter où plutôt transcrire deux histoires pour faire comprendre. C'est Saint-Évremond qui les narre toutes deux, dans un style que l'on souhaite à quelques littérateurs penchés de ce temps-ci.

Première histoire.

La première intrigue que j'eus, fut avec une femme dont le mari estoit créature de Dom Louis de Haro. Comme l'employ dont j'étois chargé à la cour de Madrid me donnoit lieu de voir souvent ce ministre, je connus le mari de celle dont je parle, et j'estois souvent obligé de m'adresser à luy pour avoir audience de Dom Louis. Je n'avois point veu sa femme, et je ne sçavois pas même qu'il fust marié, quand elle me parla un jour en entrant dans une église.

Je vis qu'elle me connoissoit, et je jugeay qu'elle avoit envie que je la connusse aussi. Elle estoit jeune et belle, et je n'eus pas de peine à lui témoigner que je serois ravi d'avoir occasion de l'entretenir. Elle me répondit que je prisse garde à ce que je luy disois, et que si j'estois sincère, je n'avois qu'à me reposer sur ses soins, et que huit jours ne se passeroient pas sans que je trouvasse le moyen de luy parler.

Le François avec qui je logeois, estoit ce jour-là dans cette église, et il s'aperçut que j'avois eu quelques moments d'entretien avec cette dame.

Quand nous fûmes de retour au logis, il me demanda si je la connoissois, et si c'estoit la première fois que je l'avois veüe. Je luy demanday à mon tour pourquoy il me faisoit cette question. C'est, dit-il, parce que j'y dois prendre interest, puisqu'il y a déjà plus de six mois que je suis en intrigue avec elle, et quand il vous plaira je vous feray voir plus de deux douzaines de ses lettres. Il me raconta alors qu'à peine estoit-il arrivé à Madrid qu'il l'avoit connüe, s'étant trouvé auprès d'elle en sortant d'une feste que le Roy avoit donnée; que depuis ce temps-là il la voyait régulièrement deux ou trois fois la semaine à un rendez-vous qu'il me marqua et où il s'offrit de me mener.

Le discours de cet homme me donna du chagrin de plus d'une espèce. Je fus fâché qu'une dame que j'avois dessein d'aimer, et qui me sembloit aimable, eust déjà le cœur touché, mais ce qui me fâcha le plus, c'est de voir qu'elle eust de l'engagement pour un homme qui m'en paroissoit tout à fait indigne, car en effet celuy dont je parle n'avoit nul mérite.

J'écoutay tout ce qu'il me dit avec une émotion qui me fit connoistre que j'aimois déjà cette femme plus que je ne pensois. J'eus du dépit et de la jalousie, mais je dissimulay tous ces sentimens pour ne marquer que de la curiosité. Je luy dis qu'il me feroit plaisir de me montrer une de ses lettres, et il me le promit.

Un jour ou deux se passerent sans qu'il me tinst parole, et enfin le faisant toujours souvenir de sa promesse, il me fit voir cinq ou six lettres sans nom, mais fort emportées, et il m'assura qu'elles estoient de la personne qui m'avoit parlé.

Je ne doutay pas en les voyant, que cette femme

ne fust une coquette achevée. Les lettres me parurent même si peu spirituelles, que je résolus de n'y plus penser, et de la laisser pour ce qu'elle valait. Cependant une affaire m'ayant obligé d'aller chercher son mari, je retournay chez elle. J'appris qu'il estoit à la campagne, et la même personne qui me fit cette réponse, me dit à l'oreille que sa femme avoit à me parler. Je balançay si je la verrois, mais enfin la curiosité l'emporta, et je montay dans son appartement, bien résolu de ne luy rien cacher de ce que je sçavois de son intrigue.

Elle m'assura que rien n'estoit plus faux que tout ce qu'on m'avoit dit; qu'elle ne connoissoit aucun François, et qu'elle n'avoit jamais écrit de lettres qui pussent estre entre les mains de personne.

Voyant l'assurance avec laquelle elle me parloit, je commençay à me défier de mon Gascon et je crus qu'il pourroit bien avoir composé à sa fantaisie les lettres qu'il m'avoit montrées, aussi bien que le reste de l'aventure.

Je dis donc à cette dame que je lui ferois voir à elle-même les lettres qu'on luy attribuoit.

Elle me témoigna un désir extrême de les voir, et je la quittay avec un amour qui n'estoit retenu que par ce qu'il me restoit de soupçons de sa prétendue intrigue.

Je ne dis point au Gascon que j'avois reveu la dame, mais faisant semblant d'avoir trouvé les lettres qu'il m'avoit montrées fort à mon gré, je le priay de m'en faire voir encore quelques-unes, et aussi tost il m'en tira une de sa poche, qu'il me dit qu'il venoit de recevoir.

Je la lûs et je la garday. Le Gascon ne se mit pas trop en peine de la ravoir. Je la portay aussi-tost à la dame, que je trouvay toute preste de m'en envoyer une, qu'elle m'écrivoit, disoit-elle, pour mieux me marquer, en me faisant voir de son caractère, qu'elle n'avoit aucune part aux lettres de mon Gascon.

Ce que j'avois conjecturé se trouva véritable, ces lettres estoient toutes supposées, et le Gascon les avoit écrites lui-même, ou pour m'embarrasser, ou pour se donner la mauvaise gloire d'une agréable intrigue. Il ne connoissoit même pas la dame avec laquelle il se disoit si heureux, et tout ce qu'il m'avoit conté estoit imaginaire.

J'en fus convaincu, et rien ne m'empescha de prendre un parfait engagement avec cette femme, qu'une bizarrerie inconcevable de son esprit, et dont je ne croyois pas encore que les femmes pussent estre capables. Elle devoit naturellement avoir du mépris et de la haine pour un homme qui avoit esté capable de luy donner, et des lettres, et une avanture absolument fausse, et qui ne luy faisoit aucun honneur; mais de quoy le cœur d'une femme n'est-il point susceptible? Les menteries et les fictions du Gascon firent sur celle-ci un effet tout contraire à celuy qu'elles devoient faire, elle eut envie de le connoistre.

D'abord elle me dit que c'estoit pour se vanger de ce qu'il m'avoit voulu faire croire d'elle, mais je vis bien que cet homme avoit, sans y penser, trouvé le moyen d'engager la dame; et en effet, dès qu'elle le vit, ils furent amis et on me compta pour rien.

Qui pourroit dire par quels ressorts se remuent les cœurs des femmes, en voyant que celle-ci fut prise par la chose même qui auroit dû la mieux deffendre? Pour moy plus je fais reflexion à cette avanture, plus je me trouve embarrassé à expliquer par où le Gascon avoit pu venir à bout de luy plaire, et tout ce qu'il me semble qu'on en peut dire, c'est qu'elle jugea qu'il avoit crû qu'elle valoit la peine d'estre aimée, puis qu'il s'estoit donné le soin d'imaginer cette intrigue. Peut-estre même trouva-t-elle dans les lettres supposées, qu'on avoit assez attrapé le caractère de son cœur, et qu'elle eut envie d'estre aimée d'un homme qui avoit deviné si juste.

Quoy qu'il en soit ils furent amis, et le Gascon auroit pu depuis me montrer autant de lettres véritables, qu'il m'en avoit fait voir de supposées, mais il devint discret dès qu'il fut sincèrement amoureux.

Deuxième histoire.

Cette délicieuse histoire est trop longue pour être reproduite en entier. Le héros qui se peint lui-même avec une ingénuité si charmante, était une victime des femmes; et ce qu'il y a de piquant, c'est qu'avec un caractère fort doux, beaucoup de constance dans ses affections, il se trouvait toujours engagé dans des aventures extravagantes. Ayant fait malgré lui plusieurs esclandres à Madrid et tué en duel un personnage considérable, il s'était déguisé en esclave algérien pour échapper aux recherches de ceux qui le poursuivaient. Et le hasard avait voulu qu'obligé de servir sous ce déguisement, il se signalât par des actes de dévouement qui avaient rendu populaire, dans Madrid, le nom du prétendu esclave algérien. Une certaine dame Isabella, qui avait repoussé ses avances de la manière la plus mortifiante quelque temps auparavant, entendit parler de cet esclave et voulut le voir; Saint-Evremond le sut et il trouva piquant de triompher des résistances de la dame sous la couleur d'un moricaud. Une duègne l'introduisit chez Isabella qui le trouva fort à son gré, et l'auteur continue ainsi :

« Quelque réflexion que je fisse, il me fut impossible de me résoudre de profiter de la faiblesse de cette femme, sous un autre nom et sous un autre habit que le mien. Il me sembloit qu'il y avoit de la honte à n'en être redevable qu'à mon déguisement, et je résolus, si on venoit encore me prendre pour me mener au rendez-vous, d'y aller, non plus sous l'habit de l'esclave, mais sous le mien.

« Je passay toute la journée chez le marchand, et la même duègne revint sur le soir redemander encore l'esclave. Je m'estois habillé à la françoise, et le plus magnifiquement que j'avois pû : mais dès qu'on me dit que la duègne me demandoit, je mis ma barbe postiche, et une veste qui cachoit mes habits, et je suivis en cet état la duègne, qui me mena au même balcon, où je trouvay encore la même échelle par où je montay; mais avant que de monter je jettay la barbe et la veste, et j'arrivay sur le balcon habillé à la françoise, et tel que j'estois quand Isabella m'avoit fait l'avanie dont j'ay parlé.

« Elle vint me recevoir, mais à peine fus-je entré dans la chambre, que me reconnoissant, elle jetta un grand cri, disant qu'elle estoit perdue et qu'on l'avoit trahie. Je me jettay à ses genoux, la conjurant de ne point faire de bruit. Elle parut se rassurer, mais ce ne fut que pour me dire ces paroles.

« Je voy bien que le coquin vous a plus aimé que moy, puisqu'il vous a dit mon secret, mais si vous m'aimez vous m'aiderez à me vanger de ce perfide esclave, et ce n'est qu'à ce prix là que je vous promets de vous écouter.

« Je vous vangeray, lui dis-je, comme il vous plaira et je vous réponds que je vous aime mille fois plus que luy, et que je luy arracheray la vie si vous le voulez, mais au moins, apprenez-moi par où un si vilain homme a mérité un cœur que vous m'avez refusé. — Allez me vanger, me dit elle, et quand vous m'aurez apporté sa tête, vous serez contente de moy.

« Je ne pus m'empescher de rire en faisant réflexion à cette bizarre avanture, et je crus qu'il estoit temps de me déclarer. Je ne puis, luy dis-je, madame, vous apporter sa tête, autrement que vous la voyez, puisque cet esclave est un personnage chimérique, qu'il est le même que moy qui me suis déguisé sous cet habit, qui suis venu encore hier ici, et qui mérite seul vos bontéz.

« Isabella estoit si interdite qu'elle écoutoit à peine ce que je luy disois, mais quand je luy eus répété plusieurs fois la même chose, elle m'écouta enfin, mais elle n'en fut pas pour cela plus persuadée que j'estois en effet le même esclave qu'elle avoit aimé.

« Non, disoit-elle, cela est impossible, et il faut pour vous croire que je vous voye sous l'habit que vous aviez hier. Il est aisé, luy dis-je, madame, de vous contenter, puisque j'ay laissé au pied de vostre balcon la barbe et la veste qui me déguisoient, et si vous voulez me le permettre, j'iray reprendre l'une et l'autre, et vous verrez que je suis en effet ce que je dis. Elle parut y consentir, et aussi-tost descendant par la même échelle, j'allay reprendre l'équipage algérien, mais dès que j'eus le pied hors de l'échelle, Isabella la retira, et il me fut impossible de remonter. J'eus beau tousser, faire du bruit, l'échelle ne parut plus, et je vis que la dame s'était retirée.

RÉFLEXIONS SUR CES DEUX HISTOIRES.

Au point de vue idéal par quel côté l'imagination de la dame espagnole avait-elle pu être prise? Un homme ne peut s'en faire nulle idée.

Et la seconde dame, c'est plus frappant encore ; le beau, le noble Saint-Evremond, le cavalier accompli qui, sous un déguisement fantastique, apparaît devant elle à travers mille périls romanesques, ne frappe pas son imagination. Elle voit l'ombre de l'esclave algérien qui n'existe pas, et elle repousse le personnage réel, même sous cette forme.

Ce sont deux histoires types pour peindre le côté particulier de l'imagination chez un sexe dont l'excentricité sera toujours adorable.

On poursuit : — Il n'est pas sans exemple que les antipathies les plus marquées chez les femmes adultes aient des causes purement physiques. Chez les plus anciens auteurs, il est question d'une dame romaine qui abominait son mari en temps ordinaire. Venait-il à tonner, elle se jetait dans ses bras et le bonheur était sans mélange pour ce Romain tant qu'il tonnait. Une année qu'il n'y avait pas eu d'orage, il avait installé au-dessus de son appartement des appareils d'airain pour imiter le tonnerre.

DEUX AUTRES OBSERVATIONS.

Les femmes ne devinent pas les hommes, elles les *éprouvent* (un mot qui fera parler). Elles perçoivent à distance les désirs qu'elles inspirent. Le mouvement du sang, les pulsations du cœur leur sont révélés par l'impression du regard, ou même sans regarder, par la pure influence du courant magnétique. Le trouble interne qu'elles constatent annule, en général, à leurs yeux celui qui l'éprouve. Il est conquis, il n'y a pas à s'en occuper. Leur coquetterie s'arme et joue immédiatement contre celui-là. Mais s'il ne leur apparaît chez un autre d'aucun trouble, d'aucun désordre extérieur, si l'admiration ou le désir n'ébranlent chez lui aucune fibre du visage, elles désarmeront doucement jusqu'à ce que par un air de tête, par un regard, par on ne sait quoi de sans nom, elles aient fait apparaître les signes secrets qui attestent un désordre intime.

LE POINT DE VUE REPARAIT.

Rien de pire que de sortir de son naturel ou de ne savoir pas le garder, puisque c'est précisément par cet air-là qu'elles sont impressionnées. Les hommes qui se contorsionnent pour être aimables doivent leur donner sur les nerfs. L'esprit même dans ses efforts apparents peut les blesser. Si elles se sentent observées, si elles démêlent de la gêne, elles faussent immédiatement leur caractère. C'est le point de perfection, sans doute, de pouvoir mettre une femme totalement à son aise.

Mais on voulait aboutir à quelque chose? Sans doute, mais....

On renvoie à Cabanis et à Lamethrie....

.... Oui il y a quelques savants physiologues qui pourraient tirer parti du paquet.

Linéaments généraux : Quelques philosophes ont distingué deux espèces d'âmes. La première l'âme animale.... la seconde....

Théorie des idées-sensations.... Mais comment une idée peut-elle être une sensation? Oui, mais comment une épouse blanche mariée à un blanc et qui songe à un nègre donne-t-elle le jour à un moricaud? Mais cela n'arrive pas. On le sait bien.

Mais comment certains hommes ont-ils sur la figure un certain morceau de cuir de bœuf, une grappe de raisin, un plat de framboise, suite de quelque désir indiscret pendant la période embryonnaire? Mais cela ne prouve rien. Qui en doute?

La physiologie est pourtant une belle science....

Les sympathies ou les antipathies peuvent être des effets purement nerveux....

.... Étudier Lamethrie.... Le physiologue serait moraliste et s'occuperait d'une physiologie de l'amour.... Il expliquerait les femmes par la physiologie.

Étudier les rapports internes des organes de la sensibilité.... Hypothèses ingénieuses sinon plausibles.

Sensualisme physiologique — de la sensibilité comme fluide.... Du plus haut degré *d'animalisation*.

CONCLUSION.

Ce serait peut-être finir sèchement que de ne pas ajouter quelque chose en matière de conclusion.

Il faut au moins montrer sur quelle base méthodique tout le système repose. Il y a trop de béotisme aujourd'hui en France pour que l'on dédaigne la méthode apologétique.

Voici donc la grande synthèse de l'ouvrage : La science de la vie considérée dans ses rapports avec le gouvernement des États s'appelle *la politique*. Considérée dans ses rapports avec les intérêts privés, c'est ce qu'on appelle crument le *savoir faire*. Considérée sous le rapport des souffrances de l'âme humaine et réduite en préceptes moraux pour servir à la discipline de la vie, c'est ce que les anciens appelaient *la sagesse*.

Avec un cadre pareil, qui n'aurait pas eu le droit d'être ennuyeux? Mais l'auteur a cru devoir s'en priver, dût-il n'entrer pas à l'Académie. Il lui a plu de ne faire qu'une nomenclature amusante dont le prix de fabrication serait cher si la main-d'œuvre se payait.

Ce livre peut après tout concourir au bien de l'espèce humaine. D'abord il apporte au scepticisme sa base rationnelle. Il fournit des points de vue très-avantageux pour juger les charlatans dont l'espèce a singulièrement pullulé.

La théorie générale de la comédie humaine est très-évidemment l'art de parvenir. Il fallait le dire, c'est dit. Quant à l'exécution elle-même, elle n'est qu'une indication de la méthode à suivre et une invitation à remplir les lacunes, adressée aux hommes de bonne volonté. Quand ce sera fait on aura un code très-réussi de la morale telle qu'elle existe et qu'on la voit pratiquée par les hommes d'État, financiers, sectaires et autres hableurs contemporains.

Cependant et nonobstant les bonnes intentions de l'auteur, si on lui reprochait de ne pas faire la part d'un bon sentiment dans l'âme humaine et d'ébranler les fondements de la vertu, il ne prendrait pas le reproche au sérieux, à moins que ceux qui le lui adresseraient n'eussent les poches et les mains bien nettes.

On peut trouver encore en France mille lecteurs en état de juger que ce livre est un divertissement honnête et licite, qui ne fait du tort qu'aux chefs d'école, qui ont introduit le système de la corde roide et du balancier. On croit à la perfectibilité comme un autre, et l'amélioration morale commencera sans doute :

Quand la vanité sortira du ventre de Messieurs tels, tels et tels pour y laisser entrer le pur amour du bien public ;

Quand les hommes qui ont le respect des principes et la crainte des dieux immortels cesseront de prêter foi et hommage aux gouvernements qu'ils méprisent;

Quand ceux qui jettent les hauts cris en l'honneur des saintes causes, dépenseront dix écus pour les soutenir;

Quand les gens d'opposition au pouvoir cesseront de faire des lois réactionnaires;

Quand un homme bien renté, bien situé, s'exposera au moindre désagrément, pour dire la vérité au pouvoir ;

Quand on se donnera sérieusement des coups d'épée pour soutenir ses convictions politiques;

Quand ceux qui nagent dans le budget demanderont la réduction de l'impôt ;

Quand les gens à dotation et à cumul demanderont la liberté de la presse et le droit de réunion ;

Quand ceux qui crient contre le luxe des femmes n'entretiendront plus les filles lancées ;

Quand les filles très-lancées ne le seront plus par les défenseurs de la religion, de la propriété et de la famille;

Quand ceux qui se moquent tout haut des décorations et autres choses du même genre n'iront pas les solliciter à deux genoux ou à plat ventre dans les antichambres ;

Quand les Jacobins souffriront qu'on aille à la messe ;

Quand les démocrates chevelus se soucieront cordialement de la démocratie ;

Quand on voudra faire le bonheur du peuple sans songer à ses affaires personnelles ;

Quand le plus fougueux libéral ne préférera pas mille fois être vaincu avec éclat dans l'opposition que d'être subalternisé avec la victoire de son parti ;

Quand de simples voleurs ne paraîtront pas des gens de bien à côté de beaucoup d'honnêtes gens que l'on salue.

Quand les promoteurs de systèmes économiques nouveaux s'énonceront en langage clair ;

Quand on pourra gagner deux ou trois millions en deux ans par des moyens licites ;

Quand on renoncera à son traitement et à sa place pour soutenir l'indépendance de son caractère ;

Quand les gens arrivés, jeunes ou vieux, ne prêteront plus le lacet pour étrangler les notoriétés nouvelles ;

Quand il faudra beaucoup de savoir pour parler politique et beaucoup de talent pour faire un discours ;

Quand l'Académie ne couronnera plus le savoir-faire littéraire et n'accueillera plus dans son sein les poëtes pour dames;

Quand on ne sera plus obligé de torturer la langue française pour dire sa façon de penser et qu'on pourra appeler un chat un chat, et Rollet un fripon, etc.

Quand....

Le lecteur pourra, s'il lui plaît, continuer l'énumération. Sur un sujet comme celui-ci, il n'y a ni commencement ni fin, et l'on prend sa dernière ligne où l'on peut.

FIN.

TABLE ANALYTIQUE

DES MATIÈRES.

Avant-Propos.. I

INTRODUCTION.

Théorie politique et sociale du livre. — Définition rationnelle de l'égalité. Même point de vue à l'égard des Révolutions........ 3

Que la société n'est qu'un état de guerre réglé par les lois. Phénomène de l'équilibre social. Un des secrets de cet organisme. De la force morale... 5

Fatalisme dans la répartition des intelligences et des forces morales comme des autres avantages sociaux. *Væ victis* des temps modernes.. ib.

Réussir, parvenir, la loi suprême. Avertissement sincère......... ib.

LIVRE I.

ÉLÉMENTS GÉNÉRAUX DE L'ART DE PARVENIR.

Chap. I. *Du hasard et du bien jouer.* — Définition de la vie. Principales parties à jouer. Histoire de Chavigny............ 7
Du hasard dans la vie politique; autre exemple................. 11
Des lois du hasard et du jeu, ce que c'est que réussir.......... 15
Du but et des moyens. Précision du sujet....................... 17

Chap. II. De la connaissance des hommes et des caractères. Les hommes envisagés comme moyens. Ce que suppose la connaissance des hommes... 19

Des sentiments innés, première branche de la connaissance des hommes. La peur en masse. La vanité, la défiance. L'*envie française*. Théories à faire sur ces sentiments................ 20

Des opinions et des idées générales. Combien les préjugés sont une excellente chose pour tout le monde...................... 25

Chap. III. *Théorie de la force morale*. Jeu de la force morale équivalent dans ses résultats à celui de la force physique ; considération grave.. 29

Du caractère. Ce qu'on entend par là. Des principes, *quid?* Rien de commun en tout ceci avec la morale.................. 32

Des rôles et emplois dans la comédie humaine.................. 35

De quelques classifications. Étude des caractères humains d'après la méthode de l'histoire naturelle. Quelques genres et espèces. 36

Inutilité complète d'une classification. Variétés de types à d'autres points de vue... 38

En quoi consiste au juste la connaissance des hommes.......... 40

Chap. IV. *Des qualités et des talents*. Influence des petites qualités et des petits talents sur le succès...................... 43

Des esprits bornés et des sots ; avantage que l'on trouve dans cette condition... 44

De la médiocrité. Excellente chose et pourquoi................. 45

Chap. V. *Des manières*. Aristocratie idéale. Combien il est nécessaire de se décrotter... 48

De la mise en scène. Ce qu'on entend par là. De son rôle dans la politique et dans la diplomatie. Pantomime de Talleyrand au Congrès de Vienne... 50

Du langage de la conversation et de l'esprit. Nouvelles observations sur un sujet ennuyeux. Autre anecdote................. 52

Des procédés. Que la maxime *de minimis non curat prætor* est rayée soigneusement du décalogue des bonnes règles. Ignorance des procédés chez les auteurs dramatiques.................... 54

Observations sur la ligne de conduite en général. Subdivision générale du sujet. Le plus court chemin d'un point à un autre. Richesse de la terminologie de l'art de parvenir............. 55

LIVRE II.

DU POUVOIR ET DE L'AMBITION.

Chap. I. *De l'ambition en général.* Que la politique est le plus beau jeu et le plus lucratif................................. 59

De la domination et de quelques-uns de ses secrets. Si la bassesse et la bêtise jouent le principal rôle dans la domination. Réflexion consolante. Rôle du spiritualisme................. 60

Considérations sur la Société de Jésus à propos du même sujet. 62

Aphorisme précieux.. 64

Chap. II. *De quelques facultés capitales..* De la volonté ; retour sur la théorie de la force morale........................... 66

Du foyer intérieur. Expansion de chaleur naturelle chez les grands hommes... 68

De la dissimulation et du secret. Conseil de Mazarin à Louis XIV. Rôle de la dissimulation. Excellent mot de Cromwel. Monck, type historique de dissimulation........................... 69

De la méchanceté calculée. Rôle du mal dans l'humanité. Prépondérance des principes faux et des sentiments pervers. Considérations historiques.. 73

Chap. III. *Des partis.* Idée que l'on doit se former des partis dans l'État. Qu'il n'y a jamais que deux grands partis en présence. 76

Amorces employées par les partis. Leur condition d'existence, partis factices ; qu'ils se forment en faussant des principes.... 78

Système d'enchérissement et de surenchérissement des partis pendant les révolutions.. 81

Tactique avec les partis. Que les partis ont deux manières d'être. Temps calmes. Des oppositions sans péril, agrément et utilité.. 82

Temps troublés, passer du calme à la frénésie. Art de se séparer des causes perdues. Talleyrand comme exemple............. 84

Des qualités nécessaires pour former un parti. Du bruit comme fondement des grands prestiges............................. 87

Des sectes. Avec quoi on forme une secte. Photius. Le tempérament est tout. Luther, Calvin. Diverses combinaisons du spiritualisme. Sensualisme religieux de Mahomet. Les Saints-Simoniens ou le mahométisme moderne............................ 89

Chap. IV. *Des révolutions*. — Que les révolutions ne sont pas ce qu'on pense.. 94

Considérations physiologiques sur les révolutions. Conversions instantanées aux nouveaux principes. Illusions des premiers jours. Programmes connus. De la peur comme agent moral. Changement des caractères................................. 96

Ligne de conduite et artifices pendant les révolutions. Comme on retombe sur ses pieds. Nécessité de se mettre avec ceux qui crient le plus fort.. 100

Comme les événements se préparent et se précipitent. Intervalles qui précèdent la chute d'un gouvernement et l'instauration d'un nouvel ordre de choses. Épisode de la révolution de 1830. Des causes secondes et de leur puissance.................. 104

Chap. V. *De la politique*. — Définition vraie de la politique. Qu'elle fait ses meilleures œuvres avec le limon le plus grossier. 100

Inutilité complète de la logique. Inconséquence naturelle. Calculs algébriques de la politique................................. 112

Des artifices de la politique. Sophistique grecque et byzantine... 114

De la coloration des actes. Des petites choses essentielles........ 116

Des grands hommes. Que la postérité donne généralement ce nom à ceux qui spéculent le mieux dans leur intérêt. Qualités nécessaires.. 118

De la diplomatie. Art des prétextes. Chassez-croisez des traités de paix, de guerre et d'alliance. Appétit des grandes puissances. Questions qui en résultent. Dernière guerre d'Allemagne...... 120

Du talent de rédaction dans les documents diplomatiques....... 124

De la tactique parlementaire. Maniement et direction des assemblées. De l'éloquence : *Vir improbus dicendi peritus*........... 127

Éléments généraux des assemblées parlementaires. Equation sur les éléments moraux qui les constituent. Ressources de la discussion pour diviser les passions et déplacer les points de vue.. 129

Qualités du tribun parlementaire. Hampden. Mécanisme de la procédure parlementaire. Machines de guerre................ 130

Comment les assemblées changent. Dialogue historique entre Vitrolles et Fouché. Révolutionnaires moutons et tribuns de carton... 133

LIVRE III.

DU CRÉDIT ET DE LA FAVEUR.

Chap. I. *L'antichambre*; lien de ce livre avec celui qui précède. Difficultés de parvenir accrues. Coups de talon. Molécules désagrégées. 137

Des relations. Que ce sont des milieux sociaux où l'on fait la chasse aux hasards heureux. Des hommes utiles et des variétés de l'espèce. 138

Des protecteurs et des auxiliaires. Période du patronnage et son importance. De quelques bonnes règles. 142

Des amis et des partisans. Manière philosophique et pratique d'envisager l'amitié. A quelles conditions on a des amis..... 144

De la loi des sympathies. Ce que c'est que la faveur........... 146

De la période d'occultation et de celle d'incubation. Candidature nécessaire. Dessin de la ligne de conduite................... 147

Chap. II. *Des cours et des courtisans.* Grand atelier des artifices.

Détour pour s'expliquer sur ce sujet. Qualités requises. Difficulté de la tactique des cours. Excellence du courtisan sur un autre homme. 150

Des princes et des favoris. Du caractère des princes. De la familiarité. Ce qui prédispose à la faveur. Rôle d'amuseur et de confident. 154

Réflexion de Gondy. Des manéges de cour. Qu'il faut coûter cher, principe utile et agréable. Larges esquisses des talents requis.. 158

Des conseils. De la politique et des décors de théâtre. Période des délibérations. Hypothèses à faire pour fixer les principes en matière de conseil. Quelques bons aphorismes................ 162

Des intrigues. Leur rôle. Que l'intrigue est le lien caché de l'histoire. Puissance invincible de l'intrigue. Des cabales et camarillas. Leurs merveilleux résultats. Quelques exemples historiques. ....

Du rôle de la calomnie. Comment les doses s'administrent...... 172

De l'empire et de la domination à l'égard des princes. Des hommes supérieurs. Qualités requises pour s'élever au-dessus du rôle de favori 174

Wallenstein pris pour type. Comment on déplace le centre de gravité du pouvoir. Du rôle de premier ministre............ 176

CHAP. III. Des procédés divers en fait de domination et d'influence. Diverses influences morales. Historique de la fortune politique de Richelieu. Mazarin. Potemkin. Mme de Maintenon... 181

LIVRE IV.

DE LA CÉLÉBRITÉ.

CHAP. I. *Des aptitudes diverses au point de vue de la célébrité.* Supériorité des petits talents au point de vue du succès...... 199

Gradation des objets de l'admiration humaine. Détruire les hommes et les amuser. Bonnes leçons à retenir pour un prince qui veut de la célébrité historique........................ 203

CHAP. II. De la vanité dans l'histoire. Historiens contemplateurs de leur image. Histoires en forme de plaidoirie et de réclame. 211

De la célébrité littéraire et de ses causes. Savoir faire et réputations surfaites. Écrivains admirés sur paroles. Tactique de quelques écrivains célèbres. Jugement sur Rousseau et sur La Bruyère.. 218

Quelques jugements de la postérité que l'auteur croit sujets à révision. Réservé.. *ibid.*

CHAP. III. De l'originalité. Type d'original. Quelques originaux célèbres. Comment l'admiration se gagne................. 232

Imitation des styles les plus admirables afin de montrer aux badauds que le style se contrefait comme autre chose.......... *ibid.*

CHAP. IV. *De la presse* comme instrument de célébrité chez les modernes ; ce que peut la presse comme appareil de lumière ou de ténèbres, de notoriété ou de silence..................... 241

De la célébrité dans la démocratie. De la célébrité à bon marché et pour tous... 248

Des monomanes de célébrité. Principales combinaisons d'idées sur lesquelles on peut fonder un journal.................. 249

Du journalisme. Susceptibilité jalouse du journalisme comme être moral. Publicité à son de trompe ou à travers un tube capil-

DES MATIÈRES.

laire. Des flots d'encre ou une gouttelette. Quelques favoris de la publicité... 265

De la polémique et de l'art de parler à côté des questions. Comme quoi les livres sont de l'or ou des cailloux, suivant l'étiquette. Quelques autres favoris du journalisme.................. 275

Questions précieuses à examiner. Des idoles de la grande et de la petite presse. Quelques types d'idoles...................... 286

Comment s'organise la conspiration du silence. Renvoi à une autre édition.

LIVRE V.

DE LA FORTUNE ET DES AFFAIRES.

Hiéroglyphes. Simples fragments d'une table des matières....... 293

CHAP. III. CHAP. IV. Des qualités et des talents nécessaires pour faire fortune. Rapports frappants entre la politique et la finance.. 296

De l'escroquerie dans les mœurs. Organisation et forme sociale.. 296

CHAP. V. Des principales affaires ténébreuses. Procédure de la spéculation... 298

CHAP. VI. CHAP. VII. De la fibre publique au point de vue des affaires. Que quand tout le monde veut voler, personne ne peut se plaindre de l'être................................. 298

Démonstrations sur le vif. Principales figures de financiers. *Primus, secundus et tertius.* Le grand *Pandarus*, etc............ 288

CHAP. VIII. De l'annonce et de la réclame industrielles. Union financière et syndicat de la pensée......................... 299

CHAPITRE RÉCAPITULATIF ET COMPLÉMENTAIRE

Du degré de petitesse, de platitude et de sottise, d'improbité et d'incapacité, nécessaires pour faire son chemin par le temps qui court. Réservé.

LIVRE VI.

DE L'AUTRE SEXE.

CHAP. I. Hommes envisagés comme moyen. Femmes envisagées comme but. Roideur de cette définition..................... 301

Les femmes sont-elles ou non faciles à analyser ? Sont-elles toutes les mêmes? Causes d'erreur dans l'analyse du caractère des femmes.. 303

Chap. II. Peu de spiritualisme du point de vue de l'auteur. S'en excuse. Rôle du sentiment artistique dans l'amour........... 305

Comment vient l'amour dans l'un et l'autre sexe. Questions délicates du côté des femmes................................. 305

Chap. III. Conjectures non moins délicates. Considérations anatomiques et anthropologiques. Rôle de la vésicule de Graaf... 315

Relations de l'amour libre avec l'amortissement du capital dans un avenir meilleur. De l'amour simultané pour plusieurs objets. Histoire *ad hoc*................................... 316

Chap. IV. Quelle marque d'impertinence achevée c'est que d'écrire sur les femmes. Pas un mot neuf à dire. Formules du *Codex* amoureux. Oscillation entre le spiritualisme et le matérialisme... 319

Chap. V. Que l'amour n'a pas une idée. Modèles et types pour la peinture idéale des sensations. Excédant du nombre des femmes sur celui des hommes. Conséquences à en tirer. Procès pendant entre les deux sexes................................. 325

Chap. VI. *De la possession universelle.* Considérations semi-sérieuses. Citation d'un passage du Don Juan de Molière. Variante proposée par l'auteur................................ 330

Pieds plats et homme d'écurie dans lequel le temps présent a vu des types de distinction................................... 339

Chap. VII. Des jouissances de la coquetterie. Imitations heureuses du genre de Voiture et de Balzac l'ancien. Nouvelle excuse en faveur des femmes.. 340

Chap. VIII. Ninon de Lenclos et son école. Livre à faire pour les amateurs de théories. Éloge de Mlle de Lenclos. Citations charmantes d'un livre peu connu du public, mais bien connu des écrivains pillards... 345

Chap. IV. *De la diplomatie.* Jupons la meilleure école de diplomatie. Chesterfield. Que la ligne courbe est le plus court chemin d'un point à un autre. Ce que l'on se veut, en somme, en amour. Garnitures. Prétextes et direction de l'intention...... 354

Une application spéciale de la théorie entre amants querelleurs et boudeurs... 358

Phrases à jeter au panier ou à mettre dans un album. Jolie historiette prise dans un *ana*... 360

CHAP. X. De la fausse sensibilité. Qu'avec les femmes il faut chanter faux. Réprimandes de MM. Legouvé père et fils....... 361

Pourquoi on plaît, pourquoi on déplaît aux femmes. Histoire narrée par un écrivain français qui ne sait pas sa langue. L'auteur est à la recherche d'un point de vue....................... 365

1re Histoire, 2e histoire contées en vue d'une explication particulière des penchants des femmes en amour................... 369

Réflexions sur ces deux histoires. Encore la physiologie et la vésicule de Graaf!... 377

Comme quoi les femmes ne devinent pas les hommes, mais les *éprouvent*. Difficile mais très-utile à comprendre............... 378

Théorie des idées-sensations. Deux espèces d'âmes. L'âme animale et *l'autre*. Lamethrie, Cabanis. De la sensibilité comme fluide. Animalisation... 378

CONCLUSION... 381

FIN DE LA TABLE.

9002. — Imprimerie générale de Ch. Lahure, rue de Fleurus, 9, à Paris.

www.ingramcontent.com/pod-product-compliance
Lightning Source LLC
Chambersburg PA
CBHW071905230426
43671CB00010B/1480